土建类高职高专创新型规划教材

建设工程经济

主　编　汤　鸿
副主编　夏正兵
参　编　（以拼音为序）
　　　　白冬梅　毕琼媛　陈红霞
　　　　董丽君　何小雨　解静静

东南大学出版社
·南京·

内 容 提 要

本书全面系统地介绍了工程经济学的基本原理和方法及其在工程活动中的应用。全书共分为9章，内容包括：工程经济学概述、资金的时间价值与等值计算、投资方案评价与选择、价值工程原理及运用、工程项目的财务评价、工程建设项目国民经济评价、设备更新方案的工程经济分析、工程项目的可行性研究、工程经济评价案例，书后配有附表，以利于教学和实际使用。

本书主要作为高等学校工程管理专业和土木工程专业的教材或参考书，也可作为其他专业本、专科生学习工程经济学和技术经济学课程的参考用书，同时本书是根据建造师考试有关的内容进行编写，也可作为建造师考试的参考教材，还可作为工程规划、设计、施工、管理和投资决策咨询等单位和部门的工程技术专业与工程经济专业人员的参考用书和执业资格考试参考用书。

图书在版编目(CIP)数据

建设工程经济 / 汤鸿主编. —南京：东南大学出版社，2012.2（2015.8重印）
土建类高职高专创新型规划教材
ISBN 978-7-5641-3269-9

Ⅰ.①建… Ⅱ.①汤… Ⅲ.①建筑经济—高等职业教育—教材 Ⅳ.①F407.9

中国版本图书馆 CIP 数据核字(2012)第 013901 号

建设工程经济

出版发行：	东南大学出版社
社　　址：	南京市四牌楼2号　邮编：210096
出 版 人：	江建中
责任编辑：	史建农　戴坚敏
网　　址：	http://www.seupress.com
电子邮箱：	press@seupress.com
经　　销：	全国各地新华书店
印　　刷：	南京四彩印刷有限公司
开　　本：	787mm×1 092mm　1/16
印　　张：	13.75
字　　数：	348 千字
版　　次：	2012 年 2 月第 1 版
印　　次：	2015 年 8 月第 4 次印刷
书　　号：	ISBN 978-7-5641-3269-9
印　　数：	10001—13000
定　　价：	29.00 元

本社图书若有印装质量问题，请直接与营销部联系。电话(传真)：025-83791830

高职高专土建系列规划教材编审委员会

顾　问　陈万年
主　任　成　虎
副主任　（以拼音为序）
　　　　　方达宪　胡朝斌　庞金昌　史建农
　　　　　汤　鸿　杨建华　余培明　张珂峰
秘书长　戴坚敏
委　员　（以拼音为序）
　　　　　陈杏祥　党玲博　董丽君　付立彬
　　　　　顾玉萍　李红霞　李　芸　刘　颖
　　　　　马　贻　漆玲玲　王凤波　王宏俊
　　　　　王　辉　吴冰琪　吴志红　夏正兵
　　　　　项　林　徐士云　徐玉芬　于　丽
　　　　　张　会　张小娜　张晓岩　朱祥亮
　　　　　朱学佳　左　杰

序

东南大学出版社以国家 2010 年要制定、颁布和启动实施教育规划纲要为契机,联合国内部分高职高专院校于 2009 年 5 月在东南大学召开了高职高专土建类系列规划教材编写会议,并推荐产生教材编写委员会人员。会上,大家达成共识,认为高职高专教育最核心的使命是提高人才培养质量,而提高人才培养质量要从教师的质量和教材的质量两个角度着手。在教材建设上,大会认为高职高专的教材要与实际相结合,要把实践做好,把握好过程,不能通用性太强,专业性不够;要对人才的培养有清晰的认识;要弄清高职院校服务经济社会发展的特色类型与标准。这是我们这次会议讨论教材建设的逻辑起点。同时,对于高职高专院校而言,教材建设的目标定位就是要凸显技能,摒弃纯理论化,使高职高专培养的学生更加符合社会的需要。紧接着在 10 月份,编写委员会召开第二次会议,并规划出第一套突出实践性和技能性的实用型优质教材;在这次会议上大家对要编写的高职高专教材的要求达成了如下共识:

一、教材编写应突出"高职、高专"特色

高职高专培养的学生是应用型人才,因而教材的编写一定要注重培养学生的实践能力,对基础理论贯彻"实用为主,必需和够用为度"的教学原则,对基本知识采用广而不深、点到为止的教学方法,将基本技能贯穿教学的始终。在教材的编写中,文字叙述要力求简明扼要、通俗易懂,形式和文字等方面要符合高职教育教和学的需要。要针对高职高专学生抽象思维能力弱的特点,突出表现形式上的直观性和多样性,做到图文并茂,以激发学生的学习兴趣。

二、教材应具有前瞻性

教材中要以介绍成熟稳定的、在实践中广泛应用的技术和国家标准为主,同时介绍新技术、新设备,并适当介绍科技发展的趋势,使学生能够适应未来技术进步的需要。要经常与对口企业保持联系,了解生产一线的第一手资料,随时更新教材中已经过时的内容,增加市场迫切需求的新知识,使学生在毕业时能够适合企业的要求。坚决防止出现脱离实际和知识陈旧的问题。在内容安排上,要考虑高职教育的特点。理论的阐述要限于学生掌握技能的需要,不要囿于理论上的推导,要运用形象化的语言使抽象的理论易于为学生认识和掌握。对于实践性内容,要突出操作步骤,要满足学生自学和参考的需要。在内容的选择上,要注意反映生产与社会实践中的实际问题,做到有前瞻性、针对性和科学性。

三、理论讲解要简单实用

将理论讲解简单化,注重讲解理论的来源、出处以及用处,以最通俗的语言告诉学生所学的理论从哪里来用到哪里去,而不是采用烦琐的推导。参与教材编写的人员都具有丰富的课堂教学经验和一定的现场实践经验,能够开展广泛的社会调查,能够做到理论联系实

际,并且强化案例教学。

四、教材重视实践与职业挂钩

教材的编写紧密结合职业要求,且站在专业的最前沿,紧密地与生产实际相连,与相关专业的市场接轨,同时,渗透职业素质的培养。在内容上注意与专业理论课衔接和照应,把握两者之间的内在联系,突出各自的侧重点。学完理论课后,辅助一定的实习实训,训练学生实践技能,并且教材的编写内容与职业技能证书考试所要求的有关知识配套,与劳动部门颁发的技能鉴定标准衔接。这样,在学校通过课程教学的同时,可以通过职业技能考试拿到相应专业的技能证书,为就业做准备,使学生的课程学习与技能证书的获得紧密相连,相互融合,学习更具目的性。

在教材编写过程中,由于编著者的水平和知识局限,可能存在一些缺陷,恳请各位读者给予批评斧正,以便我们教材编写委员会重新审定,再版的时候进一步提升教材质量。

本套教材适用于高职高专院校土建类专业,以及各院校成人教育和网络教育,也可作为行业自学的系列教材及相关专业用书。

高职高专土建系列规划教材编审委员会
2010 年 1 月于南京

前 言

有关工程经济学方面的图书,目前在图书市场上是百花齐放,作为从事土木工程管理、设计和施工的工程技术和管理人员必备的核心知识,该教材的实用性编写显得尤为重要。本书作者都是从事工程经济教学第一线的教师和工程实践者,在编写中,尽量简化理论的推导,更注重在工程中的实际应用,其目的是使学生掌握工程经济学的基本原理和分析方法,培养学生具备工程经济分析的初步能力,运用工程经济的分析方法来分析和评价土木工程涉及的技术经济问题,为投资决策提供科学依据。本教材吸收了国内外高等学校同类课程以及相关课程,如建筑经济学、经济学、会计学、财务管理和税法等课程体系中的适用原理和方法,结合我国建造师考试的有关要求以及住建部工程管理专业指导委员会的指导大纲编写的。编写中侧重应用为主,较系统地介绍了工程经济学的基本原理、基本经济分析方法及其在工程中的应用,列举了工程项目经济分析案例。全书内容完整,结构严谨;图文并茂,通俗易懂;注重理论的同时更注重其应用。

工程经济学是工程与经济的交叉学科,是研究工程技术实践活动经济效果的学科。在全球经济一体化的大背景下,我国通过实现世界资本、技术与管理等生产要素向中国的集聚,实现了经济的高速增长。与此同时,也涌现出越来越多规模宏大、结构复杂的工程巨项目。投资者如何优化资源配置,提高决策水平和投资效益是当前日益突出的问题。因此,当今时代从事工程实践者比以往任何时候都更需要懂得工程经济学。

本书是东南大学出版社组织的系列教材之一,在编写中,要求教材的编写具有实战性和应用性,编写中凸显如下特点:

(1) 实操性。根据工程管理及相关专业学生的就业特点,力求做到理论性与实践性相结合,在吸收有显著特色和较强针对性理论的同时,注意理论的深度、广度和实践指向,突出其应用,注重强调实际操作技能的培养和训练。

(2) 新颖性。本书编写内容上反映了我国工程经济分析方面新的思想、新的要求与规范。本书紧密结合《建设项目经济评价方法与参数》(第三版)的最新理论与方法,在编写过程中有机融入最新的实例以及操作性较强的案例,并对实例进行有效的分析,提高了教材的可读性和实用性。

（3）先导性。在教材编写过程中，充分考虑了就业市场的发展变化，并努力站在学生的角度思考问题，考虑学生看到教材的感受，考虑学生学习的动力是什么，力求做到真正贴合学生实际、受老师和学生欢迎，并且教材中所选的习题也都精选自各类职业资格考试参考书，利于学生获得相关资格证书。

本书共分9章，第1章由汤鸿、白冬梅编写，第2、3章由夏正兵编写，第4章由毕琼媛编写，第5章由解静静编写，第6章由何小雨编写，第7、8章由董丽君编写，第9章由陈红霞编写，附录由汤鸿编写，全书由三江学院土木工程学院汤鸿负责统编。

在本书编写过程中，东南大学土木工程学院博士生导师成虎教授、黄安永教授给予了极大的支持和帮助，在此表示衷心的感谢。

衷心感谢三江学院理事长、党委书记陈万年教授，校长董新华教授，副校长陈云棠教授以及三江学院教务处领导的大力支持和帮助，同时对三江学院土木工程学院全体教职员工于本书给予的帮助表示最诚挚的感谢！

由于编者水平有限，书中难免有不妥之处，恳请读者批评指正。

编　者

2012年1月

目 录

1 工程经济学概述 ·· 1
   1.1 工程经济学含义及其发展 ·· 1
   1.2 工程经济学的研究对象及特点 ··· 3
   1.3 工程经济学的基本原理 ··· 5
   1.4 工程经济学的分析方法及学习要领 ··· 7

2 资金的时间价值与等值计算 ··· 10
   2.1 现金流量与资金的时间价值概念 ··· 10
   2.2 资金时间价值的计算 ·· 13
   2.3 资金等值计算 ··· 21

3 投资方案评价与选择 ·· 25
   3.1 投资方案评价概述 ··· 25
   3.2 经济评价指标 ··· 33
   3.3 投资多方案的类型与评价方法 ··· 53

4 价值工程原理及运用 ·· 75
   4.1 价值工程的基本概念及价值分析的基本思路 ······································ 75
   4.2 价值工程的工作程序与主要方法 ··· 78
   4.3 价值工程的应用 ··· 87

5 工程项目的财务评价 ·· 91
   5.1 工程项目财务评价概述 ·· 91
   5.2 工程项目财务评价主要数据的确定、估算与分析 ······························· 92
   5.3 工程财务评价的辅助报表和基本报表 ··· 97
   5.4 工程财务评价案例 ··· 102

6 工程建设项目国民经济评价 ··· 107
   6.1 国民经济评价概述 ··· 107
   6.2 国民经济评价的费用与效益 ·· 108

6.3 国民经济评价的指标与重要参数 ……………………………………………… 111
   6.4 国民经济评价中的影子价格的确定 ……………………………………………… 114
   6.5 国民经济评价报表 …………………………………………………………………… 118
7 设备更新方案的工程经济分析 ……………………………………………………………… 123
   7.1 设备更新概述 ………………………………………………………………………… 123
   7.2 设备的经济寿命 ……………………………………………………………………… 127
   7.3 设备更新方案的经济分析 …………………………………………………………… 130
   7.4 新添设备的优劣比较 ………………………………………………………………… 136
8 工程项目的可行性研究 ……………………………………………………………………… 141
   8.1 工程项目概述 ………………………………………………………………………… 141
   8.2 可行性研究概述 ……………………………………………………………………… 144
   8.3 可行性研究的阶段、主要内容和程序 ……………………………………………… 146
   8.4 投资项目社会评价与后评价 ………………………………………………………… 149
9 工程经济评价案例 …………………………………………………………………………… 160
   9.1 项目概述 ……………………………………………………………………………… 160
   9.2 基础数据 ……………………………………………………………………………… 160
   9.3 财务评价 ……………………………………………………………………………… 162
   9.4 国民经济评价 ………………………………………………………………………… 171
   9.5 评价结论 ……………………………………………………………………………… 175
附录 复利系数表 ……………………………………………………………………………… 176
参考答案 ………………………………………………………………………………………… 204
参考文献 ………………………………………………………………………………………… 208

1 工程经济学概述

1.1 工程经济学含义及其发展

1.1.1 工程经济学的含义

要学习工程经济学的含义,首先应该了解工程的含义、经济学的含义,这对理解工程经济学的含义有所帮助。

工程,是指人们应用科学的理论、技术的手段和设备来完成的较大而复杂的具体实践活动。工程的范畴很大,包括化学工程、冶金工程、机电工程、土木工程、水利工程、交通工程、食品工程等。主要内容有生产工艺的设计与制定、生产设备的设计与制造、原材料的研究与选择、土木工程的勘测设计与施工设计、土木工程的施工建设等。此外,人们习惯上将某个具体的工程项目简称为工程,如建设项目中的三峡水电工程、青藏铁路工程、核电站工程,还有生产经营活动中的新产品开发项目、新药物研究项目、软件开发项目。工程经济学中的工程既包括工程技术方案、技术措施,也包括工程项目。

经济的概念在不同层面有不同含义,常见的有以下几种:

(1) 经济是指生产关系。经济是指人类社会发展到一定阶段的经济制度,是人类社会生产关系的总和,也是上层建筑赖以存在的经济基础。如国家的宏观经济政策、经济分配体制等就是这里所说的经济。

(2) 经济是指一国的国民经济的总称,或指国民经济的各部门,如工业经济、农业经济、商业经济、邮电经济等。

(3) 经济是指社会生产和再生产的过程,即物质资料的生产、交换、分配、消费的现象和过程。社会生产和再生产中的经济效益、经济规模就是指这里的经济。

(4) 经济是指节约或节省。就是指在社会生活中,如何少花资金、节约资金。如日常生活中的经济实惠、价廉物美就是指这里的经济。

以上经济的几种含义中,(1)、(2)属于宏观的经济范畴,(3)、(4)属于微观的经济范畴。工程经济学主要侧重于微观经济的含义。

工程经济学是对工程技术问题进行经济分析的系统理论与方法。工程经济学是在资源有限的条件下运用工程经济学分析方法,对工程技术(项目)各种可行方案进行比较,选择并确定最佳方案的科学。它的核心任务是对工程项目技术方案的经济决策。

1.1.2 工程经济学的发展

工程经济学的产生至今已有100多年,现已发展成为较为成熟的应用经济学学科之一。

1) 工程经济学的萌芽阶段(1887—1930年)

工程经济学的历史渊源可以追溯到1887年美国的土木工程师惠灵顿出版的著作《铁路布局的经济理论》,在书中开创性的开展了工程经济领域中的经济评价工作,认为资本化的成本分析方法,可应用于铁路最佳长度或路线曲率的选择。惠灵顿精确地阐述了工程经济的重点:"不把工程学简单的理解和定义为建造艺术是很有好处的。从某种重要意义来说,工程经济并不是建造艺术。我们不妨把它粗略定义为一门少花钱多办事的艺术。"

1915年,斯坦福大学教授菲什(J. C. L. Fish)出版了第一部《工程经济学》著作,将投资模型与证券市场联系起来。

1920年,戈尔德曼(O. E. Goldman)教授在其《财务工程学》一书中提出了决定相对价值的复利模型,从而可以用复利法确定方案的比较价值,为工程经济学很多经济分析原理的产生奠定了基础。

1930年,E. L. 格兰特教授出版的《工程经济学原理》教科书奠定了经典工程经济学的基础,其中的许多理论贡献得到了社会公认,他也被称为"工程经济学之父"。格兰特教授在该书中不仅指出了古典工程经济的局限性,而且以复利计算为基础,讨论了判别因子和短期投资评价的重要性,以及资本长期投资的一般比较。

至此,工程经济学作为一门独立的学科产生了。

2) 工程经济学的发展阶段(1950—1990年)

第二次世界大战以后,受凯恩斯主义经济理论的影响,工程经济学的研究内容从单纯的工程费用效益分析扩大到市场供求的投资分配方面。

1951年,乔尔·迪安教授出版了《管理经济学》,开创了应用经济学新领域,公司理财学在20世纪50年代发生了重要变化,这两门学科都把计算现金流的方法应用到资本支出的分析上,在投资收益与风险分析上起了重要作用。更大的转折发生于1961年,乔尔·迪安教授的《资本预算》一书不仅发展了现金流量的贴现方法,而且开创了资本限额分配的现代分析方法。

20世纪60年代以后,工程经济学的研究主要集中在风险投资、决策敏感性分析和市场不确定性因素分析3个方面。主要代表人物有美国的德加莫、卡纳达和塔奎因教授。德加莫教授偏重于研究工程企业的经济决策分析,他的《工程经济》(1986年)一书以投资形态和决策方案的比较研究,开辟了工程经济学对经济计划和公用事业的应用研究途径。卡纳达教授的理论重视外在经济因素和风险性投资分析,其代表作为《工程经济学》(1980年)。塔奎因教授的理论则强调投资方案的选择与比较,他提出的各种经济评价原则(如利润、成本与服务年限的评价原则;盈亏平衡原则和债务报酬率分析;等等)成为美国工程经济学教材的主要理论。还有乔治·泰勒的《管理经济与工程经济》(1980年)一书,系统全面地介绍了经济决策的方法,即按经济准则选取最佳技术方案的科学方法。

1982年,J. L. 里格斯出版的《工程经济学》系统地阐述了货币的时间价值、时间的货币价值、货币理论、经济决策和风险以及项目的不确定性等工程经济学内容,把工程经济学的学科水平向前推进了一大步。

随后,工程经济学在世界各国得到了广泛的重视和应用,工程经济学理论不断发展,发展侧重于用现代数学方法进行风险性、不确定性分析和无形效果分析的新方法研究。

我国从20世纪70年代初期起,建筑经济研究引进了国外的工程经济理论和方法,80年代开始,建筑经济学科得到迅猛发展。期间,不仅继续了建筑经济学科理论研究、建筑工程技术经济研究,同时,还进行了诸如建筑工程招标承包制、建筑产品价格改革、建筑产业政策研究、我国住宅建设技术政策等经济体制改革的理论研究。

3）现代工程经济学的发展（1990年至今）

20世纪90年代以后,西方工程经济学理论逐渐突破了传统的对工程项目或技术方案本身的经济效益的研究,出现了中观经济与宏观经济研究的新趋势。例如,对某些工程项目要分析它对行业技术进步、所在地区经济发展的影响；对大多数的项目还要考察它对生态环境、可持续发展的影响。工程经济中的微观经济效益分析正逐渐同宏观经济效益分析、社会效益研究、环境效益评价结合在一起,国家的经济制度和政策等宏观问题,以及国际经济环境变化等已成为当代工程经济学研究无法回避的新内容。

20世纪90年代起,我国建筑经济研究人员将其研究领域进一步扩大到土木工程以及其他建设项目领域,在项目投资决策分析、项目评估和管理实践中,已经广泛地应用了工程经济学的原理和方法。

可以预见,随着科学技术的发展和人类社会的进步,工程经济学的研究方法还会不断创新,工程经济学的理论也会不断完善,以便满足人们对工程项目和技术方案进行科学决策的新要求。

1.2 工程经济学的研究对象及特点

1.2.1 工程经济学的研究对象

工程经济学涉及工程技术和经济的关系,长期以来工程经济学作为一门独立的学科不断在发展,学者们对于工程经济学的研究对象主要曾有以下几种不同的观点和表述：

观点1：工程经济学是从经济角度选择最佳方案的原理和方法。

观点2：工程经济学研究技术与经济的关系,技术与经济相互促进和协调发展,以达到二者的最佳组合。

观点3：工程经济学是研究生产、建设领域中各种技术经济问题的学科。

观点4：工程经济学通过研究方案的经济效益推动技术进步,促进企业与国民经济增长。

由于工程经济学并不研究工程技术原理与应用本身,也不研究影响经济效果的各种因素,而是研究各种工程技术方案的经济效果。这里的工程技术是广义的,是人类利用和改造自然的手段。它不仅包含劳动者的技艺,还包括部分取代这些技艺的物质手段。工程经济学研究各种工程技术方案的经济效益,研究各种技术在使用过程中,如何以最小的投入获得预期产出。或者说,如何以等量的投入获得最大产出；如何用最低的寿命周期成本实现产品、作业以及服务的必要功能。

随着社会与经济的发展,现代工程经济学涉及的领域越来越广泛,其研究对象也从微观的技术经济问题延伸到宏观的技术经济问题,如能源问题、环境问题、资源开发与利用问题、国家的经济制度与政策问题。

可见,工程经济学不仅以工程技术项目的方案为对象,研究如何有效利用工程技术资源、促进经济增长,同时也为宏观政策的制定提供科学的依据。

1.2.2 工程经济学的特点

工程经济学横跨自然科学和社会科学两大类,立足于经济,研究技术方案,已成为一门综合性的交叉学科。其主要内容包括资金的时间价值、工程项目评价指标与方法、工程项目多方案的比较和选择、建设项目的财务评价、建设项目的国民经济评价和社会评价、不确定性分析、价值工程、设备更新方案的比较、项目可行性研究等方面。其主要特点如下:

1) 综合性

工程经济学横跨自然科学和社会科学两大类,以微观经济学为基础,应用管理经济学方法、费用效益分析方法和可行性研究方法等对工程技术方案进行比较分析,为工程项目的决策服务。工程技术学科研究自然因素运动、发展的规律,是以特定的技术为对象的;而经济学科是研究生产力和生产关系运动发展规律的一门学科。工程经济学从技术的角度去考虑经济问题,又从经济角度去考虑技术问题,技术是基础,经济是目的。

在实际应用中,技术经济涉及的问题很多,一个部门、一个企业有技术经济问题,一个地区、一个国家也有技术经济问题。因此,工程技术的经济问题往往是多目标、多因素的。它所研究的内容既包括技术因素和经济因素,又包括社会因素与时间因素。

2) 实用性

工程经济学之所以具有强大的生命力,在于它非常实用。工程经济学研究的课题、分析的方案都来源于工程建设实际,并紧密结合生产技术和经济活动进行。其分析和研究的成果直接用于生产,并通过实践来验证分析结果是否正确。

3) 定量性

工程经济学的研究方法注重定量分析。即使有些难以定量的因素,也要设法予以量化估计。通过对各种方案进行客观、合理、完善的评价,用定量分析结果为定性分析提供科学依据。如果不进行定量分析,技术方案的经济性无法评价,经济效果的大小无法衡量,在诸多方案中也无法进行比较和优选。因此,在分析和研究过程中,要用到很多数学方法、计算公式,并建立数学模型。

4) 比较性

俗话说不怕不识货,就怕货比货,万物只有通过比较才能辨别孰优孰劣。工程经济分析通过经济效果的比较,从许多可行的技术方案中选择最优方案或满意的可行方案。

5) 预测性

工程经济分析活动大多在事件发生之前进行。要对将要实现的技术政策、技术措施、技术方案等进行预先的分析评价,首先要进行技术经济预测。通过预测,使技术方案更接近实际,从而避免盲目性。

工程经济预测性主要有以下两个特点:

(1) 尽可能准确地预见某一经济事件的发展趋向和前景,充分掌握各种必要的信息资料,尽量避免由于决策失误所造成的经济损失。

(2) 预测性包含一定的假设和近似性,只能要求对某项工程或其一方案的分析结果尽可能地接近实际,而不能要求其绝对准确。

1.3 工程经济学的基本原理

工程经济学是工程技术和经济相结合的交叉学科,是研究工程技术实践活动经济效果的学科。工程经济学是在社会生产不断发展的大背景下从很多学科中吸取有用的理论与方法,从而为工程项目评价服务的学科,其原理横贯经济学、财务、管理等几大学科。其中经济学原理是工程经济学的理论基石,它研究问题的出发点、分析的方法和主要指标内容都与西方经济学一脉相承。

1.3.1 经济学相关原理

有关的经济学原理有资源配置理论、机会成本理论、经济效益理论。

资源配置始终是经济学研究的中心课题。人类所拥有的资源总是有限的,而人们对物质文化产品的需求是无限的,如何应用有限的资源去满足人们日益增长的需要是永恒的课题。对一个企业和组织而言,在特定的时期内,能够使用的资源总是有限的,要进行某项技术改造,引进某种设备,改扩建某一项目,都是在资源限制的范围内开展的。如何配置资金,存在对技术方案的比较选择问题,也存在对不同的投资方向方案的比较问题,所有这些都说明资源的稀缺迫使我们节约。我们需要衡量各种备选方案并选择那种能使我们从有限的资源中获得最大的报酬的具体分配方案。

少量的资源与我们的需求相比,迫使我们做出决策。由于我们做出选择,就得做出牺牲。当一个厂商决定利用自己所拥有的经济资源生产一辆汽车时,这就意味着该厂商不可能再利用相同的经济资源来生产200辆自行车,在各行各业中,有了"这个"就意味着失去"那个",这就是"机会成本"的思想。所谓机会成本(opportunity cost),是指在经营决策中,以未被选择方案所带来的丧失的利益为尺度,来评价被选择方案的一种假定性成本。工程经济分析中对项目、方案进行选择,使在同等技术水平使用效用下投资少一点,或同等投资规模下收益多一点。

经济效应指人们在经济活动中获得的经济成果与资源消耗总量的比较。经济效益是所得与所耗的比较,投入与产出的比较,有效成果与消耗总量的比较。

1.3.2 财务会计学相关原理

有关的财务会计学原理有资金时间价值、财务报表、长期投资分析。

资金的时间价值指资金在循环和周转运动过程中,通过生产经营活动使其绝对金额随着时间的推移而发生增值(或减值)变化。资金的时间价值是资金运动的基本规律,社会的生产过程也就是资金运动过程。资金作为一种生产要素,理应从生产经营过程所创造的新的财富中取得回报,这就是资金增值的由来。在各种技术方案、技术项目、工程项目中,资金投入的数量不同,资金投入的时间不同,资金占用的时间不同,资金增值必然不同。因此,在评价技术方案的投资效益时,若各方案投入资金与产出效益在数量上相同,而投入资金的时间不同或产出效益的时间不同,则各方案的经济效益是不同的。要正确地评价技术方案的经济效益,就必须计算资金的时间价值。资金时间价值理论为工程经济分析奠定了基础。

工程经济分析需要运用财务报表,如现金流量表、投资估算表、成本费用估算表、资产负债表等,会计学的理论与方法是进行技术项目、工程项目财务评价与国民经济评价的必备知识。

资本预算决策、现金流量分析技术、资本预算的风险分析等长期投资决策理论也为工程经济分析提供了理论基础。

1.3.3 管理学相关原理

有关的管理学原理有决策理论、方案比较法、计划与预测理论。

工程经济分析的目的是为企业、事业和政府部门工作中的每一工程项目(技术方案)的行动路线提供一种指导。决策是从思维到做出决定的过程。工程经济分析正是这一过程。通过工程经济分析,帮助上述组织的工程技术人员、管理人员提高决策科学性。管理学的决策理论无疑是本课程的理论基础。决策理论的创始人埃伯特·西蒙(Herbert A. Simon)教授指出:"管理的重心在于经营,经营的重心在于决策,决策的重心在于方案的比较与选优。"这说明了决策在企业和社会经济活动中的重要性,也强调了方案比较对正确决策是至关重要的。同时,埃伯特·西蒙教授提出的"令人满意的准则"的决策原则,是我们进行方案决策的指导原则。

工程经济学为人们进行经济决策提供分析方法,这些方法也包括了方案比较法。如何进行技术方案的比较,什么样的方案才能互相比较(具备可比性),哪些方案不具备可比性,这里涉及技术方案分析比较的可比性原理。所谓可比性原理是指多个方案进行经济比较时必须具备的可比性条件。由于各个方案涉及的因素是极其复杂且多样化的,所以不可能做到绝对的等同化,何况其中还包括一些目前还不能加以定量表达的所谓不可转化因素。因此,在实际工作中我们只能做到受经济效果影响较大的主要方面达到可比性的要求。一般要求在各方案之间达到以下 4 个可比性要求:

(1) 满足需要的可比性。例如住宅和厂房分别是为满足居住与生产的需要而建设的,它们都需要投资,但由于它们满足需要的目标不同,所以在比较投资经济效益时应将住宅与住宅、厂房与厂房进行比较。

(2) 相关费用的可比性。所谓相关费用,就是如何确定合理计算方案费用的范围。两个方案,如果计算费用的范围不合理,也没有可比性。例如钢模板与木模板的采用,不能单一考虑模板的购置费用,还应考虑其在使用过程中的相关费用,如模板的维护费用、使用的一次性摊销费用、拆模费用等。

(3) 时间因素的可比性。技术方案的经济效果,除了数量的概念以外,还具有时间概念。比如,有两个技术方案,它们的产品产量、投资、成本完全相同,但时间上有差别,其中一个投产较早,而另一个投产较晚;或者一个投资较早,另一个投资较晚;或者一个方案的使用寿命较长,另一个方案的使用寿命较短。在这种情况下,这两个方案的产出即使相同,也不能简单地进行比较。必须考虑时间因素的影响,计算资金的时间价值。不同的技术方案必须满足符合以下时间方面的可比条件:不同技术方案的经济比较应该采用相等的计算期作为比较基础,同时还应该考虑它们由于在人力、物力和资源的投入以及效益发挥的时间先后不同时对国民经济产生的经济影响的大小。

(4) 价格的可比性。在经济分析中最常用的办法,是采用价格指标,几乎绝大部分效益和费用都是在价格的基础上计算出来的。因此,价格体系是否合理是方案比较中必须考虑的问题。我国现行价格体系不尽合理,因此在方案比较中,对产出物和投入物的价格应尽量采用可比价格。

可比性所涉及的问题还有定额标准、安全系数等。分析人员认为必要时,可以自行斟酌决定。但是,满足可比条件是方案比较的前提,必须予以遵守。

计划是对未来行动方案的说明。一个技术方案、工程投资方案的实施离不开周密的计划,工程经济分析也是建立在技术项目计划的基础之上的,如分析要素中项目收益就是项目计划营运期内收入的财务估算。因此,管理学的计划与预测的理论同样是工程经济分析的基础。任何技术方案、工程项目的比较,都是建立在对各方案未来可能的投资和收益的基础上的,所谓项目财务分析也是针对项目实施后的营运状况,进行预测后的财务效果的估计分析,具有典型的前瞻性。可见,计划与预测的方法也就贯穿于工程经济分析中了。

1.4 工程经济学的分析方法及学习要领

1.4.1 工程经济学的分析方法

工程经济学以工程技术为背景,将经济学、财务学的理论相融合,形成了独特的理论知识体系,去解决工程技术实践中大量出现的技术方案的决策问题。它所具有的重要现实意义要求人们掌握好工程经济分析的理论与方法。要想掌握它的理论知识,需要了解工程经济学的研究方法。

1) 方案比较法

方案比较法是贯穿于工程经济分析始终的基本方法。任何一项技术项目,如技术开发项目、工艺改进项目、设备更新项目或技术改造项目,都存在替代方案;企业要达到技术进步的目的,总有不同的技术路径、技术措施;工程项目投资也有不同的生产方案。因此,通过方案比较与选择,才能找到最优解决办法,提高项目决策的科学性。

2) 动态分析方法

工程经济学要运用动态分析方法,主要包括两个方面的内容:一是必须考虑工程项目使用资金的时间价值;二是考虑工程技术项目本身的发展变化过程,即要考虑到项目发展过程中环境条件的变化。前者是强调评价技术方案的投入资金与产出的收益必须用复利计算,才能真实地反映技术方案的效益价值。因此,在经济分析中,投入与产出的动态计算是主要内容。后者是指在做工程项目分析时,往往要借助已有的经验对技术方案、工程投资项目进行动态分析;不仅要考察现在市场环境价格条件下项目的经济效益,而且在未来市场环境价格变化条件下,能预测工程项目的效益和可能面临的风险,从而帮助人们做出科学的工程项目投资决策。所以,动态分析方法也是工程经济学研究的最基本方法。

3) 定性与定量相结合的方法

工程经济学既要运用定量方法进行工程项目的经济评价、项目不确定性分析、项目财务评价与国民经济评价、设备更新的经济分析等,又要运用定性方法对项目后评价、项目可行性研究中的资源评价、建设规模与产品方案、实施进度、无形效果等非经济效果内容进行分析研究。由此可见,定性分析与定量分析是工程经济学不可缺少的两种工具。

4) 系统分析方法

系统分析方法应用于工程经济分析中,要求人们首先树立整体观念,即把工程项目看成一个独立、完整的系统。它由许多子系统组成,各个子系统之间相互独立又相互关系。各子项目有各自的使用功能,所有子项目使用功能的聚合才能成为技术改造后的生产系统。其次,要将技术项目、工程项目系统视为一个开放的系统,明确它与外界——社会环境的密切关系。项目的外部社会环境给项目提供技术资源、物质资源、劳动力资源、信息资源等。只有重视项目组织与社会环境之间物质、能量、信息的交换,才能保证工程项目系统具有活力,且在资源有限的约束条件下,更好地实现项目目标。再次,在评价一个技术项目、工程项目时,不但要分析项目本身的投资收益,而且要评价它产生的社会效益,考察它对生态环境的影响,从而实现技术项目与人文社会自然环境的和谐发展。特大型建设项目对区域和宏观经济影响的评价就必须采用系统分析方法,才能得出科学的结论。

1.4.2 工程经济学学习要领

工程经济学是一门理论性与实践性都很强的课程,与案例的分析和练习联系紧密。学习工程经济学首先要分清课程的知识层次、知识结构,以基本概念与原理为基础;明确课程的学习要求、性质与定位;制订与自身学习情况相适应的学习计划,并努力执行;发挥自主学习的积极性、主动性,勤于思考,主动提问,参与讨论,注意理论联系实际,具体习题与案例的分析与解决。

工程经济学中各种基本原理、基本概念众多,这就要求同学们在学习各章各节的时候,能对其有清楚和准确的认识与理解,而在这些概念、原理的基础上,随着课程的深入和在实际中的具体应用,还会建立起这样或那样的关系。这些联系就像一条线一样将所学的知识点连接起来,使工程经济学中的各种分析方法等内容系统地、具体地应用到实践中去。所以,课程中的基本内容还是学习的重点,如概念、原理、计算公式等,因为这些都是将各行业工程经济分析中共同的,带有规律性的原理和方法抽象出来的,具有实用性。此外,还应适当做些练习题,这样才容易发现自己的不足之处,清楚地知道自己是否掌握了相关原理。

在看教材的时候注意勾画出书中的重点和难点,以便以后的复习和查找,加深记忆。在做习题的同时要尽量联想相关的内容,做到一定的联系,遇到不懂的问题要及时弄懂,及时查书,有针对性地查找答案。学习中还要坚持理论联系实际的学习方法,这就要求大家对课件和教材上的实例加以重视,做到理解与掌握。

工程经济学是一门综合性的交叉学科,对其他很多学科的原理和知识有很多借鉴,因此除了要对课件和教材上讲授的基本原理、基本知识加以理解和掌握之外,还可以阅读一些相关领域的书籍,如经济学、管理学、财务等,势必会对本门课程的学习有很大帮助。通过本门课所学习到的方法和理论,还需要在以后的工作实践中不断地深化与丰富起来,为今后从事相关工作打下良好的基础。

复习思考题

1. 试述工程经济学的含义。
2. 工程经济学的研究对象是什么？
3. 工程经济学的特点是什么？
4. 简述工程经济学的发展历程。
5. 工程经济学的基本原理包括哪些？
6. 工程经济学的分析方法包括哪些？

2 资金的时间价值与等值计算

2.1 现金流量与资金的时间价值概念

2.1.1 现金流量

1) 现金流量的概念

在进行工程经济分析时,可把所考察的对象视为一个系统,这个系统可以是一个工程项目、一个企业,也可以是一个地区、一个国家。而投入的资金、花费的成本、获取的收益,均可看成是以资金形式体现的资金流出或流入。这种在考察对象一定时期各时点上实际所发生的资金流入(CI)和资金流出(CO),称为项目的现金流量,同一时点上的资金流入与资金流出之差,称为净现金流量(Net Cash Flow, NCF)。在实际应用中,现金流量因工程经济分析的范围和经济评价方法的不同,分为财务现金流量和国民经济效益费用流量,前者用于财务评价,后者用于国民经济评价。

2) 现金流量图

进行工程经济分析时,经常需要借助于现金流量图来分析现金流量的流向(支出或收入)、数额和发生时间。现金流量图是描述建设项目在整个计算期内各个时点上的现金流入和现金流出序列的图形。现金流量图包括三大要素:大小、流向、时点。其中大小表示资金数额,流向指项目资金的流入或流出,时点指现金流入或流出所发生的时间。现金流量图的一般形式如图 2-1 所示。

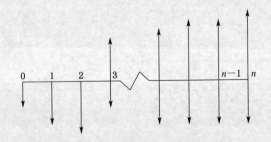

图 2-1 现金流量图的一般形式

在图 2-1 中,横轴称为时间轴,表示一个从 0 到 n 的时间序列,每一刻度表示一个计息期。在时间轴上,0 代表时间序列的起点,n 代表时间序列的终点。$t(1, 2, \cdots, n-1)$ 既代表第 t 计息期的终点,又代表第 $t+1$ 计息期的始点。各个时点上垂直于横轴的有向竖线用来描述现金流量,箭头向上表示现金流入,第 t 年的现金流入记为 CI_t;箭头向下表示现金流出,第 t 年的现金流出记为 CO_t。

现金流量图的位置确定,一般有两种处理方法:一种方法是工程经济分析中常用的,其规定是建设期的投资标在期初,生产期的流入和流出均标在期末;另一种方法是在项目财务评价中常用的,时点标注遵循期末习惯假设,无论现金的流入还是流出均标示在期末。本书在"工程项目的财务评价"一章中采用期末习惯假设,其余相关部分采用第一种处理方法。

2.1.2 资金的时间价值

1) 资金时间价值的概念

在工程经济分析中,无论是技术方案所获得的收益还是所消耗的人力、物力和自然资源,最后都是以价值形态(即资金的形式)表现出来的。而资金是运动的价值,资金的价值是随时间变化而变化的,是时间的函数,随时间的推移而变动,其变动的这部分资金就是原有资金的时间价值。

任何技术方案的实施,都有一个时间上的延续过程,由于资金时间价值的存在,使不同时间上发生的现金流量无法直接加以比较,因此,要通过一系列的换算,在同一时间点上进行对比,才能符合客观的实际情况。这种考虑了资金时间价值的经济分析方法,使方案的评价和选择变得更加现实和可靠,也就构成了工程经济学要讨论的重要内容之一。

2) 衡量资金时间价值的尺度

资金的时间价值是社会劳动创造能力的一种表现形式。衡量资金时间价值的尺度有两种:其一为绝对尺度,即利息、盈利或收益;其二为相对尺度,即利率、盈利率或收益率。

(1) 利息

利息是货币资金借贷关系中借方支付给贷方的报酬。即:

$$I = F - P \tag{2-1}$$

式中:I——利息;
F——还本付息总额;
P——本金。

在工程经济分析中,利息常常被看作是资金的一种机会成本。这是因为,如果资金一旦用于投资,就不能用于现期消费,而牺牲现期消费又是为了能在将来得到更多的消费。从投资者的角度来看,利息体现为对放弃现期消费的损失所作的必要补偿。所以,利息就成了投资分析平衡现在与未来的杠杆。投资这个概念本身就包含着现在和未来两方面的含义。事实上,投资就是为了在未来获得更大的收益而对目前的资金进行某种安排,显然未来的收益应当超过现在的投资,正是这种预期的价值增长才能刺激人们从事投资。由此可见,在工程经济学中,利息是指占用资金所付出的代价或者是放弃近期消费所得到的补偿。

(2) 利率

利息通常根据利率来计算。利率是在一定时间所得利息额与投入资金的比例,也称为使用资金报酬率,它反映了资金随时间变化的增值率,是衡量资金时间价值的相对尺度,一般以百分数表示。若 I 表示一个计算周期的利息,P 表示本金,则利率 i 的表达式为:

$$i = \frac{I}{P} \times 100\% \tag{2-2}$$

【例 2-1】 现借得一笔资金 10 000 元,一年后利息为 600 元,则年利率为:

$$i = \frac{600}{10\,000} \times 100\% = 6\%$$

(3) 利息和利率在工程经济活动中的作用

利息和利率作为一种经济杠杆,在经济生活中起着十分重要的作用。在市场经济条件下,利息和利率的作用表现在以下几个方面:

① 利息和利率是以信用方式动员和筹集资金的动力。以信用方式筹集资金的一个重要特点是自愿性,而自愿性的动力在于利息和利率。比如一个投资者,他首先要考虑的是投资某一项目所得到的利息(或利润)是否比把这笔资金投入其他项目所得的利息(或利润)多。如果多,他就可能给这个项目投资;反之,他就可能不投资这个项目。

② 利息促进企业加强经济核算,节约使用资金。企业借款需付利息,增加支出负担,这就促使企业必须精打细算,把借入的资金用到刀刃上,减少借入资金的占用以少付利息,同时可以使企业自觉压缩库存限额,减少多环节占压资金。

③ 利息和利率是国家管理经济的重要杠杆。国家在不同的时期制定不同的利率政策,对不同地区不同部门规定不同的利率标准,就会对整个国民经济产生影响。如对于限制发展的部门和企业,利率规定得高一些;对于提倡发展的部门和企业,利率规定得低一些。从而引导部门和企业的生产经营服从国民经济发展的总方向。同样,资金占用的时间短,收取低息;资金占用的时间长,收取高息。对产品适销对路,质量好,信誉高的企业,在资金供应上给予低息支持;反之,收取较高利息。

④ 利息与利率是金融企业经营发展的重要条件。金融机构作为企业,必须获取利润。由于金融机构的存放款利率不同,其差额成为金融机构业务收入。此差额扣除业务费后就是金融机构的利润,金融机构获取利润才能刺激金融企业的经营发展。

(4) 利息的计算

利息的计算方法有单利法和复利法。

① 单利法。单利法是只对本金计算利息,而每期的利息不计入下一计息期的本金,从而每期的利息是固定不变的。若利率为 i,计息期数 n,则第 n 期期末的本利和 F 为:

$$F = P(1 + i \cdot n) \tag{2-3}$$

【例 2-2】 有一笔 50 000 元的借款,借期 3 年,按每年 8% 的单利率计息,试求到期时应归还的本利和。

【解】 用单利法计算,其现金流量见图 2-2。

根据公式(2-3)有:

$$F = P + P \cdot i \cdot n = 50\,000 + 50\,000 \times 8\% \times 3 = 62\,000(元)$$

即到期应归还的本利和为 62 000 元。

单利法虽然考虑了资金的时间价值,但仅是对本金而言,没有考虑每期所得利息再进入社会再生产过程而实现增值的可能性,这不符合资金流动的客观情况。因此,单利法未能完全反映资金的时间价值。

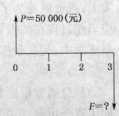

图 2-2 现金流量图

② 复利法。复利法的基本思想是：将前一期的本金与利息之和（本利和）作为下一期的本金来计算下一期的利息，也就是利上加利的方法。若 F_{n-1} 表示第 $n-1$ 期期末的本利和，其利息计算公式为：

$$I_n = iF_{n-1} \tag{2-4}$$

其本利和的计算公式为：

$$F = P(1+i)^n \tag{2-5}$$

【例 2-3】 在例 2-2 中，若年利率仍为 8%，但按复利计息，则到期应归还的本利和是多少？

【解】 用复利法计算，根据复利计算公式(2-5)有：

$$F = P(1+i)^n = 50\,000 \times (1+8\%)^3 = 62\,985.60(元)$$

与单利法计算的结果相比增加了 985.60 元，差额所反映的就是利息的资金时间价值。复利法的思想符合社会再生产过程中资金运动的规律，完全体现了资金的时间价值。在工程经济分析中，一般都是采用复利法。

2.2 资金时间价值的计算

2.2.1 有关资金时间价值计算的几个概念

（1）现值(P)：表示资金发生在某一特定时间序列始点上的价值。在工程经济分析中，它表示在现金流量图中 0 点的投资数额或投资项目的现金流量折算到 0 点时的价值。折现计算法是评价投资项目经济效果时经常采用的一种基本方法。将时点处资金的时值折算为现值的过程称为折现。

（2）终值(F)：表示资金发生在某一特定时间序列终点上的价值。其含义是指期初投入或产出的资金转换为计算期末的期终值，即期末本利和的价值。

（3）年金(A)：表示各年等额收入或支付的金额，即在某一特定时间序列期内，每隔相同时间收支的等额款项。

（4）折现率(i)：在工程经济分析中，把未来的现金流量折算为现在的现金流量时所使用的利率称为折现率。

（5）计息次数(n)：指投资项目从开始投入资金到项目的寿命周期终结为止的期限内，计算利息的次数，通常以"年"为单位。

2.2.2 资金时间价值计算的基本公式

资金时间价值计算的基本公式有如下几种形式：

1) 一次支付现金流量

一次支付是指现金流量的流入或流出均在一个时点上一次发生。其现金流量图如图 2-3。对于考虑的系统，在考虑资金时间价值的条件下，现金流入恰恰能补偿现金流出。一次支付的资金时间价值的计算公式有两个：

(1) 一次支付终值公式(已知 P 求 F)

现有一笔资金 P，按年利率 i 计算，n 年以后的复本利和 F 为多少？

根据复利的定义即可得到复本利和 F 的计算公式。其计算过程如表 2-1 所示。

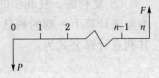

图 2-3 一次支付现金流量图

表 2-1 复本利和 F 的计算过程

计息期	期初金额(1)	本期利息额(2)	期末复本利和 $F_t=(1)+(2)$
1	P	$P \cdot i$	$F_1 = P + P \cdot i = P(1+i)$
2	$P \cdot (1+i)$	$P \cdot (1+i) \cdot i$	$F_2 = P(1+i) + P(1+i) \cdot i = P(1+i)^2$
3	$P \cdot (1+i)^2$	$P \cdot (1+i)^2 \cdot i$	$F_3 = P(1+i)^2 + P(1+i)^2 \cdot i = P(1+i)^3$
⋮	⋮	⋮	⋮
n	$P \cdot (1+i)^{n-1}$	$P \cdot (1+i)^{n-1} \cdot i$	$F = F_n = P(1+i)^{n-1} + P(1+i)^{n-1} \cdot i = P(1+i)^n$

n 年末的复本利和 F 与本金 P 的关系为：

$$F = P(1+i)^n \tag{2-6}$$

式(2-6)中，P 为现值，F 为终值，i 为利率，n 为计息周期数，表示在利率为 i、计息周期数为 n 的条件下，终值 F 和现值 P 之间的关系。$(1+i)^n$ 称为一次支付终值系数，记为 $(F/P, i, n)$，因此，式(2-6)也可以表示为 $F = P(F/P, i, n)$。

【例 2-4】 某企业为开发新产品，向银行借款 100 万元，年利率为 10%，借期 5 年，问 5 年后一次归还银行的本利和是多少？

【解】 由式(2-6)可得：

$$F = P(1+i)^n = 100 \times (1+0.1)^5 = 161.1(万元)$$

可以查复利系数表进行计算。当折现率为 10%，$n=5$ 时，$(F/P, i, n) = 1.611$，故：

$$F = P(F/P, i, n) = 100 \times 1.611 = 161.1(万元)$$

(2) 一次支付现值公式(已知 F，求 P)

由式(2-6)可直接导出：

$$P = F(1+i)^{-n} \tag{2-7}$$

式(2-7)中，系数 $(1+i)^{-n}$ 称为一次支付现值系数，记为 $(P/F, i, n)$，因此，式(2-7)也可表示为 $P = F(P/F, i, n)$。

【例 2-5】 如果银行利率为 12%，假定按复利计算，为在 5 年后获得 10 000 元款项，现在应存入银行多少？

【解】 由式(2-7)可得：

$$P = F(1+i)^{-n} = 10\,000 \times (1+0.12)^{-5} = 5\,647(元)$$

或先查表求出一次支付现值系数,再做计算:
$$P = F(P/F, i, n) = 10\,000 \times 0.564\,7 = 5\,647(元)$$

2) 等额年金支付现金流量

在工程经济实践中,多次支付是最常见的支付形式。等额年金支付是多次支付形式中的一种。多次支付是指现金流入和流出在多个时点上发生,而不是集中在某个时点上。当现金流序列是连续的,且数额相等,则称之为等额支付现金流量。

(1) 等额支付年金终值公式(已知 A,求 F)

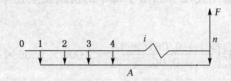

图 2-4 等额年金支付系列年金与终值关系

如图 2-4 所示,从第 1 年末至第 n 年末有一等额的现金流序列,每年的金额 A 称为年金。在考虑资金时间价值的条件下,$1 \sim n$ 年内系统的总现金流出恰能补偿总现金流入,则第 n 年末的现金流入 F 的计算公式为:

$$F = \sum_{t=1}^{n} A_t (1+i)^{n-1} = A[(1+i)^{n-1} + (1+i)^{n-2} + \cdots + (1+i) + 1]$$

$$F = A\left[\frac{(1+i)^n - 1}{i}\right] \tag{2-8}$$

式(2-8)中,系数 $\frac{(1+i)^n - 1}{i}$ 称为等额年金终值系数,记为 $(F/A, i, n)$。因此,式(2-8)也可表示为 $F = A(F/A, i, n)$。

【例 2-6】 小王是位热心于公众事业的人,自 1995 年 12 月底开始,他每年都要向一位失学儿童捐款。小王向这位失学儿童每年捐款 1 000 元,帮助这位失学儿童从小学一年级读完九年义务教育。假设每年定期存款利率都是 2%,则小王九年捐款在 2003 年年底相当于多少钱?

【解】 $F = A \times [(1+i)^n - 1]/i = 1\,000 \times [(1+2\%)^9 - 1] \div 2\% = 9754.6(元)$

或 $F = 1\,000 \times (F/A, 2\%, 9) = 1\,000 \times 9.754\,6 = 9\,754.6(元)$

(2) 等额支付偿债基金公式(已知 F,求 A)

等额支付偿债基金公式是等额支付终值公式的逆运算,其计算公式为:

$$A = F\left[\frac{i}{(1+i)^n - 1}\right] \tag{2-9}$$

式(2-9)中,系数 $\frac{i}{(1+i)^n - 1}$ 称为等额支付偿债基金系数,记为 $(A/F, i, n)$。因此,式(2-9)也可表示为 $A = F(A/F, i, n)$。

【例 2-7】 某厂欲积累一笔福利基金,用于 3 年后建造职工俱乐部。此项投资总额为 200 万元,银行利率为 12%,问每年末至少要存款多少?

【解】 由式(2-9)可得出：

$$A = F\left[\frac{i}{(1+i)^n - 1}\right] = 200 \times \left[\frac{0.12}{(1+0.12)^3 - 1}\right] = 59.27(万元)$$

图 2-4 所示现金流为普通年金的现金流。实际经济活动中年金方式中还包括预付年金、延期年金。其计算要以普通年金为基础，并注意收支的时间差异。

【例 2-8】 某学生在大学四年学习期间，每年年初从银行借款 2 000 元用以支付学费，若按年利率 6% 计复利，第四年末一次归还全部本息需要多少钱？

【解】 本例不能直接套用式(2-8)，由于每年的借款发生在年初，需要先将其折算成年末的等价金额。

$$F = 200 \times (1 + 0.06)\left[\frac{(1+0.06)^4 - 1}{0.06}\right] = 2\,000 \times 1.06 \times 4.375 = 9\,275(元)$$

(3) 等额年金支付现值公式(已知 A，求 P)

等额支付现值公式也称年金现值公式。其含义是在研究周期内每年等额收支一笔资金 A，在折现率为 i 的情况下，求此等额年金收支的总现值总额。其现金流量图如图 2-5 所示。

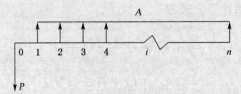

图 2-5 等额年金支付系列年金与现值关系

$$P = F \times \frac{1}{(1+i)^n} = A \times \frac{(1+i)^n - 1}{i} \times \frac{1}{(1+i)^n} = A \times \frac{(1+i)^n - 1}{i(1+i)^n} \quad (2\text{-}10)$$

式(2-10)中，系数 $\frac{(1+i)^n - 1}{i(1+i)^n}$ 称为等额支付现值系数，记为 $(P/A, i, n)$。因此，式(2-10)也可表示为 $P = A(P/A, i, n)$。

【例 2-9】 为在未来 15 年中的每年年末回收资金 8 万元，在年利率为 8% 的情况下，现需向银行存入多少钱？

【解】 已知 $A = 8$ 万元，$i = 8\%$，$n = 15$ 年，求 P。由年金现值公式(2-10)得出：

$$P = A(P/A, i, n) = 8 \times (P/A, 8\%, 15) = 65.95(万元)$$

即现在应存入 65.95 万元的资金。

(4) 等额资金回收公式(已知 P，求 A)

是在期初一次投入资金数额为 P，欲在 n 年内全部收回，在折现率为 i 的情况下，求每年年末应等额回收的资金 A，其计算公式可由年金现值公式得出：

$$A = P \frac{i(1+i)^n}{(1+i)^n - 1} \quad (2\text{-}11)$$

式(2-11)中,系数 $\dfrac{i(1+i)^n}{(1+i)^n-1}$ 称为资金回收系数,记为 $(A/P, i, n)$。因此,式(2-11)也可表示为 $A = P(A/P, i, n)$。资金回收系数与偿债基金系数之间存在如下关系:

$$(A/P, i, n) = (A/F, i, n) + i$$

【例 2-10】 某工程项目初始投资 1 000 万元,预计年投资收益率为 15%,问每年年末至少要等额回收多少资金,才能在 5 年内将全部投资收回?

【解】 已知 $P = 1 000$ 万元, $i = 15\%$, $n = 5$ 年,求 A。由资金回收公式(2-11)可得:

$$A = P \times (A/P, i, n) = 1 000 \times (A/P, 15\%, 5) = 29.83(万元)$$

即每年至少应等额回收 29.83 万元,才能将全部投资收回。

3) 等差系列现金流量

在许多工程经济问题中,现金流量每年均有一定数量的增加或减少,如房屋随着其使用期的延伸,维修费将逐年有所增加。如果逐年的递增或递减是等额的,则称之为等差系列现金流量。其现金流量如图 2-6 所示。

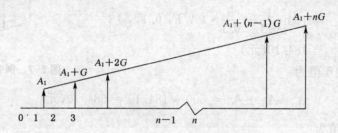

图 2-6 等差系列递增现金流量图

每期期末现金支出分别为 $A_1, A_2, \cdots, A_n$,并且它们是一个等差序列,公差为 G,我们令 $A_1 = A$, $A_2 = A + G$, $A_3 = A + 2G$, $\cdots$, $A_{n-1} = A + (n-2)G$, $A_n = A + (n-1)G$。

根据收支总额的复利终值概念,若以 F 表示总额复利终值,则

$$F = A(1+i)^{n-1} + (A+G)(1+i)^{n-2} + \cdots + [A+(n-2)G](1+i) + [A+(n-1)G]$$
$$= [A(1+i)^{n-1} + A(1+i)^{n-2} + \cdots + A(1+i) + A] + [G(1+i)^{n-2} + 2G(1+i)^{n-3}$$
$$+ \cdots + (n-2)G(1+i) + (n-1)G] = A\dfrac{(1+i)^n - 1}{i} + G\sum_{k=1}^{n}(k-1)(1+i)^{n-k}$$

令 $G\sum_{k=1}^{n}(k-1)(1+i)^{n-k} = F_G$,为等差资金部分的复利终值,$A\dfrac{(1+i)^n-1}{i} = F_A$ 为等额年金部分的复利终值。而等差资金部分的复利终值为:

$$F_G = \sum_{k=1}^{n}(k-1)(1+i)^{n-k} = \dfrac{G}{i} \cdot \dfrac{(1+i)^n - 1}{i} - \dfrac{nG}{i} \tag{2-12}$$

由公式(2-12)可得:

$$A_G = F_G(A/F, i, n) = G\left[\dfrac{1}{i} - \dfrac{n}{i}(A/F, i, n)\right] \tag{2-13}$$

式中，$\left[\dfrac{1}{i} - \dfrac{n}{i}(A/F, i, n)\right]$ 称为梯度系数，通常用 $(A/G, i, n)$ 表示，所以，等差现金流量序列的年金、终值和现值分别为：

$$A = A_A + A_G \tag{2-14}$$

$$F = A\dfrac{(1+i)^n - 1}{i} \tag{2-15}$$

$$P = A\dfrac{(1+i)^n - 1}{(1+i)^n i} \tag{2-16}$$

【例 2-11】 设有一机械设备，在使用期 5 年内，其维修费在第 1、2、3、4、5 年末的金额分别为 500、600、700、800 元和 900 元，现金流量见图 2-7。若年利率以 10% 计，试计算费用的年值、终值、现值。

【解】 已知 $A = 500$ 元，$G = 100$ 元，$n = 5$，$i = 10\%$，由式(2-16)和式(2-17)得：

$$A_G = G\left[\dfrac{1}{i} - \dfrac{n}{i}(A/F, i, n)\right]$$

$$= 100\left[\dfrac{1}{0.1} - \dfrac{5}{0.1} \cdot (A/F, 0.1, 5)\right]$$

$$= 184.10(\text{元})$$

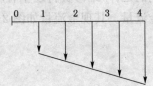

图 2-7 例 2-10 现金流量图

所以，费用的年值为：

$$A = A_A + A_G = 500 + 184.10 = 684.10(\text{元})$$

其对应的现值为：

$$P = A(P/A, i, n) = 684.10 \times (P/A, 0.1, 5) = 2\,581.57(\text{元})$$

其对应的终值为：

$$F = A(F/A, i, n) = 684.10 \times (F/A, 0.1, 5) = 4\,157.65(\text{元})$$

4) 等比系列现金流量

每期期末发生的现金流量序列是成等比变化的数列。其现金流量如图 2-8 所示。

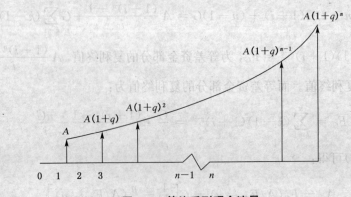

图 2-8 等比系列现金流量

等比现金流量序列的复利终值 F 可表示为：

$$F = A(1+i)^{n-1} + Aq(1+i)^{n-2} + \cdots + Aq^{n-1}$$

$$= A\sum_{k=1}^{n}(1+i)^{n-1}\left(\frac{q}{1+i}\right)^{k-1}$$

$$= A(1+i)^n \frac{1-\left(\frac{q}{1+i}\right)^n}{1+i-q} \tag{2-17}$$

公式(2-17)即为成等比关系的现金流量序列复利终值公式，同理可以求得 P 和 A。

【例 2-12】 某项目第 1 年年初投资 700 万元，第 2 年初又投资 100 万元，第 2 年获净收益 500 万元，至第 6 年净收益逐年递增 6%，第 7～9 年每年获净收益 800 万元，若年利率为 10%，求与该项目现金流量等值的现值和终值。

【解】 公比 $q = 1 + t$，该现金流量序列的现值：

$$P = -700 - 100 \times (P/F, i, n) + 500 \times \frac{1-\left(\frac{1+t}{1-t}\right)^n}{i-t} \cdot (P/F, i, n) + $$
$$800 \times (P/A, i, n) \cdot (P/F, i, n)$$
$$= 2\,253.42 (\text{万元})$$

$$F = P(F/P, i, n) = 2\,253.42 \times (F/P, 10\%, 9) = 2\,253.42 \times 2.358 = 5\,313.56 (\text{万元})$$

2.2.3 资金时间价值计算应注意的问题

本节主要介绍了资金时间价值计算的有关公式。其中表 2-2 中式①～⑥是六个基本公式，要熟练掌握；等差、等比系列现金流量复利公式是在式①～⑥基础上的应用与推广。在六个基本公式中，又以复利终值（或现值）公式为最基本的公式，其他公式都是在此基础上经初等数学运算得到的。在具体运用公式时应注意下列问题：

(1) 方案的初始投资，假定发生在方案的寿命期初，即"零点"处；方案的经常性支出假定发生在计息期末。

(2) P 是在当前年度开始发生（零时点），F 在当前以后第 n 年年末发生，A 是在考察期间各年年末发生。

(3) 厘清公式的来龙去脉，灵活运用。复利计算公式以复利终值公式 $F = (1+i)^n$ 作为最基本公式，根据相应的定义，并运用数学方法推导所得，各公式之间存在内在联系。用系数表示如下：

$$(F/P, i, n) = \frac{1}{(P/F, i, n)}; (F/A, i, n) = \frac{1}{(A/F, i, n)}; (P/A, i, n) = \frac{1}{(A/P, i, n)}$$

掌握各系数之间的关系，便于进行等值换算。但应注意，只有在 i、n 等条件相同的情况下，上述关系才成立。

(4) 充分利用现金流量图。现金流量图不仅可以清晰地反映现金收支情况，而且有助于准确确定计息期数，使计算准确可靠。

表 2-2 复利计算公式一览表

支付方式	复利系数		已知	所求	复利计算公式
一次支付系列	① 终值系数	$(1+i)^n$ 或 $(F/P, i, n)$	P	F	$F=P(1+i)^n$
	② 现值系数	$(1+i)^{-n}$ 或 $(P/F, i, n)$	F	P	$P=F\left[\dfrac{1}{(1+i)^n}\right]$
等额支付系列	③ 年金终值系数	$\dfrac{(1+i)^n-1}{i}$ 或 $(F/A, i, n)$	A	F	$F=A\left[\dfrac{(1+i)^n-1}{i}\right]$
	④ 年金现值系数	$\dfrac{(1+i)^n-1}{i(1+i)^n}$ 或 $(P/A, i, n)$	A	P	$P=A\dfrac{(1+i)^n-1}{(1+i)^n i}$
	⑤ 偿债基金系数	$\dfrac{i}{(1+i)^n-1}$ 或 $(A/F, i, n)$	F	A	$A=F\left[\dfrac{i}{(1+i)^n-1}\right]$
	⑥ 资金回收系数	$\dfrac{i(1+i)^n}{(1+i)^n-1}$ 或 $(A/P, i, n)$	P	A	$A=P\dfrac{i(1+i)^n}{(1+i)^n-1}$
等差支付	⑦ 梯度系数	$\left[\dfrac{1}{i}-\dfrac{n}{i}(A/F, i, n)\right]$ 或 $(A/G, i, n)$	G		
等比支付	⑧ 终值系数	$(1+i)^n\dfrac{1-\left(\dfrac{q}{1+i}\right)^n}{1+i-q}$	A	F	$F=A(1+i)^n\dfrac{1-\left(\dfrac{q}{1+i}\right)^n}{1+i-q}$

2.2.4 名义利率与实际利率

前述公式中讲到的计息周期一般都是以年为单位的。但在实际应用中,计息周期并不一定以一年为周期,可以是半年、季度、月。同样的年利率,由于计息期数的不同,本金所产生的利息也不同。因而,有名义利率和实际利率之分。

1) 名义利率 r

所谓名义利率 r 是指计息周期利率 i 乘以一个利率周期内的计息周期数 m 所得的利率周期利率。即:

$$r = i \times m \tag{2-18}$$

例如按月计算利息,月利率为 1%,即"年利率为 12%,每月计息一次",年利率 12% 称为名义利率。

2) 有效利率 i_{eff}

所谓有效利率 i_{eff} 指用复利法将计息周期小于一年的实际利率 i 折成年实际利率。实际利率的计息期为不足 1 年,则有效年利率可用下式表示:

$$i = \frac{F-P}{P} = \frac{P\left(1+\dfrac{r}{m}\right)^m - P}{P} = \left(1+\dfrac{r}{m}\right)^m - 1 \tag{2-19}$$

式(2-19)中,i 为实际年利率,F 为本利和,P 为本金,r 为名义利率,m 为一年之中的计息周期数。公式(2-19)反映了复利条件下实际年利率和名义利率之间的关系。一般实际年利率不低于名义利率。现设年名义利率 $r=10\%$,则按年、半年、季、月、日计息的年有效利率见表2-3。

表2-3 年有效利率计算结果

年名义利率(r)	计息期	年计息次数(m)	计息期利率$\left(i=\dfrac{r}{m}\right)$	年有效利率i_{eff}
10%	年	1	10%	10%
	半年	2	5%	10.25%
	季	4	2.5%	10.38%
	月	12	0.833%	10.46%
	日	365	0.0274%	10.51%

从上表可以看出,每年计息期 m 越多,i_{eff} 与 r 相差越大。所以,在工程经济分析中,如果各方案的计息期不同,就不能简单地使用名义利率来评价,而必须换算成实际利率进行评价,否则会得出不正确的结论。

3) 连续式计息期内的实际年利率

在一个企业或工程项目中,如果收入和支出几乎是在不间断流动着的话,我们可以把它看作连续的现金流。当涉及这个现金流的复利问题时,就要使用连续复利的概念,即在一年中按无限多次计息,此时可以认为 $m \to \infty$,求此时的实际年利率,即对公式(2-20)求 $m \to \infty$ 时的极限。

$$i = \lim_{m \to \infty}\left(1+\frac{r}{m}\right)^m - 1 = e^r - 1 \tag{2-20}$$

式中：m——计息期数；

i——实际利率；

r——名义利率。

(1) 当 $m=1$ 时,$i=r$,即实际利率等于名义利率。

(2) 当 $m>1$ 时,$i>r$,且 m 越大,即一年中计算复利的有限次数越多,则年实际利率相对于名义利率就越高。

2.3 资金等值计算

2.3.1 等值的概念

如前所述,资金具有时间价值,即使金额相同,因其发生在不同时间,其价值就不同。反之,不同时点绝对值不等的资金在时间价值作用下却可能具有相等的价值。这些不同时期、不同数额但其"价值等效"的资金称为等值。在工程经济分析中,等值是一个十分重要的概念,它为我们确定某一经济活动的有效性或者进行方案比较提供了可能。

资金等值计算公式和资金时间价值计算公式的形式是相同的。前一节资金时间价值计算公式是从资金平衡的角度得到的。如一次性支付复利终值公式中的 F 和 P 所含价值的绝对值相同,但资金流向相反;资金等值计算公式中 F 和 P 所含价值的绝对值相同,方向也相同。如果两个现金流量等值,则对任何时刻的时值必然相等。等值基本公式相互关系如图 2-9 所示。

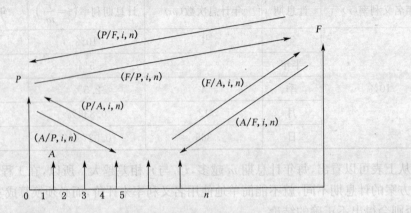

图 2-9 等值基本公式相互关系图

进行工程经济分析时,在考虑资金时间价值的情况下,其不同时间发生的现金流是不能直接相加减的。利用等值的概念,可以把不同时点发生的现金流折算到同一时点,然后进行比较。在工程经济分析中,方案比较都是采用等值的概念进行分析、评价和选定的。

2.3.2 资金等值的计算

资金时间价值是工程经济分析的基本原理,资金等值计算是这个理论的具体运用。前面介绍的复利计算公式,可以按一定的利率在不同时刻作等值变换。可以将一笔等值资金变换到任何时刻,也可以等值变换为任何一种支付形式。现金流量分析、折现是资金等值变换的一个常见形式。实际进行资金等值计算时,有可能遇到以下不同情况,现分述如下:

1) 计息周期等于支付周期

经过适当变换后,仍可利用前述公式进行计算。此时,用名义利率求出计息期的实际利率,确定计算期内的支付次数,然后套用资金时间价值的计算公式进行计算。

【例 2-13】 年利率为 12%,每半年计息 1 次,从现在起连续 3 年每半年等额年末存款为 200 元,问与其等值的第 0 年的现值是多少?

【解】 计息期为半年的实际利率为 $i = 0.12 \div 2 = 0.06$,计息期数为 $n = 2 \times 3 = 6$(次),则:

$$P = A \cdot (P/A, i, n) = 200 \times (P/A, 6\%, 6) = 200 \times 4.9173 = 983.46(元)$$

2) 计息周期短于支付周期

此时,有三种计算方法:用名义利率求出计息期的实际利率,进而计算出每个支付期的实际利率,确定计算期内的计息次数,然后套用资金时间价值的计算公式进行计算;计算出每个计息期的实际利率,再把等额支付的每一个支付看作为一次支付,利用一次支付现值公式计算,然后求和;取一个循环周期,使这个周期的年末支付变成等值的计息期末的等额支付系列,使计息期和支付期完全相同,然后套用等额支付系列公式进行计算。

【例 2-14】 年利率为 10%，每半年计息 1 次，从现在起连续 3 年的等额年末支付为 500 元，与其等值的第 0 年的现值是多少？

【解】 方法一：先求出支付期的实际年利率，支付期为 1 年，则实际年利率为：

$$i = \left(1 + \frac{r}{m}\right)^m - 1 = \left(1 + \frac{10\%}{2}\right)^2 - 1 = 10.25\%$$

$$P = A\frac{(1+i)^n - 1}{i(1+i)^n} = 500 \times \frac{1 - (1 + 10.25\%)^{-3}}{10.25\%} = 1\,237.97(元)$$

方法二：可把等额支付的每一个支付看作为一次支付，利用一次支付现值公式计算。如图 2-10 所示。

$$P = 500 \times \left(1 + \frac{10\%}{2}\right)^{-2} + 500 \times \left(1 + \frac{10\%}{2}\right)^{-4} + 500 \times \left(1 + \frac{10\%}{2}\right)^{-6} = 1\,237.97(元)$$

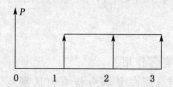

图 2-10　方法二现金流量图

方法三：取一个循环周期，使这个周期的年末支付变成等值的计息期末的等额支付系列，从而使计息期和支付期完全相同，则可将实际利率直接代入公式计算。在年末存款 500 元的等效方式是在每半年末存入 A（参见图 2-11）。

$$A = F(A/F, i, n) = 500 \times (F/A, 10\% \div 2, 2) = 243.9(元)$$

$$P = A(P/A, i, n) = 243.90 \times (P/A, 5\%, 6) = 1\,237.97(元)$$

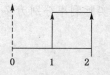 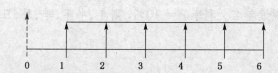

图 2-11　方法三现金流量图

3) 计息周期长于支付周期

在工程经济分析中，当计息期内收付不计息时，其支出计入期初，其收益计入期末。也就是说，通常规定存款必须存满一个计息周期时才计利息，即在计息周期间存入的款项在该期不计算利息时，要在下一期才计算利息。按照此原则对现金流量图进行整理：相对于投资方来说，计息期的存款放在期末，计算期的提款放在期初，计算期分界点处的支付保持不变。

【例 2-15】 现金流量图如图 2-12 所示，年利率为 12%，每季度计息 1 次，求年末终值 F 为多少。

【解】 按上述原则进行整理，得到等值的现金流量如图 2-13 所示。

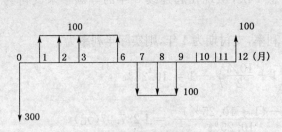
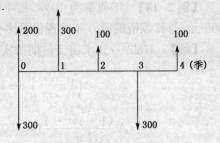

图 2-12　现金流量图(1)　　　　图 2-13　现金流量图(2)

根据整理过的现金流量图求得终值 F：

$$F = (-300 + 200) \times \left(1 + \frac{12\%}{3}\right)^4 + 300 \times \left(1 + \frac{12\%}{3}\right)^3 +$$

$$100 \times \left(1 + \frac{12\%}{3}\right)^2 - 300 \times \left(1 + \frac{12\%}{3}\right) + 100 = 112.36(元)$$

复习思考题

1. 何为资金的时间价值？有何作用？
2. 什么是利息、利率？单利分析与复利分析有何区别？
3. 什么是名义利率和有效利率？有何区别？
4. 某人借款 10 000 元，年复利率 $i = 10\%$，试问 5 年末连本带利一次须偿还多少？
5. 某人希望 5 年末有 10 000 元资金，年复利率 $i = 10\%$，试问现在须一次存款多少？
6. 若 10 年内，每年末存 1 000 元，年利率 8%，问 10 年末本利和为多少？
7. 欲期望 5 年内每年末收回 1 000 元，在利率为 10% 时，问开始须一次投资多少？
8. 若投资 10 000 元，每年收回率为 8%，在 10 年内收回全部本利，则每年应收回多少？
9. 欲在 5 年终了时获得 10 000 元，若每年存款金额相等，年利率为 10%，则每年末须存款多少？
10. 现设年名义利率 $r = 10\%$，则年、半年、季、月、日的年实际利率分别为多少？

3 投资方案评价与选择

3.1 投资方案评价概述

3.1.1 投资方案评价的作用

在工程经济研究中,投资方案评价是在拟定的工程项目方案、投资估算和融资方案的基础上,对工程项目方案计算期内各种有关技术经济因素和方案投入与产出的有关财务、经济资料数据进行调查、分析、预测,对工程项目方案的经济效果进行计算、评价,以便为投资决策提供可靠的选择依据。

人们在生产实践中逐步体会到工程经济分析的重要性,很多重大工程决策的失误不是由于科学技术上的原因,而是经济分析上的失算。工程经济分析的作用主要体现在以下方面:其一是工程项目的方案比较。例如某地区工农业生产迅速发展,人民生活水平不断提高,住宅供应不足问题日趋严重,经考查该地区有条件兴建高层住宅和低层成片开发。究竟采用哪一种方案,除了进行社会、环境等因素分析外,主要通过工程经济分析。首先将所有可能量化的指标均量化,再选定统一的评价准则和分析方法,建立相应的数学模型,最终通过分析与评价,提供选择方案。其二是具体方案的地址、参数选择。仍以住宅方案为例,如果经初步比较选择了高层住宅方案,又可能存在着地址选择问题。有两个方案可供选择:一是在市中心建造,地价高,但交通方便,房屋售价高。二是在市郊建造,地价低,但交通不方便,房屋售价低。显然最终又要通过经济分析与评价的方法才能最后确定哪一个方案。其三是当工程项目大方案确定后,其主要设施和设备的参数选择、施工方法也要进行方案比较,要通过经济比较才能选出最优的型式和参数。综合而言,建设项目前期研究是在建设项目投资决策前,对项目建设的必要性和项目备选方案的工艺技术、运行条件、环境与社会等方面进行全面的分析论证和评价工作。经济评价是项目前期研究诸多内容中的重要内容和有机组成部分。项目活动是整个社会经济活动的一个组成部分,而且要与整个社会的经济活动相融,符合行业和地区发展规划要求,因此,经济评价一般都要对项目与行业发展规划进行阐述。国务院投资体制改革决定明确规定,对属于核准制和备案制的企业投资项目,都要求在行业规划的范围内进行评审。这是国家宏观调控的重要措施之一。在完成项目方案的基础上,采用科学的分析方法,对拟建项目经济合理性进行科学的分析论证,做出全面、正确的经济评价结论,为投资者提供科学的决策依据。项目前期研究阶段要做技术的、经济的、环境的、社会的、生态影响的分析论证,每一类分析都可能影响投资决策。经济评价只是项目评价的一项重要内容,不能指望由其解决所有问题。同理,对于经济评价,决策者也不能只通过一种指标就判断项目在财务上或经济上是否可行,而应同时考虑多种影响因素和多个目标的选择,并把这些影响和目标相互协调起来,才能实现项目系统优化,进行最终决策。

3.1.2 投资方案评价的基本原则

投资方案的经济分析与评价是针对不同的方案进行的,任何一个严谨的实事求是的决策者,对待所研究的问题必须要列出若干个可能的方案来加以分析、比较,以利选用其中的"最佳方案"。即使是某个轻率的、不愿认真思考的决策者,在他决定要做某件事的时候,也必然存在不止一个可供选择的方案,即便是他自己主观上有时可能并没意识到。假设某个企业领导人打算在他主管的企业内建造一个分厂,显然,不论他是如何想的,这至少已经有了两个方案:建分厂或不建分厂(也就是"维持现状"的方案,或称"无方案")。该领导人选用了建分厂的方案。也许他可以说:"心中只有一个方案——建分厂,不建分厂的方案根本就不存在。"这是不确实的。在他决定建分厂之前,那个不建分厂的方案实际上已经存在了,因为原来的状况是没有分厂,由于种种原因使得过去被迫采用了不建分厂的方案。现在这个领导人决定建分厂,只是因为条件变得需要建分厂了。如果现在条件不利,这个企业领导人仍然会采用不建分厂的方案。所以,存在不同的方案是客观现实,究竟采用哪个方案则与客观条件和主观意图分不开。

同一项技术决策中,一般会有3~5个以上,有时可达数十个甚至更多可能的不同方案,所有这些方案必须具有可比的同一基础,即这些方案必须:

(1) 都能符合国民经济在同一时期和同一地区的发展计划,即可以"互相代替"。
(2) 技术上都是现实的、合理的。
(3) 在自然资源利用、环境保护和生态平衡等方面都能符合国家的有关规定。
(4) 采用的原始资料和计算方法基本上具有一致的精度。
(5) 对各项共同的参数、计算期、时段、物价等原始数据应采用同一数值。

对于工程投资建设来说,投入即是工程费用,而产出即是工程效益。对于各种不同的投资决策来说,可以归纳为以下三种情况:

① 投入相同,产出各不相同。即各个可能的方案都有相同的生产成本或工程费用,但产值或工程效益不同。

② 产出相同,投入各不相同。即各个可能的技术方案都有相同的产值或工程效益,但生产成本或工程费用不一样。

③ 投入和产出均不相同。即各个可能的技术方案既有不同的生产成本或工程费用,又有不同的产值或工程效益。

评价经济效果的目的,在于进一步提高经济效果,而提高经济效果的目的,又是为了增加更多的社会财富。从这一点出发,经济效果最佳的方案,就应该是能够为国民经济创造最多净产值或净效益的方案。对照上述三种情况,评价方案经济效果的准则应是:

(1) 当投入相同产出不相同时,产出最大的方案最好。
(2) 当产出相同而投入不相同时,投入最小的方案最好。
(3) 当产出与投入均各不相同时,净产出为最大的方案最好。

下面举一些例子来说明上述准则。

【例 3-1】 某市计划兴建高新技术开发区,有两种方案可供选择,二者具有同等效用。方案 A 要求投资 5 000 万元,方案 B 要求投资 4 500 万元。显然,两个方案的产出(工程效用)相同,而投入不同。应以投入小者为佳,即方案 B 较佳。

【例 3-2】 某化工厂向银行贷款 1 000 万美元,用以引进一条自动化生产线,有两个生产线供货商可以供货,报价相同。但 A 供货商提供的生产线的生产能力比 B 供货商的生产能力大 10%,设两种生产线投入后的生产成本与产品质量大体上相同。两个方案投入相同而产出(生产能力)不同,应以产出大者为佳,即宜采用 A 供货商的生产线。

【例 3-3】 某工厂资金充裕、销售顺畅,计划进行技术改造。甲方案需要投资 110 万元,增加产值为 125 万元。乙方案需要投资 115 万元,增加产值可达 135 万元。问应选择哪个方案?显然,净增加产值(即增加产值减去投资成本)最大者为佳,即方案乙为宜。

3.1.3 投资方案的经济分析与会计分析的差异

会计人员和投资经济分析人员的职业目的和方法之间存在着重要的差别。这不仅反映分析中分配在某一项的货币金额上,而且甚至包括在整个项目上。在他们的分析处理中,两者可能都非常正确。差别的产生是由于不同的目标。

技术经济分析与财务计算的区别主要有以下三方面:

(1) 企业进行财务计算时必须严格按照各种财务规定,从头到尾把每一年的费用都进行详尽的计算。而工程经济分析则不同,它只需要计算和比较在项目评价内容相关的范围内,各项目之间费用的差异。在项目相关范围之外发生的费用或在项目相关范围之内而各项目间发生的共同性费用均不需计算。这样便于把投资分析人员的主要精力引导到去思考、设想及设计更好的方案,并分析其主要差别以便于选择。

(2) 财务会计计算的任务主要是总结过去,进行事后算账。而工程经济分析与评价的任务是要预测项目未来的效果。例如新建一个工厂,需要预测产品的销售量、燃料费用的升降、产品寿命的长短等等。因为存在许多不确定的因素,这就需要采用工程经济学的各种方法来解决上述问题。

(3) 财务会计的任务是对已经发生的费用或已经取得的效益进行分摊或分配。例如设备折旧费的分摊,税金和利润的分配。而工程经济分析与评价的任务是研究如何扩大经济效益的问题。

3.1.4 投资选择的系统思想

1) 决策准则

在备选方案间的决策必须对最佳状态进行描述。只有当一个方案比其他方案能帮助你更好地达到某个目标时,这个方案才是最好的。因此,仅当与某个目标相联系的时候,最佳才能被表达。例如,如果目标是利润,那么最佳的方案是那个将产出最大利润的方案。如果一个地区的目标是提高该地区的教育水平,那么在诸如更多的学校、更好的老师和广播电视课程等备选方案中,最优方案将是提高教育水平程度最大的那个方案。

这些想法其实并不是像看起来那样简单和直接,这一点可以有很多提出的令人混淆的准则来证明。拿这个准则来说,哪个成本最低、获得利润最大哪个方案就是最优的。假设从 A 到 B 建一条公路有三种备选方式,不难看出上面提出的准则可能会自相矛盾。例如有三个方案 1、2、3,其成本分别是 6 亿元、8 亿元和 10 亿元,年利润分别是 2 亿元、4 亿元和 6 亿元。成本最低的方案我们选 1,但它并不是利润最高的方案,利润最高的方案是 3;但根据所给的准则在所有方案中做出选择是不可能的。

选择的准则应该是:两方案按目标条件测算的收益和成本之间的差额最大的那个是最优方案。

2) 决策程序

很显然,要做一个决策,需要一个准则。同时,决策程序也同样必要。首先是建立通过投资我们所希望达到的目标。用最简单的例子来说,一位企业投资者,他的目标可能仅是年利润最大化。而对于另一家公司来说,既有年利润又有市场扩展,两者隐含着未来的利润,可以成为联合的目标。一项基础设施投资,如港口的建设则要符合提高国内产品出口的全国目标,可能会以提高港口系统的容量为目标。其次是审查达到已确立目标可采用的方法。例如,为了实现企业投资者确立的年利润最大的目标,可以通过投资于股票、债券,或两者的某种组合来实现。对于以利润和扩张为目标的公司来说,互斥方案可能是一个扩大销售的大型计划,或者是一条新的生产线。这两个互斥方案每一个都将完成任务。港口投资者可能会选择新的码头设备来实现其目标,然后它将面临建立几个新泊位的问题:7个、8个还是9个——它们都是互斥方案。第3步是预测每种方案实现目标的效果。例如,如果企业投资者购买债券,他能够预计到其每年会从10万元中获得多少钱;他能够预计投资于普通股的收益,但不如债券准确。这些就是实现他简单利润目标的一种备选方法的效果。用相似的方式,公司将尽力预测每一个已确立的将完成其目标的行动方案的效果。一个扩大销售的计划和一条新的生产线,必须仔细研究以便预测它们与目标相关的效果。因此,对于2种方案中的每一种,都要预测未来的成本和收入。港口投资者在估计每种可行方案的效果时,都会面临相似的问题。根据目标,7个、8个、9个新泊位将涉及不同的成本与收益。对每一个方案的建筑、运营和设备维护的费用及港口增加的处理、出口容量带来的收益都必须进行预测。第4步是评价。一旦预测了每种方案的成本与收益,下一项工作就是应用评价的方法决定应选择哪一个方案。例如,企业投资对利润感兴趣仅仅可以评价其每个方案:股票、债券或两者某种结合的现金流量,或是净现值法。公司的财务评价可能会用净年值法评价2个方案中的每个现金流量,并据此决定2个互斥方案中哪一个最佳。在过程的最后一步要对方案的评价结果进行考虑。第5步也是最后一步,即决策本身。在该过程之前所做的一切都是为了这一步。尽管方案评价已经显示出最好的一个,但前面所进行的一切并没有自动做出决策。现在必须对程序中要素的完整性和准确性提出所有的疑问:股票股利的预测有多精确?港口处理的产品的实际需要量会像期望的那样增长吗?换句话说,那些形成决策的判断必须纳入过程以便确实做出决策。在这最后一步,必须对至关重要的问题进行提问和回答,并做出决策。

3) 备选方案的识别

在刚才描述的过程中,重要的一步就是备选方案的审查。但是,不像其他步骤,这一步在方案的认可上要特别注意。如果从未意识到一个方案的存在,那么肯定不可能选择该方案。减少忽视一个最佳方案的方法是集思广益法。这种方法集中了所有可能对问题提出解决方案的人,所提出的各种方案(甚至是最难以达到的方案)。这些解决方案用特殊的见解展示出开放的思想,然后选出那些看来有研究价值的方案。在这以后,实施程序的剩余部分。虽然所有备选方案已被审查,并通过集思广益法获得了进一步的保证,但绝对避免陷阱出现的方法是不存在的。

思考下面的例子,这是一个没有考虑到却被证明是正确的解决方案的例子。某建筑公司的设计师和建筑工程师们年前计划在一条河上建一条公路和一条铁路。其中一部分路线分开向分包商招标。一段很长的路线的土质中含有许多断裂部分和填充物,经过工程师评估要花费75万元,这一数据是根据采用拖拉机和推土机这类工具在建筑施工中的常用做法计算出来的,中标者的报价为60万元,大大低于该建筑公司的估计。工作开始后,分包合同的中标者根本没有用该建筑公司工程师所想的方法,而是采用截然不同的方法:水力挖掘。这种方法中,土被水流冲走。分包商所采用的方法比原来更常见的拖拉机、推土机的方法在费用上大大降低了。该建筑公司的工程师不得不承认他们没有构想出正确的施工方法所带来的损失,公司不得不给仅花了30万元的工程支付60万元的报酬。如果工程师认识到水力挖掘的方法是一种备选方案,他们就会研究这种方法,并把它推荐给分包合同的投标者,这样接到的投标就会接近真实的成本30万元,那样会给公司节省一大笔钱。

4) 方案在时间上的效果

在讨论决策的过程中,备选方案的效果扮演着至关重要的角色。效果意味着时间,如果我们决定实施一个方案,那么到这个方案的效果显示出来必然要经过一段时间。因此,效果是与其出现所花费的时间相结合的。例如,如果我们决定公路定线 A 要比公路定线 B 或 C 都好,那么我们是根据公路寿命期内从最初研究的成本到 20 年后因重新定线而废弃将发生的成本或收益是多少来决定的,这些给定后,就应该问问,是否应该对给定的效果根据其离未来将出现问题的时间有多远来做些权衡。因此,无论效果是好还是坏,我们总是倾向于认为远期效果要比近期效果的影响轻。我们总是根据其距我们的时间的远、近,或多或少地给它们打些折扣。在经济分析的学习中,这种通过折现对在一段时间上的效果进行处理的方法是非常重要的。

5). 着眼点

着眼点是指一位分析者在项目研究中的组织立场。这里的"组织"是指分析者所在的社会实体。他可能是在政府机构,进行政府投资项目分析,则分析者着眼点在于社会;他可能是受雇于某一企业进行企业项目投资,则分析者着眼点在于企业。同样的工作从不同组织的立足点来看有着数量不同的收益和成本,他们所考虑的具体内容是有所不同的。

6) 系统分析

系统分析是指必须把内部相关的实体作为一个整体来调查研究,这个实体的各部分相互依存、相互影响。系统分析以一种特殊的方式与着眼点相联系:所有与分析者着眼点有关的影响因素都应给予考虑,这对于所进行的研究是十分重要的。比如,企业投资者想建一个新的水泥厂,他将研究分为两个部分——成本和收入。在成本部分他将进一步分为建设成本及操作和维护成本。他调查了所有与两种成本相关的方面,劳动力、原材料、机器、服务费等等。因为他的着眼点是企业,因此他不必考虑劳动力的社会成本,只需要考虑所要支付的工资就可以了。从收入方面看,他不得不决策其新厂所生产的水泥是否有一个重要的潜在市场,或者是否主要市场仅存在于他自己的地区。他必须设想在其必须选定的时间段内市场的需求量。如果他认为出口销售是重要的,那么在所能考虑的范围内,他必须确定什么是影响世界需求的因素。他研究的每一个因素:需求、工厂规模、机器修理、成本、收入等等,都与每个其他因素相关。因此,他必须把它当作系统来研究,而不能掉入仅就问题本身部分或者将其分成以组为单位的子系统进行分析的陷阱。

7) 计算期和服务寿命

在前面提到的水泥厂的那个企业家选择了一个时间段来预测其投资的产出。那段时间具有基础性的重要作用,分析人员必须尽力预测到它们,而这个时间段未必是所考虑的每一项投资的技术寿命。例如,一所住宅可能有 50 年的技术寿命、物理寿命;然而,研究的真正时间可能仅 5 年,这基于在那段时间结束时这所住宅将要被卖掉的设想。例如,当分析揭示出进行的投资存在着最佳时间时,一项准备 3 年后卖掉的石油债券在油价预计会下跌的时候,将是一项糟糕的投资。当研究区间扩展到 5 年的时候,那时油价估计会很高,这笔投资就变为一项很好的投资。项目中的一条重要原则就是相等的服务寿命。这一原则可表述为从一组备选方案中选出的任一方案必须在选定的整个时间内提供服务。选定 10 年作为时间边界,在这个范围里比较备选方案,却包括一组仅能提供 5 年服务的备选方案,是不合逻辑的。简而言之,所有备选方案必须有着相等的使用年限。

在以后的讲述中,我们将明白对于寿命期限不同的互斥方案要遵守相同服务寿命的规则必须作出一些假设。例如,假设在同等条件下,5 年寿命的方案在与其第一次循环相同的状况下重复实施一次,那样就遵守了相等的服务寿命的合理原则。

8) 差别效应

在备选实施方案之间究竟是如何做出决策的呢?在两个互斥方案间作出决策是否有必要包括两者共同的要素呢?答案是否定的。我们只需包括那些每个方案之间有区别的要素。例如,A 型和 B 型两台起重机,其使用成本均为某年 5 万元,维修成本某年分别是 1 万元和 2 万元,我们以其年成本作为在两者之间作出选择的依据,有:(5+2)-(5+1)= 1 万元,我们将选择 A,因为它比 B 便宜 1 万元;如果只比较不同的成本,有:2-1 = 1 万元,我们选择 A,因为它的差别成本比 B 便宜 1 万元。用这两种方法所得出的答案是一样的。另外,我们注意到即使当我们比较两台机器年成本时,我们也是通过计算它们之间的差额来得出结论的。在更复杂的问题里,差别效应原则的应用(仅仅是备选方案之间的差额与它们之间作出决策有关)可大大简化任务,因为我们不必对一些无差别的细目进行分析和耗费精力。

9) 有/无准则

有/无准则可表述为,在特定的时间内,分析人员将"有"这项新投资所发生的一切与"无"投资所发生的一切进行对比。

3.1.5 投资方案的经济评价指标

1) 投资方案的经济评价指标的设定原则和基本假定条件

不同的工程项目、不同的投资方案,可从不同的角度评价,评价的结果是多样的,如何将这些评价结果作为项目选择和方案选择的依据,首先要确定评价指标,然后将这些指标综合成可比的一个指标,作为选择项目或方案的依据。

工程项目经济评价指标的设定应遵循的原则:

(1) 经济效益原则,即所设指标应该符合项目工程的经济效益。

(2) 可比性原则,即所设指标必须满足排他性项目或方案的共同的比较基础与前提。

(3) 区别性原则,即坚持项目或方案的可鉴别性原则,所设指标能够检验和区别各项目的经济效益与费用的差异。

(4) 评价指标的可操作性,所设指标要简便易行而且确有实效。

基本假定条件:

(1) 存在一个理想的资金市场,资金来源是不受限制的。

(2) 投资后果是完全确定性的,也即投资主体掌握了全部有关当前和未来的情报信息,这些信息是正确的,不存在风险问题和不确定的变动。

(3) 投资项目是不可分割的,也即在项目评价中,每个项目被视为一个功能实体,只能完整地实现或者根本不实现;其财务含义是投资主体必须逐项地调拨资金,每一笔资金表示并且只能表示某一特定投资项目(或项目组合)。

2) 投资方案的经济评价指标分类

项目经济评价指标可以从不同角度进行分类,一般有三种分类方法。

(1) 按评价指标是否考虑资金时间价值划分

按是否考虑资金的时间价值,项目经济评价指标可以划分为静态评价指标和动态评价指标两大类。

静态评价指标是指不考虑资金时间价值的评价指标,如静态投资回收期、简单投资收益率、投资利润率等。静态评价指标的特点是计算简便、直观、易于掌握,因此,传统的经济评价多采用静态评价指标;静态评价指标的缺点是由于忽略了资金的时间价值,造成反映项目投资经济效益并不准确,以此作为投资决策的依据,通常容易导致资金的积压和浪费。

动态评价指标是指考虑资金时间价值的指标,如动态投资回收期、净现值、内部收益率等。动态评价指标克服了静态评价指标的缺点,但它需要较多的数据和资料,计算各种指标往往比较复杂,工作量比较大,通常要借助计算机等辅助工具。

动态评价指标和静态评价指标二者各有所长,在实际评价过程中,两种评价指标通常配合使用,相互补充。

(2) 按考察的投资范畴划分

经济评价的主要目的在于分析投资项目经济效益的好坏,由于项目的经济效益与其投资有着密切的关系,因此,可以根据所考察投资范畴不同,将经济评价指标分为考察全部投资经济效益的评价指标、考察总投资经济效益的评价指标和考察自有资金投资经济效益的评价指标三种。

全部投资是指项目实施时固定资产投资(包含一些不可预见费用等方面的支出,相当于原来的基建投资)与流动资产投资之和。在全部投资经济评价中,不区别资金来源的不同,假设全部资金均为自有资金,并且以项目本身作为系统进行评价。考察其全部投资的经济性,如投资的盈利能力、回收能力和抗风险能力等。因为这时就项目本身而言,其经济效益只与项目的建设与投产速度、收益与费用等因素有关,而与资金来自何方、如何偿还并无关系。所以,全部投资经济评价是在投入资金均为自有资金的假设条件下,对项目经济效益的度量,反映的是项目全部投资可能带来的经济效益,它恰好符合投资前期研究的目标和投资决策的需要。例如,投资回收期、净现值、内部收益率等。

总投资是指项目实施时固定资产投资、流动资产投资和基建贷款利息三者之和。总投资经济评价是在全部投资经济评价的基础之上,考虑资金的来源、资金成本、贷款偿还和分配等因素所作的经济评价。目前常用的总投资经济评价指标有投资利润率、投资利税率等。

项目投资均为自有资金,只是一种假设,是为了便于全部投资经济评价指标的计算。对于多数项目投资而言,银行贷款是必不可少的。因此,企业(或投资者)更关心自有资金从项目实施中所得到的可能利益,即自有资金的投资效益。这就是自有资金投资经济评价的任务。自有资金投资经济评价结果之所以与全部投资经济评价结果存在差异,是由于投资利润率一般不等于银行贷款的利息率所致。对于借贷资金,企业付出的是利息而不是利润。当项目全部投资利润率大于银行利息率时,企业可以得到借贷资金带来的利润与实际支付的利息之间的差额好处(即举债的好处)。也就是说,这时贷款可以提高自有资金的利润率。反之,如果项目全部投资利润率低于贷款利息率,贷款将会降低自有资金的利润率,这时企业(或投资者)便需要考虑新的投资方案。随着社会主义市场经济体制的建立和发展,银行的商业化、企业的股份制化和实行新的财会制度等,都必将推动项目自有资金投资的经济评价。

(3) 按评价指标所反映的经济性质划分

项目的经济性一般表现在项目投资的回收速度、投资的盈利能力和资金的使用效率三个方面。与此相对应,可将评价指标划分为时间性评价指标、价值性评价指标和比率性评价指标。

时间性评价指标是指利用时间的长短来衡量项目对其投资回收或清偿能力的指标。常用的时间性评价指标有静态投资回收期、动态投资回收期、静态差额投资回收期、动态差额投资回收期等。

价值性评价指标是指反映项目投资的净收益绝对值大小的指标。常用的价值性评价指标有净现值、净年值、净终值、费用现值、费用年值等。

比率性评价指标是指反映项目单位投资获利能力或项目对贷款利率的最大承受能力的指标。常用的比率性评价指标有投资利润率、投资利税率、内部收益率、外部收益率、净现值率、费用效益比率等。

(4) 按计算方法大类划分

根据不同的计算方法,经济评价指标可分为年值法指标、现值法指标、收益率法指标。

年值法指标评价主要是指以年度为单位来计算项目的各项经济效益指标。常用的年值法指标有净年值、费用年值等。

现值法指标评价主要是指考虑资金的时间价值,按照项目所在行业的基准投资收益率或设定的折现率(如银行利率),将项目各年的净现金流量或者总费用等折现到建设初期的一种方法。常用的现值法指标主要有净现值、净现值指数、费用现值等。

收益率法指标评价主要是指对各种收益率与行业基准投资收益率进行比较,进而考察项目的盈利能力。常用的收益率指标主要有内部收益率、外部收益率、永久收益率等。

(5) 按各种经济因素划分

根据企业(或投资者)所考虑的各种不同的经济因素来进行投资项目的经济评价,可将经济评价指标划分为盈利性指标、投资能力指标、费用性指标、公共福利性指标等。

盈利性指标有:净现值、净现值指数、平均年盈利、平均年盈利指数、净未来值等。

投资能力指标有:内部收益率、投资偿还期、外部收益率、永久收益率等。

费用性指标有:平均年费用、资本化成本、寿命周期成本、总现值、必要运费率、运输经济成本等。

公共福利性指标有:扩大就业率、提高工业化水平等。

经济评价指标大致可用图3-1表达。

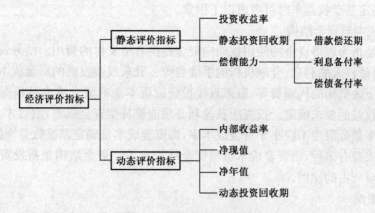

图 3-1 经济评价指标体系

3.2 经济评价指标

同一工程项目，存在多个方案，要通过选择才能确定最终方案。这些评价，可从经济、社会和生态等不同的角度进行。对于微观投资者而言，最关心的是经济评价，因此工程项目的经济评价备受微观投资主体的重视。不同的工程项目、不同的投资方案，可从不同的角度评价，评价的结果是多样的，如何将这些评价结果作为项目选择和方案选择的依据，首先要确定评价指标，然后将这些指标综合成可比的一个指标，作为选择项目或方案的依据。本章主要研究工程项目经济评价的常用指标评价，这些经济指标，是进行经济评价的依据，被称为经济评价指标，它们分别反映项目经济效益的某一方面。

3.2.1 基准投资收益率

1) 基准投资收益率的含义

在工程经济学中，"利率"概念，其更广泛的含义是指投资收益率。通常，在选择投资机会或决定工程方案取舍之前，投资者首先要确定一个最低盈利目标，即选择特定的投资机会或投资方案必须达到的预期收益率，称为基准投资收益率(简称基准收益率，通常用 i_c 表示)。在国外一些文献中，基准收益率被称为"最小诱人投资收益率"(MARR-Minimum Attractive Rate of Return)，这一名称更明了地表达了基准收益率的概念，即对该投资者而言，能够吸引他特定投资机会或方案的可接受的最小投资收益率。由于基准收益率是计算净现值等经济评价指标的重要参数，因此又常被称为基准折现率或基准贴现率。

基准收益率是投资方案和工程方案的经济评价和比较的前提条件，是计算经济评价指标和评价方案优劣的基础，它的高低会直接影响经济评价的结果，改变方案比较的优劣顺序。如果定得太高，可能会使许多经济效益好的方案不被采纳；如果定得太低，则可能接受一些经济效益并不好的方案。因此，基准收益率在工程经济分析评价中有着极其重要的作用，正确地确定基准投资收益率是十分重要的。

2）基准收益率的确定要考虑的因素

通常，在确定基准收益率时可考虑以下因素。

（1）资金成本与资金结构

资金成本是指为取得资金的使用权而向资金提供者所支付的费用。债务资金的资金成本，包括支付给债权人的利息、金融机构的手续费等。股东权益投资的资金成本包括向股东支付的股息和金融机构的代理费等，股东直接投资的资本金的资金成本可根据资本金所有者对权益资金收益的要求确定。投资所获盈利必须能够补偿资金成本，然后才会有利可图，因此投资盈利率最低限度不应小于资金成本率，即资金成本是确定基准收益率的基本因素。投资方案资金来源有多种，则资金成本也与资金结构有关。资金结构是指投资方案总资金中各类来源资金所占的比例。

（2）风险报酬

投资风险是指实际收益对投资者预期收益的背离（投资收益的不确定性），风险可能给投资者带来超出预期的收益，也可能给投资者带来超出预期的损失。在一个完备的市场中，收益与风险成正比，要获得高的投资收益就意味着要承担大的风险。从投资者角度来看，投资者承担风险，就要获得相应的补偿，这就是风险报酬。通常把政府的债券投资看作是无风险投资。此外，无论何种投资，认为都是存在风险的。对于存在风险的投资方案，投资者自然要求获得高于一般利润率的报酬，所以通常要确定更高的基准投资收益率。

（3）资金机会成本

资金机会成本指投资者将有限的资金用于该方案而失去的其他投资机会所能获得的最好的收益。

（4）通货膨胀

通货膨胀使货币贬值，投资者的实际报酬下降。因此，投资者在通货膨胀情况下，必然要求提高收益率水平以补偿其因通货膨胀造成的购买力的损失。如采用的价格体系是否考虑了通货膨胀因素，则基准收益率中应计入通货膨胀率，否则不考虑通货膨胀因素。在实际工作中，通常采用后一种做法。

3）基准收益率的确定

尽管基准收益率是极其重要的一个评价参数，但其确定是比较困难的。不同的行业有不同的基准收益率，同一行业内不同的企业的收益率也有很大差别，甚至在一个企业内部不同的部门和不同的经营活动所确定的收益率也不相同。也许正是其重要性，人们在确定基准收益率时比较慎重且显得困难。

由国家发展改革委和建设部发布的《建设项目经济评价方法与参数》（2006年第三版）提出财务基准收益率的测定可采用资本资产定价模型法（CAPM）、加权平均资金成本法（WACC）、典型项目模拟法、德尔菲（Delphi）专家调查法等方法，也可用多种方法进行测算，将不同方法测算的结果互相验证，经协调后确定。

4）基准收益率选用的原则

（1）政府投资项目的评价必须采用国家行政主管部门发布的行业基准收益率。

一般情况下，项目产出物或服务属于非市场定价的项目，其基准收益率的确定与项目产出物或服务的定价密切相关，是政府投资所要求的收益水平上限，但不是对参与非市场定价项目的其他投资者的收益率要求。

参与非市场定价项目的其他投资者的财务收益率,通过参加政府招标或与政府部门协商确定。

(2) 企业投资者等其他各类建设项目的评价中所采用的行业基准收益率,既可使用由投资者自行测定的项目最低可接受收益率,也可选用国家或行业主管部门发布的行业基准收益率。

根据投资人意图和项目的具体情况,项目最低可接受收益率的取值可高于、等于或低于行业基准收益率。

3.2.2 净现值

1) 净现值指标及其评价准则

净现值(NPV)是将项目整个计算期内各年的净现金流量,按某个给定的折现率,折算到计算期期初(第零年)的现值代数和。它是反映投资方案在计算期内的获利能力的动态价值指标。净现值的计算公式为:

$$NPV = \sum_{t=0}^{n} (CI-CO)_t (1+i)^{-t} \tag{3-1}$$

式中:CI——现金流入;

CO——现金流出;

$(CI-CO)_t$——第 t 年的净现金流量;

i——给定的折现率,通常选取行业基准收益率(i_c);

n——方案的计算期,等于方案的建设期、投产期与正常生产年数之和,一般为技术方案的寿命周期。

当给定的折现率 $i = i_c$,如果 $NPV(i_c) = 0$,表明项目达到了行业基准收益率标准,而不是表示该项目投资盈亏平衡。当 $NPV(i_c) > 0$,表明该项目的投资方案除了实现预定的行业收益率,还有超额的收益。当 $NPV(i_c) < 0$,表明该项目不能达到行业基准收益率水平,但不能确定项目是否亏损。因此,净现值法的评判准则是:

$NPV > 0$,该方案在经济上可行,即项目的盈利能力超过其投资收益期望水平,因此可以考虑接受该方案;

$NPV = 0$,说明该项目的盈利能力达到了所期望的最低财务盈利水平,可以考虑接受该项目;

$NPV < 0$,该方案在经济上不可行,可以考虑不接受该方案。

多方案选择时,如果不考虑投资额限制时,净现值越大的方案越优。

【例 3-4】 某厂购买一台新设备,初始投资为 900 元,寿命期为 6 年,期末残值为零。该机器在前 3 年每年净收益为 250 元,后 3 年每年为 350 元。已知基准折现率为 10%,求净现值。

【解】 $NPV = \sum_{t=0}^{6} (CI-CO)_t (1+10\%)^{-t}$

$= -900 + 250 \times (P/A, 10\%, 3) + 350 \times (P/A, 10\%, 3)(P/F, 10\%, 3)$

$= 375.72(元)$

【例3-5】 一个寿命期为5年的项目,要求收益率必须达到12%。现有两种方案可供选择,方案A的投资为900万元,方案B的投资为1 450万元,两种方案每年可带来的净收入见表3-1所示,试对两种方案进行选择。

表3-1 方案的净现金流量表　　　　　　　　　　　　　　　单位:万元

年份	0	1	2	3	4	5
方案A	−900	340	340	340	340	340
方案B	−1 450	520	520	520	520	520

【解】 按12%的折现率对表3-1中各年的净现金流量进行折现求和,得:

$$NPV_A = -900 + 340 \times (P/A, 12\%, 5) = 325.62(万元)$$
$$NPV_B = -1\,450 + 520 \times (P/A, 12\%, 5) = 424.48(万元)$$

两种方案的净现值都大于零,因此都能满足可以接受的基准收益率。但方案B的净现值大于方案A的净现值,在没有资金限制的条件下,方案B优于方案A。

2) 在净现值指标中需要注意的问题

(1) 净现值函数以及NPV对i的敏感性问题

所谓净现值函数就是NPV与折现率i之间的函数关系。假如某项目寿命期为14年,其初始投资为2 400万元,其后每年的净现金流量为400万元,表3-2列出了该项目的净现值随i变化而变化的对应关系。

表3-2 某项目的折现率与净现值对应关系　　　　　　　　　　单位:万元

I	$NPV(i) = -2\,400 + 400 \times (P/A, i, 14)$
0	3 200
5	1 559.6
10	546.8
14	0.8
15	−110.4
20	−55.6
25	−870.4
30	−1 100.4
35	−1 274.4
40	−1 408.8
∞	−2 400

若以纵坐标表示净现值,横坐标表示折现率i,上述函数关系如图3-2所示。

从图3-2中,可以发现净现值函数一般有如下特点:

① 同一净现值流量的净现值随折现率i的增大而减小。故基准折现率(i_c)定得越高,能被接受的方案越少。

② 在某一个(i^*)值上(本图中i^*比14%稍大),曲线与横坐标相交,表示该折现率下的$NPV=0$,且当$i<i^*$时,$NPV(i)>0$;$i>i^*$时,$NPV(i)<0$。i^*是一个具有重要经济意义的折现率临界值,后面还要对它详细分析。

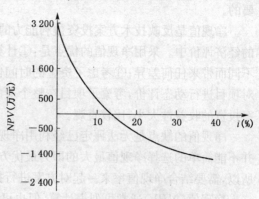

图 3-2 净现值函数曲线

净现值对折现率i的敏感性问题是指,当i从某一值变为另一值时,若按净现值最大的原则优选项目方案,可能出现前后结论相悖的情况。表3-3列出了两个互相排斥的方案A与方案B的净现金流量及其在折现率分别为10%和20%时的净现值。

表 3-3 方案A、B在基准折现率变动时的净现值　　　　　　　　　　　单位:万元

	0	1	2	3	4	5	$NPV(10\%)$	$NPV(20\%)$
A	-230	100	100	100	50	50	83.91	24.81
B	-100	30	30	60	60	60	75.40	33.58

由表3-3可知,在i为10%和20%时,两方案的净现值均大于0。根据净现值越大越好原则,当$i=10\%$时,NPV_A大于NPV_B,故方案A优于方案B;当$i=20\%$时,NPV_A小于NPV_B,则方案B优于方案A。这一现象对投资决策具有重大意义。例如,假设在一定的基准折现率i_0和投资总限额K_0下,净现值大于零的项目有5个,其投资总额恰为K_0,故上述项目均被接受。按净现值的大小,设其排列顺序为A、B、C、D、E。但若现在的投资总额必须压缩,减至K_1时,新项目是否仍然会遵循A、B、C,……的原顺序排列直至达到投资总额为止呢?一般来说是不会的。随着投资限额的减少,为了减少被选取的方案数应当提高基准折现率。但基准折现率由i_0提高到i_1后,由于各项目方案净现值对基准折现率的敏感性不同,原先净现值小的项目,其净现值现在可能大于原先净现值大的项目。因此,在基准折现率随着投资总额变动的情况下,按净现值准则选取项目不一定会遵循原有的项目排列顺序。

(2) 折现率的选择

计算净现值时,折现率i的选取对于净现值的影响是比较明显的。对于某一特定的技术方案而言,当净现金流量和n确定时,此时净现值仅是折现率i的函数,称为净现值函数,如图3-2所示。

在图3-2中,横轴是折现率,纵轴则表示的是净现值,K_0是方案在投资开始时刻(第零年)的投资额。从图3-2中可以发现,净现值函数曲线是一条以$-K_0$为渐进线的曲线,此时折现率趋于∞。NPV随i的增大而减少,当净现值函数曲线与横轴相交,说明选定此时的折现率i^*,$NPV=0$。当折现率$i=0$(即不考虑资金时间价值)时,净现值等于该方案计算期内各年净现金流量的累计值,净现值等于零,此时折现率为i^*,称为内部收益率。根据图3-2所示的净现值函数曲线可以看到,选取不同的折现率,将会导致同一技术方案净现值大小的不同,进而影响经济评价结论。因此,计算方案的净现值,选取合适的折现率是至关重

要的。

净现值是反映技术方案投资盈利能力的一个重要动态评价指标,被广泛用于技术方案的经济评价中。采用净现值的优点是:①计算简便;②计算结果稳定,不会因为计算方法的不同而带来任何差异;③考虑了资金的时间价值和方案在整个寿命期内的费用和收益情况,对项目进行动态评价,考察了项目在整个寿命期内的经济状况;④它直接以货币金额表示方案投资的收益性大小,比较直观。

净现值的缺点是无法评定已经利用净现值法选定可以接受的各方案间的优劣,主要是并不能简单的选择净现值最大的即为最优方案,因为初始投资额也是至关重要的考虑因素,所以,需要结合净现值率来一起对方案进行择优。

净现值(NPV)通常可列表计算,但也可用公式计算。列表计算清楚醒目,便于检查,并可一举算出动态投资回收期和其他比率性指标,如内部收益率、净现值率等。

【例3-6】 某项目的净现金流量如表3-4所示,求该项目的净现值(基准收益率为10%)。

表3-4 某项目的净现金流量表 单位:万元

年份	净现金流量	10%的现值系数	现值	累计现值
0	−300	1	−300	−300
1	−200	0.909 1	−181.82	−481.82
2	−100	0.826 4	−82.64	−564.46
3	−100	0.751 3	−75.13	−639.59
4	−200	0.683	−136.6	−776.19
5	200	0.620 9	124.18	−652.01
6	300	0.564 5	169.35	−482.66
7	400	0.513 2	205.28	−277.38
8	500	0.466 5	233.25	−44.13
9	500	0.424 1	212.05	167.92

【解】 (1) 计算各年的现值系数,如表3-4列(2);
(2) 计算各年的净现金流量的现值,如表3-4列(3);
(3) 计算累计净现金流量的现值,如表3-4列(4)。

从表3-4中可知,该项目的净现值为167.92万元。

在项目经济评价中,若$NPV \geqslant 0$,则该项目在经济上可以接受;反之,若$NPV < 0$,则经济上可以拒绝该项目。本题中$NPV = 167.92 > 0$,故在经济上可以接受该项目。

3.2.3 净终值

净终值(NFV)是指技术方案计算期内各年净现金流量以给定的基准折现率折算到计算期末(即第n年末)的金额代数和。依资金的等值,计算公式如下:

$$NFV = NPV(F/P, i, n) \tag{3-2}$$

3.2.4 净年值

净年值(NAV)也常称为净年金,是指按给定的基准折现率,通过等值换算将方案计算期内各个不同时点的净现金流量分摊到计算期内各年的等额年值。按照其定义,计算公式为:

$$NAV = \left[\sum_{t=0}^{n}(CI-CO)_t(1+i)^{-t}\right](A/P, i, n) \qquad (3-3)$$

求一个项目的净年值,可以先求该项目的净现值(NPV)或净终值(NFV),然后乘以资金回收系数进行等值变换求解,即依资金的等值计算公式有:

$$NAV = NPV(A/P, i, n) \qquad (3-4)$$

或

$$NAV = NFV(A/F, i, n) \qquad (3-5)$$

用净现值 NPV 和净年值 NAV 对一个项目进行评价,结论是一致的。因为,当 $NPV>0$ 时,$NAV>0$;当 $NPV<0$ 时,$NAV<0$。故净年值与净现值在项目评价的结论上总是一致的。因此,就项目的评价结论而言,净年值与净现值是等效评价指标。净现值给出的信息是项目在整个寿命期内获取的超出最低期望盈利的超额收益的现值,净年值给出的信息是项目在整个寿命期内每年的等额超额收益。由于信息的含义不同,而且由于在某些决策结构形式下,采用净年值比采用净现值更为简便和易于计算,故净年值指标在经济效果评价指标体系中占有相当重要的地位。

【例 3-7】 试用净年值指标对例 3-4 中的决策问题进行评价。

【解】 已知 $NPV = 375.72(元)$,$i_c = 10\%$,$n = 6(年)$

$$NAV = NPV(A/P, i_0, n) = 86.27(元)$$

由于 NAV 大于零,所以该方案可行。

【例 3-8】 已知 A、B 两种设备均能满足使用要求,A 设备的市场价为 150 万元,使用寿命为 4 年,每年可带来收入 50 万元;B 设备的市场价为 240 万元,使用寿命为 6 年,每年可带来收入 60 万元。试在基准折现率为 10% 的条件下选择经济上有利的方案。

【解】 $NAV_A = 50 - 150 \times (A/P, 10\%, 4) = 2.7(万元)$

$$NAV_B = 60 - 240 \times (A/P, 10\%, 6) = 4.9(万元)$$

因为 $NAV_B > NAV_A$,故选择设备 B 在经济上更为合理。因此,在基准折现率为 10% 的条件下,选择设备 B 在经济上是有利的。

无论采用净现值、净年值还是净终值,对该方案的经济评价结论是一致的。但在实践中,人们多习惯于使用净现值指标,而净终值指标几乎不被使用。净年值指标则常用在具有不同计算期的技术方案经济比较中。

3.2.5 费用现值(PC)和费用年值(AC)

在对多个方案比较选优时,如果诸方案产出价值相同,或者诸方案能够满足同样需要但其产出效益难以用价值形态(货币)计量(如环保、教育、保健、国防)时,可以通过对各方案费用(为实现项目预定目标所付出的财务代价或经济代价)现值或费用年值的比较进行选择。

费用现值(PC)是指按基准折现率,将方案计算期内各个不同时点的现金流出折算到计算期初的累计值。

费用年值(AC)是指按基准折现率,通过等值换算,将方案计算期内各个不同时点的现金流出分摊到计算期内各年的等额年值。

费用现值的计算公式为:

$$PC = \sum_{t=0}^{n}(CO)_t(P/F, i, t) \tag{3-6}$$

式中:$(CO)_t$——第 t 年的现金流出量;
　　　n——计算期;
　　　i——折现率。

费用年值的计算公式为:

$$AC = \left[\sum_{t=0}^{n}(CO)_t(P/F, i, t)\right](A/P, i, n) \tag{3-7}$$

费用现值和费用年值指标只能用于多个方案的比选,其判断准则是:**费用现值或费用年值最小的方案为优**。

【例 3-9】 某项目有两个工艺方案 A、B,均能满足同样的需要。方案 A、B 寿命期为 10 年,A 方案投资为 200 万元,年运营费用为 60 万元。B 方案投资为 300 万元,年运营费用为 35 万元。在基准折现率 $i_0 = 10\%$ 的情况下,试用费用现值和费用年值确定最优方案。

【解】 两方案的费用现值计算如下:

$$PC_A = 200 + 60 \times (P/A, 10\%, 10) = 568.64(万元)$$
$$PC_B = 300 + 35 \times (P/A, 10\%, 10) = 515.04(万元)$$

两方案的费用年值计算如下:

$$AC_A = 60 + 200 \times (A/P, 10\%, 10) = 92.55(万元)$$
$$AC_B = 35 + 300 \times (A/P, 10\%, 10) = 83.82(万元)$$

根据费用最小的选优准则,费用现值和费用年值的计算结果都表明方案 B 优于方案 A。

费用现值与费用年值的关系,恰如前述净现值和净年值的关系一样,所以就评价结论而言,二者是等效评价指标。二者除了在指标含义上有所不同外,就计算的方便简易而言,在不同的决策结构下各有所长。

应用费用现值和费用年值的指标要注意的问题:

(1) 备选方案不少于两个,且为互斥方案或可转化为互斥型的方案。

(2) 备选方案应具有共同的目标,目标不同的方案、不满足最低效果要求的方案不可进行比较。

(3) 备选方案的费用应能货币化,且资金用量不应突破资金限制。

(4) 效果应采用同一非货币计量单位衡量,如果有多个效果,其指标加权处理形成单一综合指标。

(5) 备选方案应具有可比的寿命周期。

3.2.6 投资回收期

投资回收期又称返本期,也称投资返本年限,是反映项目或方案投资回收速度的重要指标。它是指通过项目的净收益来回收总投资所需的时间,通常以"年"表示。投资回收期是反映技术方案投资回收速度的重要指标。投资回收期一般从投资开始年算起,如果从投产年算起时,应予说明。

投资回收期的基本原理是:如果一个工程项目的投资回收期不大于期望的投资回收期时,可以考虑接受这个项目;否则,可以考虑不接受这个项目。假定一个投资项目的 A 方案的投资回收期为 6 年,而类似项目和方案的投资回收期为 7 年,那么,这个项目的这个方案就可行;若这个投资项目的 A 方案的投资回收期为 8 年,那么,这个项目的这个方案就不可行。

根据是否考虑资金的时间价值,投资回收期分为静态投资回收期和动态投资回收期。

1) 静态投资回收期

(1) 静态投资回收期的计算

静态投资回收期(P_t)是指不考虑资金的时间价值,以项目净收益来回收项目全部投资所需要的时间。

根据定义,可以得知,静态投资回收期 P_t 的计算公式如下:

$$K = \sum_{t=0}^{P_t} NB_t \tag{3-8}$$

式中:K——投资总额;
NB_t——第 t 年的净收益;
P_t——静态投资回收期。

或写为:

$$\sum_{t=0}^{P_t} (CI - CO)_t = 0 \tag{3-9}$$

式中:CI——现金流入;
CO——现金流出;
$(CI-CO)_t$——第 t 年的净现金流量。

在实际工作中,累计净现金流量等于零的时点往往不是某一自然年份。这时,可以采用财务现金流量表累计其净现金流量来求 P_t,计算公式如下:

$$P_t = (累计净现金流量开始出现正值的年份) - 1 + \frac{上年累计净现金流量的绝对值}{当年净现金流量}$$

$$\tag{3-10}$$

【例 3-10】 某投资方案的净现金流量如表 3-5 所示,求该技术方案的静态投资回收期。若该行业类似规模项目的从投资时算起的投资回收期一般为 6 年,请问这个项目是否可行?

表 3-5　累计净现金流量计算表　　　　　　　　　　　　　单位:万元

年　限	0	1	2	3	4	5	6	7
净现金流量	−100	−40	50	40	40	40	50	40
累计净现金流量	−100	−140	−90	−50	−10	30	80	120

【解】 累计净现金流量计算结果如表 3-5 所示,根据公式(3-10)有:

$$P_t = (累计净现金流量开始出现正值的年份) - 1 + \frac{上年累计净现金流量的绝对值}{当年净现金流量}$$

$$= 5 - 1 + \frac{|-10|}{40} = 4.25(年)$$

由于 4.25 年小于 5 年,所以该投资方案可行。

若技术方案生产期内每年净收益相等,则从投资开始年算起的投资回收期为:

$$P_t = \frac{K}{NB} + T_k \tag{3-11}$$

式中:T_k——投资项目建设期。

【例 3-11】 某项目的净现金流量如表 3-6 所示,求该技术方案的静态投资回收期。

表 3-6　某项目的净现金流量　　　　　　　　　　　　　　单位:万元

年限	0	1	2	3	4	5	6
净现金流量	−100	−20	30	30	30	30	30

【解】 依题可知方案投入运行后的年净收益是等额的,方案的全部投资 $K = 100 + 20 = 120$(万元)。则根据公式(3-11),从投资年开始算起的静态投资回收期为:

$$P_t = \frac{K}{NB} + T_k = \frac{120}{30} + 1 = 5(年)$$

(2)判定准则

采用静态投资回收期指标对单方案进行经济评价时,应将计算出的静态投资回收期与根据同类项目的历史数据和投资者意愿确定的基准投资回收期 P_{t0} 作比较,只有当 $P_t < P_{t0}$ 时,该技术方案方可接受。对多方案比较,应以投资回收期最短的方案为优。

【例 3-12】 投资者面临两个投资方案,其净现金流量如表 3-7 所示,基准静态投资回收期为 5 年。问在此情况下投资者该选择何种方案?

表 3-7　两方案的净现金流量　　　　　　　　　　　　　　单位:万元

年份	0	1	2	3	4	5
A	−1 000	200	250	300	350	400
B	−1 000	150	300	300	400	400

【解】 根据公式(3-10),首先需要编制累计净现金流量表,见表 3-8。

表 3-8　两个方案的累计净现金流量表　　　　单位:万元

年份	0	1	2	3	4	5
A	-1 000	-800	-550	-250	100	500
B	-1 000	-850	-550	-250	150	600

$$P_{tA} = 4 - 1 + 250 \div 350 = 3.71(年)$$

$$P_{tB} = 4 - 1 + 250 \div 400 = 3.625(年)$$

由于两个方案的投资回收期均小于基准投资回收期(5年),故两个方案均可行。因为 $P_{tB} < P_{tA}$,所以,应该选择方案 B。

2) 动态投资回收期

(1) 动态投资回收期的计算

动态投资回收期(P_t^*)是指考虑资金的时间价值,在给定的基准收益率(i_c)下,用项目各年净收益的现值来回收全部投资的现值所需要的时间。动态投资回收期一般从投资开始年算起,若从项目投产开始年计算,应予以特别注明。

根据定义,可以得知动态投资回收期的计算公式如下:

$$\sum_{t=0}^{P_t^*}(CI - CO)_t = 0 \qquad (3-12)$$

在实际计算中,由于各年净现金流量常常不是等额的,因此,采用的计算方法仍然是与求静态投资回收期相似的通过现金流量表求解。其计算公式为:

$$P_t^* = (累计净现金流量现值开始出现正值的年份) - 1 + \frac{上年累计净现金流量现值的绝对值}{当年净现金流量现值} \qquad (3-13)$$

(2) 判定准则

采用动态回收期法计算出来的动态投资回收期仍需要和基准投资回收期进行比较,其评判标准和静态投资回收期基本相同。即对单项目方案进行评价时,当 $P_t^* < P_{t0}$,该技术方案可以接受;当对多方案进行评价时,应选择投资回收期最短的。

【例 3-13】 某项目有关数据如表 3-9 所示,基准收益率 $i_c = 10\%$。试计算静态、动态投资回收期。

表 3-9　项目支出、收入表　　　　单位:万元

年份	0	1	2	3	4~7	8~12
投资	200	500	200			
经营费用				300	450	400
收入				350	700	700

【解】 用列表计算各现金流量,如表 3-10。

表 3-10 现金流量计算表　　　　　　　　　　　单位：万元

年份	净现金流量	累计净现金流量	净现金流量现值	累计净现金流量现值
0	−200	−200	−200	−200
1	−500	−700	−454.55	−654.55
2	−200	−900	−165.28	−819.83
3	50	−850	37.565	−782.265
4	250	−600	170.75	−611.515
5	250	−350	155.225	−456.29
6	250	−100	141.125	−315.165
7	250	150	128.3	−186.865
8	300	450	139.95	−46.915
9	300	750	127.23	80.315
10	300	1 050	115.65	195.965
11	300	1 350	105.15	301.115
12	300	1 650	95.58	396.695

项目静态回收期为：

$$P_t = [累计净现金流量开始出现正值的年份] - 1 + \frac{上年累计净现金流量的绝对值}{当年净现金流量}$$

$$= 7 - 1 + \frac{100}{150} = 6.67(年)$$

项目动态回收期为：

$$P_t^* = [累计净现金流量现值开始出现正值的年份] - 1 + \frac{上年累计净现金流量现值的绝对值}{当年净现金流量现值}$$

$$= 9 - 1 + \frac{46.915}{80.315} = 8.58(年)$$

3) 差额投资回收期

差额投资回收期（ΔT），又称增量投资回收期，是用增量分析法进行技术方案经济评价的时间性评价指标之一，适用于两个技术方案的经济比较与选择。

增量分析是指在相互竞争的互斥方案中通过比较一个方案相对于另一个方案的差额成本与得到的差额收益进行投资决策。增量的意思与经济学家使用的差额或边际的意思相同。（古典微观经济学标准的定律：企业的产量将一直增加到最后一个单位产品所带来的边际收入等于其边际成本时为止。）

举一个例子来阐明以上定义。假设一个主要的房地产开发商要求一家工程师和建筑师的公司设计一幢摩天大楼。必须回答一个问题,那就是要建多少层? 从工程角度看可行的几个建筑高度中,再从经济角度看之存在一个最优的高度。比如说,100层、110层和120层是考虑中的三种设计方案。增量分析要求从100~110层所获得的收入足以平衡因增加层次所带来的成本。从110~120层应以相同的方式进行判断:增加的收益和成本应相互平衡,并在收入是否多于成本的基础上做出决策。换句话说,这样一个决策要计算的是差额部分。另一方面,如果不使用增量分析,可能会出错。不考虑与其他方案的联系而对每个互斥方案进行独立的分析是错误的。

差额投资回收期实际上是投资增量的回收期,即一个方案比另一个方案多增加的投资,用年费用的节约额或超额的年收益去补偿增量投资所需要的时间。一般来说,项目技术方案有这样一个特征,即当某一方案的投资额大于另一方案的投资额时其年经营成本往往低于另一方案的年经营成本,或年收益往往高于另一方案,这是技术进步带来的效益,也是符合客观实际的。差额投资回收期主要用于互斥方案的优劣比较。应当注意的是,虽然差额投资回收期可以用来比较方案的优劣与好坏,但是较优方案是否可行还不能断定,还需另作判别。因此,差额投资回收期最适合于可行互斥方案的比较与选优。

如果有两个技术方案Ⅰ和Ⅱ,K_1、K_2分别代表方案Ⅰ和方案Ⅱ的初始投资,且$K_2 > K_1$;C_1、C_2分别代表方案Ⅰ和方案Ⅱ的年等额经营费用(经营成本),且$C_1 > C_2$;NB_1、NB_2分别代表方案Ⅰ和方案Ⅱ的年等额净收益,且$NB_2 > NB_1$。则可以将差额投资回收期ΔT定义为:方案Ⅱ比方案Ⅰ所多追加的投资($\Delta K = K_2 - K_1$)用方案所节约的经营费用(年经营成本节约额$\Delta C = C_1 - C_2$)或年净收益增加额($\Delta NB = NB_2 - NB_1$)来补偿时所需要的时间。

(1) 静态差额投资回收期

静态差额投资回收期是指不考虑资金时间价值的增量投资回收期。对于两个计算期足够长和有足够回收速度的技术方案Ⅰ和Ⅱ,差额投资回收期ΔT_{21}(设$K_2 > K_1$)由下式计算:

$$\sum_{t=0}^{\Delta T_{21}} [(CI_{t2} - CI_{t1}) - (CO_{t2} - CO_{t1})] = 0 \qquad (3-14)$$

当$\Delta T_{21} < P_t$时,说明方案Ⅱ比方案Ⅰ增加的投资能在基准投资回收期内收回,即方案Ⅱ优于方案Ⅰ。

应用差额投资回收期对多方案进行择优决策的方法如下:
① 先按各可行方案投资额(费用)的大小顺序,由小到大依次排列。
② 从投资额(费用)最小的两个方案进行比较,通过增量分析选择优势方案。
③ 将优势方案与紧邻的下一个方案进行增量分析,并选出新的优势方案。
④ 重复第③步,直至最后一个方案。最终被选定的优势方案为最优方案。

【例3-14】 某企业要对某项目进行投资,该项目有三个方案备选,各方案投资总额及年经营费用见表3-11,且方案Ⅰ已被认为是合理的,若标准投资回收期$P_t = 6$年,试选出最优方案。

表 3-11　三个方案的投资和经营费用表　　　　　　　　　单位:万元

方案	投资总额	年经营费用
Ⅰ	2 500	2 300
Ⅱ	3 000	2 100
Ⅲ	3 500	2 200

【解】 首先对投资方案按投资额从小到大排序,如表 3-11 所示。

因方案Ⅰ投资最少,且已经被认为是合理的,以其为比较基础,计算方案Ⅱ相对方案Ⅰ的差额投资回收期 ΔT_{21} 为:

$$\Delta T_{21} = \frac{K_2 - K_1}{C_1 - C_2} = \frac{3\,000 - 2\,500}{2\,300 - 2\,100} = 2.5(年)$$

由于 $\Delta T_{21} < P_t = 6$ 年,说明方案Ⅱ优于方案Ⅰ,方案Ⅱ为优势方案,淘汰方案Ⅰ。
再计算方案Ⅲ相对于方案Ⅱ的差额投资回收期 ΔT_{32} 为:

$$\Delta T_{32} = \frac{K_3 - K_2}{C_2 - C_3} = \frac{3\,500 - 3\,000}{2\,200 - 2\,100} = 5(年)$$

由于 $\Delta T_{32} < P_t = 6$ 年,说明方案Ⅲ优于方案Ⅱ,方案Ⅲ为优势方案,淘汰方案Ⅱ。
结论:方案Ⅲ为最优方案,应选择方案Ⅲ。
(2) 动态差额投资回收期

动态差额投资回收期是指在考虑资金时间价值的条件下,用年经营成本节约额或年净收益增加额来补偿增量投资所需要的时间。

给定基准折现率 i_c,根据动态差额投资回收期的定义,可知动态差额投资回收期的计算公式为:

$$\sum_{t=0}^{\Delta T_{21}} [(CI_{t2} - CI_{t1}) - (CO_{t2} - CO_{t1})](1+i_c)^{-t} = 0 \tag{3-15}$$

同时,动态差额投资回收期也可以理解为在增量投资回收期 ΔT 年内,年经营成本节约额 ΔC 或年净收益增加额 ΔNB 加上相应折现的累加值,等于增量投资总额 ΔK 在 ΔT 年末的终值,因此动态差额投资回收期也可用下式求得:

$$\Delta K(1+i_c)^{\Delta T} = \Delta C(1+i_c)^{\Delta T-1} + \Delta C(1+i_c)^{\Delta T-2} + \cdots + \Delta C(1+i_c) + \Delta C$$

即

$$\Delta K(1+i_c)^{\Delta t} = \Delta C \frac{(1+i_c)^{\Delta T-1}}{i_c}$$

两边取对数可得:

$$\Delta T = \frac{\lg \Delta C - \lg(\Delta C - i_c \Delta K)}{\lg(1+i_c)} \tag{3-16}$$

同理,如果用方案的年净收益差额 ΔNB 来补偿其增量投资 ΔK,则计算公式为:

$$\Delta T = \frac{\lg \Delta NB - \lg(\Delta NB - i_c \Delta K)}{\lg(1 + i_c)} \tag{3-17}$$

【例 3-15】 某项工程建设有两个可供选择的技术方案。方案 A 采用一般技术,投资为 3 000 万元,年平均经营成本为 2 200 万元;方案 B 采用先进技术,投资 6 400 万元,年平均经营成本为 1 500 万元。设 $i_c = 10\%$,项目基准回收期 $P_t^* = 8$ 年,两方案均为合理方案,试用动态差额投资回收期法选择较优方案。

【解】
$$\Delta K = 6\,400 - 3\,000 = 3\,400(万元)$$
$$\Delta C = 2\,200 - 1\,500 = 1\,700(万元)$$

由公式(3-17)可得:
$$\Delta T = \frac{\lg 1\,700 - \lg(1\,700 - 0.1 \times 3\,400)}{\lg(1 + 0.1)} = 6.98(年)$$

$\Delta T < P_t^* = 8$ 年,B 方案为优选方案。

4)几种投资回收期法使用中的说明

(1)静态投资回收期法的优点和缺点

静态投资回收期指标的优点是:

① 经济意义明确、直观,计算简便,便于投资者衡量项目承担风险的能力。

② 该指标在一定程度上反映项目的经济性,同时也反映了项目风险的大小。项目决策者面临着未来不确定性因素,这种不确定性往往带来较多的风险。为了减少这种风险,就必然希望投资回收期越短越好。

但是,静态回收期指标只能作为一种辅助指标,而不能单独使用。其原因是:

① 它没有考虑资金的时间价值。

② 它仅以投资的回收快慢作为决策的依据,没有考虑回收期以后的情况,也没有考虑方案在整个计算期内的总收益和获利能力,因而它是一个短期指标。

③ 在方案选择时,用静态投资回收期指标排序,可能导致错误的结论。例如,某项目需 5 年建成,每年需投资 40 亿元,全部为国外贷款,年利率为 10%。项目建成后每年可回收净现金 15 亿元,项目寿命为 50 年。若不考虑资金的时间价值,用静态投资回收期法,投资回收期 = $40 \times 5 \div 15 = 13.3$(年)。后面的 36 年多为净赚的钱,共计 $15 \times 36.7 = 550.5$(亿元)。其实不然,如果考虑利息因素,情况就大不相同。投资时欠款 = $40 \times [(1+0.1)^5 - 1] \div 0.1 = 244.2$(亿元),每年利息 = $244.2 \times 10\% = 24.2$(亿元)。也就是说,每年的收益还不足以偿还利息,因此此方案不可行。

④ 静态投资回收期(动态投资回收期)没有考虑投资回收以后方案的收益,没有考虑投资项目的实际使用年限,没有考虑投资项目的期末残值,没有考虑将来累计或追加投资的效果。即没有考虑投资项目整个寿命期的经济效益。因此,通常只作为其他评价方法的辅助方法,而不单独使用。

⑤ 静态投资回收期只能反映本方案投资的回收速度,而不能反映方案之间的比较结果,因此不能单独用于两个或两个以上方案的比较评价。此时尚需考虑差额投资回收期。

(2) 动态投资回收期法的优点和缺点

与静态投资回收期指标相比,动态投资回收期指标的优点是考虑了资金的时间价值,但计算却复杂多了。在投资回收期不长和基准收益率不大的情况下,两种投资回收期的差别不大,不会影响方案的选择,因此动态投资回收期指标并不常用。只有在静态投资回收期较长和基准收益率较大的情况下,才需计算动态投资回收期。

(3) 计算投资回收期需要注意的事项

需要明确的是,回收期从何时算起,对投资回收期计算的结果有很大影响。有人认为从投资年算起,也有人认为从投产之日算起。但不管从何时算起,前后必须统一,并应注明所算的投资回收期是从何时算起的。

① 采用投资回收期法评价技术方案时,必须将其与标准投资回收期 T_b 进行比较。只有当其小于标准投资回收期时,才认为该方案在经济上是可取的。标准投资回收期 T_b 随部门和行业的不同而不同。由于各部门和各行业的标准投资回收期并没有明文规定,而且目前也以不制定标准投资回收期为宜,主要是因为制定了标准投资回收期,将不利于资金在行业间的流动,从而会对我国产业结构的调整产生影响。因此,恰当地确定标准投资回收期,在技术经济分析中有重要作用。

② 在计算投资回收期时,投资总额 K_0 一般应包括固定资产、新增流动资金(即"全部投资")。在实际计算中,由于对投资的含义有不同的理解,计算时也有不完全包含上述各项的,因此在评价不同项目的经济效果和同一项目的多方案比较时,必须注意计算的前后一致性,这样才有可比性。

③ 投资回收期没有考虑投资回收以后方案的收益、投资项目的期末残值和投资项目的实际使用年限,也没有考虑将来累计或追加投资的效果。也就是说,没有考虑投资项目整个寿命期的经济效益。因此,通常只能作为一种粗略的评估,作为其他评价方法的辅助方法而不单独使用。

④ 投资回收期只能反映本方案投资的回收速度,而不能反映方案之间的比较结果,当需要对两个或者两个以上的方案进行比较时,便需要采用追加投资回收期。

(4) 差额投资回收期法的优点和缺点

差额投资回收期指标多用于两个相互替代技术方案的经济比较,因此,不能反映单个方案的经济效益。

用差额投资回收期指标进行技术方案的经济评价,最大的优点是简单方便。但这种方法除具有投资回收期法的缺点外,还有一定的局限性。表现在:

① 它只是衡量两个技术方案之间的相对经济性,不能决定一个方案比另一个方案到底好多少。

② 当 ΔI 和 ΔC(或 ΔR)都很小时,该指标值很大,极容易造成假象,导致判断失误。例如,对于方案Ⅰ和方案Ⅱ而言,若 $K_1 = 10$ 万元,$K_2 = 11$ 万元,$C_1 = 1.01$ 万元/年,$C_2 = 1$ 万元/年,则计算出 $\Delta T_{21} = 100$ 年。当 $T_b = 10$ 年时,会认为方案Ⅱ比方案Ⅰ的追加投资极不经济。而事实上,这两个方案的经济性几乎相等。

另外,方案较多时,用这种方法来选择最优方案往往显得很麻烦。为了简化对比工作,多采用价值性指标分析法来选择最优方案。

综上所述,上述介绍的投资回收期法都不能反映投资收回后整个生命周期的经营状况,主要的着眼点在于投资的早日收回。

3.2.7 总投资收益和项目资本金净利率

1) 总投资收益(ROI)表示总投资的盈利水平

系指项目达到设计能力后正常年份的年息税前利润或运营内年平均息税前利润($EBIT$)与项目总投资(TI)的比率。总投资收益应按下式计算：

$$ROI = \frac{EBIT}{TI} \times 100\% \quad (3-18)$$

式中：$EBIT$——项目正常年份的年息税前利润或运营期内年平均息税前利润；
TI——项目总投资。

总投资收益率高于同行业的收益率参考值,表明用总投资收益率表示的盈利能力满足要求。

2) 项目资本金净利率(ROE)表示项目资本金的盈利水平

系指项目达到设计能力后正常年份的年净利润或运营期内年平均利润(NP)与项目资本金(EC)的比率。项目资本金净利润率应按下式计算：

$$ROE = \frac{NP}{EC} \times 100\% \quad (3-19)$$

式中：NP——项目正常年份的年净利润或运营期内年平均净利润；
EC——项目资本金。

项目资本金净利润率高于同行业的净利润率参考值,表明用项目资本金净利润率表示的盈利能力满足要求。

3.2.8 内部收益率

1) 内部收益率的含义和计算公式

内部收益率(IRR)在工程项目经济评价指标中是一个重要的动态经济评价指标,是指能使工程项目方案在计算期内净现金流量现值累计为零时(也即收益现值等于成本现值)的折现率。由于该指标所反映的是工程项目投资所能达到的收益率水平,其大小完全取决于方案本身,因而称为内部收益率。其计算公式为：

$$\sum_{t=0}^{n}(CI-CO)_t(1+IRR)^{-t} = 0 \quad (3-20)$$

式中：IRR——内部收益率,取值区间是$(-1,\infty)$,对于大多数方案来说,$0<IRR<\infty$。

内部收益率的经济含义可以理解为工程项目对占用资金的恢复能力,同时也可以理解为工程项目对初始投资的偿还能力或该项目对贷款利率的最大承受能力。对于一个工程项目来说,如果折现率取其内部收益率时,则该整个寿命期内的投资恰好得到全部回收,净现值等于零。也就是说,该方案的动态投资回收期等于方案的寿命期。内部收益率越高,一般来说该方案的投资效益就越好。内部收益率大于或等于所设定的判别基准i_c(通常称为基准收益率)时,项目方案可考虑接受。

应用 IRR 对项目进行经济评价的判别准则:设基准收益率为 i_c,若 $IRR \geq i_c$,则项目在经济效果上可以接受;若 $IRR < i_c$,则项目在经济效果上不可接受。

采用内部收益率指标的主要优点在于:①揭示了项目所具有的最高获利能力,从而成为评价项目效益的非常有效的工具;②它可以在项目寿命期的任何时间点上进行测算,并获得同一结果,即时间点的选择并不影响项目获利能力的表现。

2) 内部收益率的计算方法

根据公式(3-20),求解内部收益率是解以 IRR 为未知数的多项高次方程。当各年的净现金流量不相等,并且计算期较长时,计算 IRR 是比较繁琐的。一般来说,求解 IRR,有人工试算法和利用计算机编程求解两种方法。

对于计算期不长、生产期内年净收益变化不大的技术方案,在利用复利系数表的情况下,可以采用人工试算法。

人工试算法的一般解法:

根据公式(3-20),可画出净现值随折现率变化的示意图,如图 3-3 所示。

从图 3-3 可以看出,IRR 在 i_1 与 i_2 之间,用 i^* 近似代替 IRR,当 i_1 与 i_2 的距离控制在一定范围内,可以达到要求的精度。具体计算步骤如下:

(1) 设初始折现率值为 i_1,一般可以先取行业的基准收益率 i_c 作为 i_1,并计算对应的净现值 $NPV(i_1)$。

(2) 若 $NPV(i_1) \neq 0$,则根据 $NPV(i_1)$ 是否大于零,再设 i_2。若 $NPV(i_2) > 0$,则设 $i_2 > i_1$。若 $NPV(i_1) < 0$,则设 $i_2 < i_1$。i_2 与 i_1 的差距取决于 $NPV(i_1)$ 绝对值的大小,较大的绝对值可以取较大的差距;反之,取较小的差距。计算对应的 $NPV(i_2)$。

(3) 重复步骤(2),直到出现 $NPV(i_1) > 0$,$NPV(i_2) < 0$,用线性内插法求得 IRR 的近似值(应当指出,用线性内插法计算的误差与估计选用的两个折现率的差额的大小有直接的关系。为了控制误差,试算用的两个折现率之差一般以等于 2% 为宜,最大不应大于 5%。),即:

$$IRR \approx i^* = i_1 + \frac{NPV(i_1)}{NPV(i_1) + |NPV(i_2)|}(i_2 - i_1) \tag{3-21}$$

式中:i^* 为近似的内部收益率;

i_1——试算用的较低折现率;

i_2——试算用的较高折现率;

$NPV(i_1)$——用较低折现率计算的净现值(应为正值);

$NPV(i_2)$——用较高折现率计算的净现值(应为负值)。

式(3-21)可利用图 3-3 证明如下:

在图 3-3 中,当 $i_2 - i_1$ 足够小时,可以将曲线段 AB 近似看成直线段 AB,直线段 AB 与横坐标的交点处的折现率 i^* 即为 IRR 的近似值。因为三角形 Ai_1i^* 相似于三角形 Bi_2i^*,故有:

$$\frac{NPV_{(i_1)}}{|NPV_{(i_2)}|} = \frac{i^* - i_1}{i_2 - i^*}$$

从上式中解得：

$$i^* = i_1 + \frac{NPV(i_1)}{NPV(i_1) + |NPV(i_2)|}(i_2 - i_1)$$

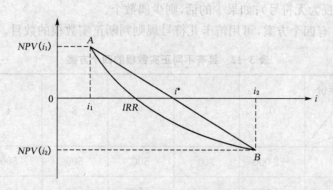

图 3-3 净现值曲线及内插法求 IRR 的示意图

【例 3-16】 已知某方案第零年投资 2 000 元，第一年收益为 300 元，第二、三、四年均获收益 500 元，第五年收益为 1 200 元，试计算该方案的内部收益率。

【解】 根据内部收益率计算公式，该方案的净现值表达式为：

$$NPV = -2\,000 + 300 \times (P/F, i, 1) + 500 \times (P/A, i, 3)(P/F, i, 1) + 1\,200 \times (P/F, i, 5)$$

第一次试算，取 $i_1 = 12\%$ 代入上式得：

$NPV(i_1) = 21$（元），大于零。

第二次试算，取 $i_2 = 14\%$ 代入上式得：

$NPV(i_1) = -91$（元），小于零。

内部收益率应在 12%～14%，代入公式可得：

$$\begin{aligned}IRR &= i_1 + \frac{NPV(i_1)}{NPV(i_1) + |NPV(i_2)|}(i_2 - i_1) \\ &= 12\% + \frac{21}{21 + 91} \times (14\% - 12\%) \\ &= 12.4\%\end{aligned}$$

3) 内部收益率方程多解的讨论

内部收益率方程式(3-20)是一元高次（n 次）方程。如果令：

$$(1 + IRR)^{-1} = \frac{1}{1 + IRR} = X, \quad C_t = (CI_t - CO_t) \quad (t = 0, 1, 2, 3, \cdots, n)$$

则内部收益率方程式可改写为：

$$C_0 + C_1 X + C_2 X^2 + C_3 X^3 + \cdots + C_n X^n = 0$$

这是一元 n 次多项式，是 n 次方程。n 次方程应该有 n 个解，即有 n 个根（包括重根）。其中正实数根才可能是项目的内部收益率，而负根无经济意义。如果只有一个正实数根，则应当是该项目的内部收益率；如果有多个正实数根，则须经过检验符合内部收益率的经济含义的根才是项目的内部收益率。

n 次方程式的正实数根的数目可用笛卡儿符号规则进行判断,即正实数根的个数不会超过项目净现金流量序列(多项式系数序列)C_0,C_1,C_2,…,C_n 的正负号变化的次数(如果有系数为 0,可视为无符号);如果少的话,则少偶数个。

例如表 3-12 有四个方案,可用笛卡儿符号规则判断正实数根的数目。

表 3-12　具有不同正实数根的四个方案　　　　　　　单位:万元

净现金流量＼年份＼方案	0	1	2	3	4	5
A	－2 000	300	500	500	500	1 200
B	－1 000	－500	－500	500	0	2 000
C	－100	60	50	－200	150	100
D	－100	470	－720	360	0	0

方案 A:净现金流量序列正负号变化一次,故只有一个正实数根。前面已计算和验证内部收益率有唯一解,即 $IRR=12.4\%$。

方案 B:净现金流量序列正负号变化一次,故只有一个正实数根。

方案 C:净现金流量序列正负号变化三次,故最多只有三个正实数根。经计算证明,该方案有三个实数根,即 $i_1=0.1297$,$i_2=-2.30$,$i_3=-1.42$。作为内部收益率的解,负根无经济意义,故只有 i_1 为内部收益率的有效解。经验证 $i_1=0.1297$,符合内部收益率的经济含义,故 $IRR=12.97\%$ 为方案 C 的内部收益率。

方案 D:净现金流量序列正负号变化三次,故最多只有三个正实数根,经计算得 $i_1=0.20$,$i_2=0.50$,$i_3=1$ 三个正实数根的解。经验证,三个解均不符合内部收益率的经济含义,故它们都不是方案 D 的内部收益率。

如果项目在整个寿命期内其净现金流量序列的符号从"－"到"＋"只变化一次,则称此类项目为常规项目,例如表 3-12 中的方案 A 和方案 B。对常规投资项目,只要其累计净现金流量大于 0,则内部收益率方程的正实数根的解是唯一的,此解就是该项目的内部收益率。大多数投资项目都应该是常规项目,因为一般情况下,项目都是在建设期集中投资,直到投产初期可能还出现入不敷出,净现金流量为负值,但进入正常生产年份或达产年后就能收入大于支出,净现金流量为正。因而,在整个计算期内净现金流量序列的符号从负值到正值只改变一次,构成常规投资项目,内部收益率得到唯一解。

如果项目在整个寿命期内其净现金流量序列的符号正负变化多次,称此类为非常规项目,例如表 3-12 中的方案 C 和方案 D。一般来讲,如果在生产期大量追加投资,或在某些年份集中偿还债务,或经营费用支出过多,都有可能导致净现金流量序列的符号正负变化多次,构成非常规项目。非常规投资项目内部收益率方程的解显然不止一个,如果所有实数根都不能满足内部收益率的经济含义的要求,则它们都不是该项目的内部收益率。

非常规项目主要包括以下三种情况：

(1) 只有现金流入或现金流出的方案。此时不存在明确经济意义的 IRR。

(2) 非投资情况。即先从方案取得收益，然后用收益偿付有关的费用，如设备租赁。这时可以采用 IRR 指标，但在这种情况下，由于是取得收益而非投资，故只有 $IRR \leqslant i_c$ 的方案才可接受。

(3) 当方案的净现金流量的正负符号改变不止一次时，就会出现多个使净现值等于零的折现率，而这些解并不是真正意义上的 IRR。

4) 内部收益率的适用范围和局限性

内部收益率（IRR）和净现值（NPV）都是反映工程项目投资经济效果最主要的指标，它们之间虽然有很大的关联性，但两者之间仍有许多不同。从形式上看，NPV 反映的是项目的绝对经济效果，IRR 反映的是项目的相对经济效果。用这两个指标评价工程项目投资时，应该根据两者的特点进行有针对性的选择。

(1) 从工程项目投资的目的考虑

对于新建项目，通常希望它在整个经济寿命周期内的盈利水平比较高，因此如果着重考虑项目本身的盈利水平，一般优先使用 IRR 来进行评价。对于改建项目或者更新项目，投资者更关心能否维持或增加原有的盈利水平，这时可以优先采用 NPV 来进行经济评价。

(2) 从指标本身的特点考虑

IRR 不能反映项目的寿命期及其规模的不同，故不适于互斥方案的经济评价，这时便需要采用 NPV 来对项目进行排队，选择互斥方案中的最优方案。

在实际生活中，经常将 IRR 和 NPV 指标结合起来使用。上述讨论的内部收益率情况仅适用于常规的技术方案项目投资的经济评价，这类技术方案的净现值曲线有如图 3-2 所示的情况，即技术方案的净现金流量从第零年开始至少有一项是负值或几项是负值的，接下来是一系列正值。在这种情况下，可以证明，该方案的 IRR 有唯一解；当投资项目为非常规时，即净现金流序列符号变化多次，IRR 有多个解，但这些解并不是真正意义上的项目内部收益率，因而 IRR 指标在使用上也有一定的局限性。

3.3 投资多方案的类型与评价方法

在实践中，无论企业还是部门，经常会遇到多方案（单独方案可视为无方案与有方案组成的多方案）的选择问题，而且往往是在资源有限的条件下进行的。此时，总是要应用某种尺度和标准进行优劣判断，以便选择最有利的方案。

3.3.1 方案经济效果评价的类型、方案之间的可比性及基本原则

首先用一个最简单的例子说明可否利用利润额和利润率进行方案选择。

某企业现有余款，欲在一年内进行投资。一年后确定可收回投资的方案有 A 和 B 两个。A 方案现在支出 2 万元，一年后可收回 2.6 万元；B 方案现在支出 3 万元，一年后可收回 3.75 万元。此时哪个方案有利呢？如果以利润额为尺度判断哪个方案为好，则有：因 A 方案的利润额为 6 000 元，B 方案的利润额为 7 500 元，B 较 A 多 1 500 元，因而判定的结果是

利润额大的 B 方案有利。这种判断正确吗？事实上是不正确的。利用利润率计算出上述 A 和 B 两个方案的利润率分别为 30% 和 25%。因 A 方案较 B 方案利润率大,则认为 A 方案有利。这种判断是正确的吗？假设该企业投资 30 万元,收益为 36 万元,其利润率为 20%,因 20% 小于 A、B 两方案的利润率,是否可以说该方案较 A、B 两方案都不利呢？的确,该方案的效率较低,但利润的金额较 A、B 两方案却多得多。因而,我们会觉察到仅以利润率为尺度加以判定存在着某种危险。

通过上例可以看出:为了正确地判定方案的优劣,仅仅使用利润额或利润率是不行的。实际上,上述问题的前提条件是不完备的。至少不给定以下条件就无法得出正确的结论:

(1) 不知道全部投资方案是否只有 A 和 B 两个方案;B 方案的投资额较 A 方案多出的 1 500 元是否还有其他应用途径。

(2) A、B 两方案只能取其中一个呢,还是两个方案都可以取？相互关系不清。

(3) 企业用作本金使用的资金来源(自有资金还是贷款)与限额是多少？限制条件不清。

本例之所以不能应用利润额或利润率作为判定优劣的理由之一,就是缺乏 A、B 两方案之外是否还有其他方案,即投资机会这个条件。假如甲采用了 A、B 两方案中的某一个方案,很可能就失去了比这两个方案有更高收益的机会。当然,大多数情况下将全部方案都找出来是不可能的。但是总要有个标准,以便依次判定方案的优劣,这个标准就是上一节讲过的基准收益率(亦称基准贴现率)。该值描述了通常投资机会的可能收益的比率。

1) 方案的关系类型

方案之间的关系不同,其选择的方法和结论就不同。举一个简单的例子予以说明。

现在研究甲、乙两企业分别以不同的条件贷款给其他企业的问题。

甲面对的是借给一家企业多少钱合适的问题。贷款的方法有三种,皆为一年后收回本利和,贷款金额和获得的利息如表 3-13 所示。甲现有余款 30 万元,因此每个方案都是可能实施的。另外,为了简化问题的分析,假定甲若不出借则钱只好放在企业里。

表 3-13　甲企业贷款方案　　　　　　　　　　　　　　　　　　单位:万元

方案	贷款金额	贷款利率	利息额
A_1	10	10%	1
A_2	20	8%	1.6
A_3	30	6%	1.8

乙面对的问题是在众多的借款者中选择借给谁合适的问题。借款者有三家企业——A、B、C,借款的条件如表 3-14 所示。乙有余款 30 万元,也假定如不出借则只好放在企业里。

表 3-14　乙借给三家企业的方案　　　　　　　　　　　　　　　　单位:万元

方案	贷款金额	贷款利率	利息额
A	10	10%	1
B	20	8%	1.6
C	30	6%	1.8

由此可见,虽然甲乙可供选择的方案利率都相同,但对于甲最有利的方案是 A_3,对于乙最有利的方案是 A 和 B。

甲和乙面对的方案有本质上的区别:甲是从三个方案中仅能选择一个的问题;乙是从三个方案中可任意选择的,直到自有资金得到充分运用为止。方案间的关系不同,选择的结果就不同。那么,方案的类型有几种呢?

根据方案间的关系,可以将其分为独立关系、互斥关系和相关关系。

互斥关系,是指各个方案之间存在着互不相容、互相排斥的关系,在进行比选时,在各个方案中只能选择一个,其余的均必须放弃,不能同时存在。例如,必须过一条河,因此就必须建一座桥。假设可供选择的设计为使用钢材或使用混凝土,这就是互斥型投资,因为仅有一种备选方案将被采纳。修建中采用两种方案是毫无意义的。假设必须在计划构建 75 层、80 层还是 85 层建筑物之间做出一种选择,而在这块可用的地皮上只能建设一栋有一个确切层数的建筑物,则必须拒绝其他的建筑设计方案。

独立关系,是指各个方案的现金流量是独立的,不具有相关性,其中任一方案的采用与否与其自己的可行性有关,而与其他方案是否采用没有关系。选择建设某一确定项目或若干项目,将不会对任何其他提出的项目在任何技术方法上构成影响。同样,它们也是相互独立型项目。通常被提交的项目计划都基于一个假设,即并非计划上所有的项目都将被建设,因为可用的资金不足以支付整个计划清单上的费用。在正常情况下,必须满足一个资本预算。因此,计划清单上某些项目将被建造,而其他的则不能;但那些被建设项目的总成本必须在可用资金的限制——预算以内。

相关关系,是指在各个方案之间,某一方案的采用与否会对其他方案的现金流量带来一定的影响,进而影响其他方案的采用或拒绝。以机器和存放它的厂房为例,如果对其中之一进行投资就得考虑另外一个,那么必须同时分析机器及其厂房。或者可以分别分析它们,因为即使没有厂房,或是其不能正常使用,但是厂房本身可能有其他用途,例如作为仓库。

相关关系有正相关和负相关。当一个项目方案的执行虽然不排斥其他项目方案,但可以使其效益减少,这时项目方案之间有负相关关系,项目方案之间的比选可以转化为互斥关系。当一个项目方案的执行使其他项目方案的效益增加,这时项目方案之间具有正相关关系,项目方案之间的比选可以采用独立方案比选方法。

往往有这种情况:两种方案互相影响(互不独立),但又不是互相排斥的关系。例如,某厂打算制定两种产品的增产计划,但其中一种产品畅销,则另一种滞销。此时我们可以将其分为"A 产品增产的投资方案"、"B 产品增产的投资方案"、"A、B 两种产品增产的投资方案"三个互斥方案。

在现实中还存在着大量的在若干个互相独立的方案中每个独立方案又存在若干个互斥方案的问题。例如某部门欲对下属不同产品的生产企业分别进行新建、扩建和更新改造的 A、B、C 三个方案,而新建、扩建和更新改造方案中又存在若干个方案,例如新建方案有 A_1、A_2,扩建方案有 B_1、B_2,更新改造方案有 C_1、C_2 等互斥方案,但由于资金有限,需要选择能使资金得到充分运用的方案时,就面临着相关方案的选择问题。

在方案选择前搞清这些方案属于何种类型是至关重要的,因为方案类型不同,其选择、判断的尺度不同,进而选择的结果也不同。

2) 资金的制约条件

在方案选择时资金的制约条件是很重要的。按资金的来源大致可分为两种：自有资金和借贷资金。用自有资金进行投资，就意味着失去了进行其他投资时所能获得的收益（机会成本）；用借贷资金进行投资，就必须在一定期间内偿还，并要支付利息。在进行方案分析时，必须搞清资金的来源、限额和利率是多少。

3) 备选方案的提出

可采用：①组织内部人员的灵感、经验和创新以及集体的智慧；②技术招标、方案竞选；③技术转让、技术合作、技术入股和技术引进；④技术创新；⑤社会公开征集；⑥专家咨询和建议等方式。具体可采用例如头脑风暴法、书信咨询法、检查提问法、特性列举法等方法。

4) 经济评价应遵循的基本原则

(1) "有无对比"原则

"有无对比"是指"有项目"相对于"无项目"的对比分析。"无项目"状态指不对该项目进行投资时，在计算期内，与项目有关的资产、费用与收益的预计情况；"有项目"状态指对该项目进行投资后，在计算期内，资产、费用与收益的预计情况。"有无对比"求出项目的增量效益，排除了项目实施以前各种条件的影响，突出项目活动的效果。"有项目"与"无项目"两种情况下，效益和费用的计算范围、计算期应保持一致，具有可比性。

(2) 效益与费用计算口径对应一致的原则

将效益与费用限定在同一个范围内，才有可能进行比较，计算的净效益才是项目投入的真实回报。

(3) 收益与风险权衡的原则

投资人关心的是效益指标，但是，对于可能给项目带来风险的因素考虑得不全面，对风险可能造成的损失估计不足，结果往往有可能使得项目失败。收益与风险权衡的原则提示投资者在进行投资决策时，不仅要看到效益，也要关注风险，权衡得失利弊后再行决策。

(4) 定量分析与定性分析相结合，以定量分析为主的原则

经济评价的本质就是要对拟建项目在整个计算期的经济活动，通过效益与费用的计算，对项目经济效益进行分析和比较。一般来说，项目经济评价要求尽量采用定量指标，但对一些不能量化的经济因素，不能直接进行数量分析，对此要求进行定性分析，并与定量分析结合起来进行评价。

(5) 动态分析与静态分析相结合，以动态分析为主的原则

动态分析是指利用资金时间价值的原理对现金流量进行折现分析。项目经济评价的核心是折现，所以分析评价要以折现（动态）指标为主。非折现（静态）指标与一般的财务和经济指标内涵基本相同，比较直观，但是只能作为辅助指标。

5) 方案之间的可比性

在对不同方案进行经济比较选择时，必须考虑这些方案在经济上的可比性。可比性原则包括以下三个方面：

(1) 资料和数据的可比性

对各方案数据资料的收集和整理的方法要统一，所采用的定额标准、价格水平、计算范围、计算方法等应一致。经济分析不同于会计核算。会计核算要求全面、精确，是事后核算。经济分析是预测性的计算，费用和收益都是预测值，因而不必要也不可能十分精确，它允许

舍弃一些因素,以便把注意力集中在主要的经济因素计算上,只要主要因素计算比较准确,就能保证经济分析的质量,得出正确的结论。在实践中,比较方案一般都有具体的费用和收益的数据,如果不具体,特别当替代方案是一个假定方案的时候,则可采用平均水平数据。

确定分析计算的范围是保证资料数据可比性的一个重要方面。确定计算范围,即规定方案经济效果计算的起止时间。方案的比选必须以相同的经济效果计算范围为基础,才具有可比性。沉没成本不应计入费用。(沉没成本是指过去已经发生的一种成本,它是已经花费的金钱或资源。从定义可知,沉没成本属于过去,是不可改变的。不能因为一项沉没成本影响一个决策。折旧只是沉没成本的反映。)

经济分析同样要考虑不同时期价格的影响,如果忽视不同时期价格变化,则分析结论就会产生偏差。一般常常采用某一年的不变价格进行技术经济分析计算,这就是为了消除不同时期价格不可比因素的影响。

(2) 同一功能的可比性

任何方案都是为了达到一定的目标而提出的,或者是为了追求投资利润,或者是为了取得一定数量的产品,或者是为了提高已有产品的质量,或者是为了改善生产劳动条件,或者是为了提供某种服务。总之,任何技术方案都是根据项目的预定目标而制定的。但是,达到预期目标的途径则可以是多种多样的,所采用的方法和手段也可以不同,因而各种方案的经济效果也是各不相同。参与比选的方案的一个共同点是预期目标的一致性,即方案的产出功能的一致性。

当然,功能完全相同的方案是很少的,只要其基本功能趋于一致,就可以认为它们之间具有可比性。当方案的产出质量相同时,如果只是规模相差很大,可以采用几个规模小的方案合起来,与规模大的方案相比较。当规模相差不大时,也可以采用单位产品的投入量,或单位投入的产出量指标来衡量其经济效益。

(3) 时间可比性

一般情况下,在实际工作中遇到的互斥方案通常具有相应的寿命期,这是互斥方案必须具备的一个基本可比性条件。但是也经常会遇到寿命不等的方案需要进行比较的情况,理论上来说是不可比的,因为无法确定寿命期短的方案比寿命期长的方案相差的那段时间里的现金流量。但是,在实际工作中又经常遇到此类情况,同时又必须做出选择。这时就需要对方案的寿命按一定的方法进行调整,使它们具有可比性。

3.3.2 互斥方案的经济效果评价

在互斥方案评价中由于技术的或经济的原因,接受某一方案就必须放弃其他方案,即在多个方案比选时,最多只能选其中之一,从决策角度来看,这些方案是相互排斥的。如厂址方案的选择,特定水力发电站坝高方案的选择等,都是这类方案相互排斥的例子。

互斥方案经济效果评价的特点是要进行方案比选。

1) 方案经济比选可采用效益比选法、费用比选法和最低价格法

(1) 效益比选方法包括净现值比较法、净年值比较法、差额投资内部收益率比较法。

① 净现值比较法,比较备选方案的财务净现值或经济净现值,以净现值大的方案为优。比较净现值时应采用相同的折现率。

② 净年值比较法,比较备选方案的净年值,以净年值大的方案为优。比较净年值时应

采用相同的折现率。

③ 差额投资内部收益率比较法,使用备选方案差额现金流,应按下式计算:

$$\sum_{t=0}^{n}[(CI-CO)_{大}-(CI-CO)_{小}](1+\Delta IRR)^{-t} \qquad (3-22)$$

式中:$(CI-CO)_{大}$——投资大的方案的财务净现金流量;

$(CI-CO)_{小}$——投资小的方案的财务净现金流量;

ΔIRR——差额投资内部收益率。

计算差额投资内部收益率(ΔIRR),与设定的基准收益率(i_c)进行对比,当差额投资内部收益率大于或等于设定的基准收益率时,以投资大的方案为优,反之,以投资小的方案为优。在进行多方案比较时,应先按投资大小,从小到大排序,再依次就相邻方案两两比较,从中选出最优方案。

(2)费用比选方法包括费用现值比较法、费用年值比较法。

① 费用现值比较法,计算备选方案的总费用现值并进行对比,以费用现值较低的方案为优。

② 费用年值比较法,计算备选方案的费用年值并进行对比,以费用年值较低的方案为优。

(3)最低价格(服务收费标准)比较法,在相同产品方案比选中,以净现值为零推算备选方案的产品最低价格(P_{min}),应以最低产品价格较低的方案为优。

互斥方案的经济效果评价包含了两部分内容:首先考察各个方案自身的经济效果,即进行绝对(经济)效果检验;其次要对这些方案进行优劣排序,称"相对(经济)效果检验"。方案的互斥性,使我们在若干方案中只能选择一个方案实施。由于每一个方案都具有同等可供选择的机会,为使资金发挥最大的效益,我们当然希望所选出的这一个方案是若干备选方案中经济性最优的。为此就需要进行方案间相对经济效果评价,也就是任一方案都必须与其他所有方案一一进行比较。但仅此还不充分,因为某方案相对最优并不能证明该方案在经济上一定是可行的、可接受的,并不能排除"矮中拔高"的情况(即从若干都不可行的方案中选较优者)。因此,互斥方案经济效果评价包含两部分内容:一是考察各个方案自身的经济效果,即进行绝对效果检验;二是考察哪个方案相对经济效果最优,即进行相对效果检验。两种检验的目的和作用不同,通常缺一不可,以确保所选方案不但可行而且最优。只有在众多互斥方案中必须选择其中之一时才可单独进行相对效果检验。但需要注意的是在进行相对经济效果评价时,不论适用哪种指标,都必须满足方案可比条件。

2)互斥方案动态评价

动态评价强调利用时间价值将不同时间内资金的流入和流出,换算成同一时点的价值,从而消除方案时间上的不可比性,并能反映方案在未来时期的发展变化情况。

(1)互斥方案计算期相同时方案经济效果评价

① 净现值(NPV)法

对互斥方案评价,首先分别计算各个方案的净现值,剔除$NPV<0$的方案,即进行方案的绝对效果检验;然后对所有$NPV \geqslant 0$的方案比较其净现值,选择净现值最大的方案为最佳方案。此为净现值评价互斥方案的判断准则,即净现值大于或等于零且为最大的方案是最优可行方案。

很容易证明,按方案净现值的大小直接进行比较,与进行相对效果检验,即按增量投资净现值的比较有完全一致的结论。

$$NPV = \sum_{t=0}^{n}(CI-CO)_t(1+i_c)^{-t} = \sum_{t=0}^{n}A_t(P/A, i_c, t)$$

$$NPV(2-1) = \sum_{t=0}^{n}(A_2-A_1)_t(P/F, i_c, t)$$
$$= \sum_{t=0}^{n}A_{2t}(P/A, i_c, t) - \sum_{t=0}^{n}A_{1t}(P/F, i_c, t)$$
$$= NPV(2) - NPV(1)$$

当目标是净现值最大时,如果 $NPV(2) \geqslant NPV(1)$,则 $NPV(2-1)$ 一定是正的。由此可见,两者结论是一致的。但直接用净现值的大小进行比较更为方便。

② 净年值法

对互斥方案评价,首先分别计算各个方案的净年值,或分别计算各个方案的净现值,再折算出净年值,剔除 $NAV<0$ 的方案,即进行方案的绝对效果检验;然后对所有 $NAV \geqslant 0$ 的方案比较其净现值,选择净年值最大的方案为最佳方案。此为净年值评价互斥方案的判断准则,即净年值大于或等于零且为最大的方案是最优可行方案。

③ 费用现值、费用年值法

在工程经济分析中,对方案所产生的效果相同(或基本相同),但效果无法或很难用货币直接计量的互斥方案进行比较时,常用费用现值 PC 或费用年值 AC 比较替代净现值进行评价。为此,首先计算各备选方案的费用现值 PC 或费用年值 AC,然后进行对比,以费用现值(费用年值)较低的方案为最优或以费用年值较低的方案为优。其表达式见第 2 节。

净现值法是对计算期相同的互斥方案进行相对经济效果评价最常用的方法。有时我们在采用不同的评价指标对方案进行比选时会得出不同的结论,这时往往以净现值指标为最后衡量的标准。

【例 3-17】 方案 A、B 是互斥方案,其各年的现金流如表 3-15 所示,当基准收益率为 10% 时,试进行方案选择(方案寿命均为 10 年)。

表 3-15 互斥方案 A、B 现金流量　　　　　　　单位:万元

方案	初始投资	年净收益
A	500	90
B	300	56

【解】 分别计算方案 A、B 的净现值和净年值:

$$NPV_A = -500 + 90 \times (P/A, 10\%, 10) = 53.014(万元)$$

$$NPV_B = -300 + 56 \times (P/A, 10\%, 10) = 44.098(万元)$$

$$NAV_A = -500 \times (P/A, 10\%, 10) + 90 = 8.65(万元)$$

$$NAV_B = -300 + 56 \times (P/A, 10\%, 10) = 7.19(万元)$$

因为 $NPV_A > NPV_B$，$NAV_A > NAV_B$，而且均大于零，所以 A 方案为优。

同时，也可以计算出方案 A 相对于方案 B 的净现值增量为 8.916 万元，大于零，方案 A 为优。

【例 3-18】 某工厂需购买一台设备，现市场上有两种不同型号、功能相同的设备可供选择，经济数据如表 3-16 所示。若基准收益率为 15%，试对两种设备的经济性进行比较。

表 3-16 两种设备的经济数据　　　　　　　　　　　　　　　　　　　　　　单位：元

设备	价格	年运转费用		第六年末残值
		前三年	后三年	
A	1 000	500	600	400
B	750	600	600	0

【解】 用费用现值或费用年值进行比较：

$$PC_A = 1\,000 + 500 \times (P/A, 15\%, 3) + 600 \times (P/A, 15\%, 3)(P/F, 15\%, 3)$$
$$\quad - 400 \times (P/F, 15\%, 6)$$
$$\quad = 2\,869.36(元)$$

$$PC_B = 750 + 600 \times (P/A, 15\%, 6) = 3\,020.55(元)$$

$$AC_A = 2\,869.36 \times (A/P, 15\%, 6) = 758.2(元)$$

$$AC_B = 750 \times (A/P, 15\%, 6) + 600 = 798.18(元)$$

经上面的分析计算，由于设备 A 的费用现值（或费用年值）小于设备 B 的费用现值（或费用年值），所以，设备 A 优于设备 B。

④ 差额投资内部收益率（ΔIRR）法

应用内部收益率（IRR）对互斥方案评价，能不能直接按各互斥方案的内部收益率（$IRR_j \geqslant i_c$）的高低来选择方案呢？答案是否定的，因为内部收益率不是项目初始投资的收益率，而且内部收益率受现金流量分布的影响很大，净现值相同的两个分布状态不同的现金流量，会得出不同的内部收益率。因此，直接按各互斥方案的内部收益率的高低来选择方案并不一定能选出净现值（基准收益率下）最大的方案，即 $IRR_2 > IRR_1 \geqslant i_c$ 并不意味着一定有 $IRR(2-1) = \Delta IRR > i_c$。实际上，投资额不等的互斥方案比选的实质是判断差额投资（或称增量投资）的经济性，即投资大的方案相对于投资小的方案多投入的资金能否带来满意的增量收益。显然，若差额投资能够带来满意的增量收益，则投资额大的方案优于投资额小的方案，若差额投资不能带来满意的增量收益，则投资额小的方案优于投资额大的方案。

【例 3-19】 现有两互斥方案，其净现金流量如表 3-17 所示。设基准收益率为 10%，试用净现值和内部收益率评价方案。

表 3-17　两互斥方案现金流量表　　　　　　　　　　　　　单位：万元

方案	净现金流量				
	0	1	2	3	4
1 方案	−700	100	200	600	400
2 方案	−400	100	100	300	300

【解】 (1) 净现值 NPV 计算：

$$NPV_1 = -700 + 100 \times (P/F, 10\%, 1) + 200 \times (P/F, 10\%, 2) + 600 \\ + 400 \times (P/F, 10\%, 4) \\ = 280.17 (万元)$$

$$NPV_2 = -400 + 100 \times (P/F, 10\%, 1) + 100 \times (P/F, 10\%, 2) \\ + 300 \times (P/F, 10\%, 3) + 300 \times (P/F, 10\%, 3) \\ = 203.84 (万元)$$

(2) 内部收益率 IRR 计算：

由　　　　　　　　　　$NPV(IRR_1) = 0$

解得：　　　　　　　　$IRR_1 = 23.67\%$

由　　　　　　　　　　$NPV(IRR_2) = 0$

解得：　　　　　　　　$IRR_2 = 27.29\%$

从以上情况可知，1 方案的内部收益率低，净现值高；而 2 方案则内部收益率高，净现值低，如图 3-4 所示。

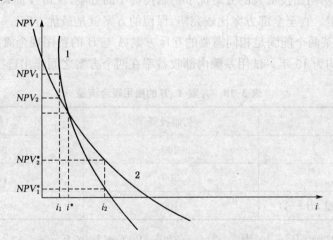

图 3-4　互斥方案净现值函数示意图

从计算结果或图 3-4 可看出，$IRR_1 < IRR_2$，如果以内部收益率的大小为评价准则，2 方案优于 1 方案；而以净现值为评价准则，基准收益率为 $i_c = 10\%$ 时，$NPV_1 > NPV_2$，1 方案优于 2 方案。这就产生了矛盾，到底哪个指标作评价准则得出的结论正确呢？

由净现值的经济含义可知,净现值最大准则因符合收益最大化的决策准则,故是正确的。因此,我们要确定的互斥方案的内部收益率评价准则,应与净现值最大化原则相一致才是正确的。若用内部收益率,就不能仅看方案自身内部收益率是否最大,还要看其他条件,这就是要看1方案比2方案多花的投资的内部收益率(即差额投资内部收益率ΔIRR)是否大于基准收益率i_c。若$\Delta IRR > i_c$,投资大的1方案为最优方案;若$\Delta IRR < i_c$,则投资小的2方案为最优方案。

差额投资内部收益率ΔIRR是两方案各年净现金流量的差额的现值之和等于零时的折现率,其表达式为(3-22)。

从公式(3-22)可看出,差额投资内部收益率就是$NPV_1 = NPV_2$时的折现率。计算本例差额投资内部收益率$\Delta IRR = 18.80\%$。差额投资内部收益率大于基准收益率10%,投资大的1方案为最优方案,与净现值评价准则的结论一致,与内部收益率直接比较的结论矛盾。如果基准收益率定为$i_2 = 20\% > 18.80\%$,如图3-4所示,则$NPV_1^* < NPV_2^*$,$IRR_2 > IRR_1$,$\Delta IRR < i_2$,无论以哪个指标为评价准则,得出的结论完全一致,即2方案优于1方案。所以说,以差额投资内部收益率评价结果总是与按净现值指标评价的结果一致,而以项目内部收益率作评价准则进行方案比较,有时会得出错误的结论。

进一步可以认为差额投资内部收益率是两方案等额年金相等的折现率。

应用内部收益率IRR评价互斥方案经济效果的基本步骤如下:

A. 计算各备选方案的IRR_j,分别与基准收益率i_c比较,IRR_j小于i_c的方案,即予淘汰。

B. 将$IRR_j \geq i_c$的方案按初始投资额由小到大依次排列。依次用初始投资大的方案的现金流量减去初始投资小的方案的现金流量,所形成的差额投资方案的现金流量的常规投资的形式,处理起来较为方便。

C. 按初始投资由小到大依次计算相邻两个方案的差额投资内部收益率ΔIRR,若$\Delta IRR > i_c$,则说明初始投资大的方案优于初始投资小的方案,保留投资大的方案;反之,则保留投资小的方案。直至全部方案比较完毕,保留的方案就是最优方案。

【例3-20】 某两个能满足相同需要的互斥方案A与B的费用现金流如表3-18所示,两方案的寿命期均为15年。试用差额内部收益率在两个方案之间作出选择($i_0 = 10\%$)。

表3-18 方案A、B的费用现金流量　　　　　　　　　　单位:万元

方案	初始投资	费用
A	200	23.36
B	300	13.10
差额费用现金流量($B-A$)	100	-10.26

【解】 投资差额($B-A$)为:　　　　　$300 - 200 = 100$(万元)
年费用差额($B-A$)为:　　　　　$13.10 - 23.36 = -10.26$(万元)
则可求解差额投资收益率:　　　　　$100 - 10.26 \times (P/A, \Delta IRR, 15) = 0$
解得:$\Delta IRR = 5.95\% < 10\%$,可判断投资小的方案优于投资大的方案。
应选择A方案。

⑤ 净年值率（NPVR）法

单纯用净现值最大为标准进行方案选优，往往导致评价人趋向选择投资大、盈利多的方案，而忽视盈利额较少但投资更少、经济效果更好的方案。因此，在互斥方案经济效果实际评价中，当资金无限制时，用净现值（NPV）法评价；当有资金限制时，可以考虑用净现值率NPVR进行辅助评价。

净现值率大小说明方案单位投资所获得的超额净收益大小。NPVR用来评价互斥方案时，当对比方案的投资额不同，且有明显的资金总量限制时，先行淘汰NPVR＜0的方案，对余下NPVR≥0的方案，选净现值率较大的方案。

应当指出，用净现值率NPVR评价方案所得的结论与用净现值NPV评价方案所得的结论并不总是一致的。

(2) 寿命期不同的互斥方案经济效果的评价

以上所讨论的都是对比方案的寿命期相同的情形。然而，现实中很多方案的寿命期往往是不同的。这时必须对寿命计算期作出某种假定，使寿命期不等的互斥方案能在一个共同的计算期基础上进行比较，以保证得到合理的结论。备选方案的计算期不同时，宜采用净年值法和费用年值法。如果采用差额投资内部收益率法，可将各方案计算期的最小公倍数作为比较方案的计算期，或者以各方案中最短的计算期作为比较方案的计算期。在某些情况下还可采用研究期法。①年值法（AC）：年值法是通过分别计算各备选方案净现金流量的等额年值（AC）并进行比较的方法，以AC≥0且AC最大者为最优方案。②最小公倍数法：又称方案重复法，是以各备选方案计算期的最小公倍数作为各方案的共同计算期，假设各方案均在这样一个共同的计算期内重复进行，对各方案计算期内各年的净现金流量进行重复计算，直至与共同的计算期相同，以净现值较大的方案为优。③研究期法：研究期法就是通过研究分析，直接选取一个适当的计算期作为各个方案共同的计算期，计算各方案在该计算期内的净现值，以净现值较大的为优。在实际应用中，为方便起见，往往直接选取诸方案中最短的计算期作为各方案的共同计算期，所以研究期法也可以称为最小计算期法。方案比选指标的应用见表3-19。

表3-19 方案比选中经济评价指标的应用范围

用 途	指 标	
	净现值	内部收益率
方案比选（互斥方案选优）	无资金限制时，可选择NPV较大者	一般不直接采用，可计算差额投资内部收益率（ΔIRR），当$\Delta IRR \geq i_c$时，以投资较大方案为优
项目排队（独立项目按优劣排序的最优组合）	不单独使用	一般不采用（可用于排除项目）

① 净年值（NAV）法

用净年值进行寿命不等的互斥方案经济效果评价，实际上隐含着这样一种假定：各备选方案在其寿命结束时均可按原方案重复实施或以与原方案经济效果水平相同的方案继续。净年值是以"年"为时间单位比较各方案的经济效果，一个方案无论重复实施多少次，其净年值是不变的，从而使寿命不等的互斥方案间具有可比性。故净年值更适用于评价具有不同计算期的互斥方案的经济效果。对各备选方案净现金流量的净年值(NAV)进行比较,以 $NAV \geqslant 0$ 且 NAV 最大者为最优方案。

在对寿命不等的互斥方案进行比选时,净年值是最为简便的方法,它比内部收益率 IRR 在方案评价时更为简便。同时,用等值年金,可不考虑计算期的不同,故它也较净现值 NPV 简便,当参加比选的方案数目众多时,尤其是这样。

【例3-21】 互斥方案 A、B 具有相同的产出,方案 A 寿命期 $n_1 = 10$ 年,方案 B 寿命期 $n_2 = 15$ 年。两方案的费用现金流如表3-20所示,基准收益率为10%,试进行方案选择。

表3-20 方案 A、B 的费用现金流量　　　　　　　　　　　单位:万元

方案	第0年投资	第1年投资	第2~10年费用	第11~15年费用
A	100	100	60	—
B	100	140	40	40

【解】 $AC_A = [100 + 100 \times (P/F, 10\%, 1) + 60 \times (P/A, 10\%, 9)(P/F, 10\%, 1)]$
$(A/P, 10\%, 10)$
$= 82.2$(万元)

$AC_B = [100 + 140 \times (P/F, 10\%, 1) + 40 \times (P/A, 10\%, 14)(P/F, 10\%, 1)]$
$(A/P, 10\%, 15)$
$= 65.1$(万元)

由于 $AC_A > AC_B$,B 方案优于 A 方案,应选择 B 方案。

② 最小公倍数法(又称方案重复法)

最小公倍数法是以各备选方案计算期的最小公倍数作为方案比选的共同计算期,并假设各个方案均在这样一个共同的计算期内重复进行,即各备选方案在其计算期结束后,均可按与其原方案计算期内完全相同的现金流量系列周而复始地循环下去直到共同的计算期。在此基础上计算出各个方案的净现值(费用现值),以净现值最大(费用现值最小)的方案为最佳方案。

利用最小公倍数法有效地解决了寿命不等的方案之间净现值的可比性问题。但这种方法所依赖的方案可重复实施的假定不是在任何情况下都适用的。对于某些不可再生资源开发型项目,在进行计算期不等的互斥方案比选时,方案可重复实施的假定不再成立,这种情况下就不能用最小公倍数法确定寿命期。有的时候最小公倍数法求得的计算期过长,甚至远远超过所需的项目寿命期或计算期的上限,这就降低了所计算方案经济效果指标的可靠性和真实性,故也不适合用最小公倍数法。

设第 i 个方案在自身寿命期周期(n_i)内的净现值为 NPV_i,各方案寿命的最小公倍数为 N,基准折现率为 i_0,则第 i 个方案 N 时间内的净现值 NPV_i^N 与自身寿命周期的净现值 NPV_i 的关系为:

$$NPV_i^N = NPV_i[1 + (1+i_0)^{-n_i} + (1+i_0)^{-2n_i} + \cdots + (1+i_0)^{-mn_i}] \quad (3-23)$$

其中 m 是方案 i 在 N 时间内的重复次数。

【例3-22】 A、B 两个互斥方案各年的现金流量如表3-21所示,基准收益率为10%,

试比选方案。

表 3-21 寿命不等的互斥方案的数据表　　　　　　　　　　　单位：万元

方案	初始投资	年净现金流量	残值	寿命（年）
A	10	3	1.5	6
B	15	4	2	9

【解】 以方案 A 寿命期与方案 B 寿命期的最小公倍数 18 年作为计算期，A 方案重复实施 3 次，B 方案重复实施 2 次。可计算各方案在计算期 18 年内的净现值为：

$$NPV_A = -10 \times [1 + (P/F, 10\%, 6) + (P/F, 10\%, 12)] + 3 \times (P/A, 10\%, 18)$$
$$+ 1.5 \times [(P/F, 10\%, 6) + (P/F, 10\%, 12) + (P/F, 10\%, 18)]$$
$$= 7.37(万元)$$

$$NPV_B = -15 \times [1 + (P/F, 10\%, 9)] + 4 \times (P/A, 10\%, 18) + 2 \times [(P/F, 10\%, 9)$$
$$+ (P/F, 10\%, 18)]$$
$$= 12.65(万元)$$

由于 $NPV_B > NPV_A > 0$，故 B 方案优于 A 方案，应选择 B 方案。

③ 研究期法

在实际投资项目中，上述重复假设往往不尽合理。如储量有限且不可再生的资源开采问题，遭无形磨损设备的更新换代问题。这些方案在各自寿命期末不可能重复。对这类寿命不同的互斥方案的评价，需要按实际需要确定一个适宜的分析研究期。针对上述最小公倍数法的不足，对计算期不相等的互斥方案，可采用另一种确定共同计算期的方法——研究期法。这种方法是根据对市场前景的预测，直接选取一个适当的分析期作为各个方案共同的计算期。这样不同期限的方案就转化为相同期限的方案了。

研究期的确定一般以互斥方案中年限最短或最长方案的计算期作为互斥方案评价的共同研究期。当然，也可取所期望的计算期为共同研究期。通过比较各个方案在该研究期内的净现值来对方案进行比选，以净现值最大的方案为最佳方案。

对于计算期短于共同研究期的方案，仍可假定其计算期完全相同的重复延续，也可按新的不同的现金流量序列延续。需要注意的是：对于计算期（或者是计算期加其延续）比共同研究期长的方案，要对其再进行估算，并回收余值。该项余值估算的合理性及准确性，对方案比选结论有重要影响。

以下着重讨论研究期以后的现金流量余值的估算与处理的问题。

设某投资方案初始投资为 P，寿命为 n，各年的净现金流为 $NB_t(t=1,2,\cdots,n)$，基准折现率为 i_0，研究期为 n^*，且 $n^* \leqslant n$，研究期末余值为 F_n^*，投资方案在研究期内的净现值为 NPV_n^*，则：

$$NPV_n^* = -P + \sum_{t=1}^{n^*} NB_t(1+i_0)^{-t} + F_n^*(1+i_0)^{-n^*} \qquad (3-24)$$

可见，投资方案在研究期内的净现值计算的关键是研究期末余值的估算与处理。

一般可以采用以下几种处理方法：

方法一：将研究期终端(n^*+1)年到寿命期末(n)年各年净现金流现值和(以第 n^* 年末为评估点)作为 F_n^*。即：

$$F_n^* = \sum_{t=n^*+1}^{n} NB_t(1+i_0)^{-t} \tag{3-25}$$

将式(3-25)代入式(3-24)有：

$$NPV_n^* = -P + \sum_{t=1}^{n^*} NB_t(1+i_0)^{-t} + \sum_{t=n^*+1}^{n} NB_t(1+i_0)^{-t}(1+i_0)^{-n^*}$$

$$= -P + \sum_{t=1}^{n} NB_t(1+i_0)^{-t} = NPV_n \tag{3-26}$$

式中：NPV_n——投资方案在其寿命期内的净现值。

式(3-26)表明，用这种方法得到的投资方案在研究期内的净现值就是它在其寿命期内的净现值。该方法估算投资方案在研究期末余值的依据是资产评估中的收益现值法。不难证明，此方法评价结果偏向于寿命期较长的方案，有时可能导致评价结论的不正确，应慎重使用。

方法二：将投资方案未使用价值作为研究期末终端价值。

静态方法：

$$F_n^* = P - \frac{P}{n} \times n^* = P\left(1 - \frac{n^*}{n}\right) \tag{3-27}$$

动态方法：

$$F_n^* = P(A/P, i_0, n)(P/A, i_0, n-n^*) \tag{3-28}$$

这种方法的依据是用投资方案在研究期末固定资产的净值作为研究期末终端价值，静态方法与动态方法的区别是前者未考虑资金的时间价值，后者考虑了资金的时间价值，所以动态方法更为科学合理。

3.3.3 独立方案的经济效果评价

下面用一个实例说明独立方案的选择。

某银行甲现有资金200万元，有A、B、C三个单位各要求贷款100万元，贷款的利率分别为10%、20%、30%，贷款的期限为一年。该银行如不将此款贷给A、B、C，则其他贷款的利率最高可达8%。该银行可以从中选择一个单位，亦可选择两个单位作为贷款对象，当然也可以谁都不借，因而A、B、C三个方案对该银行来说是个独立方案的选择问题。因贷款利率最小者(10%)大于银行的其他运用机会的利率(8%)，因而对银行来说，A、B、C三个方案都是有利的方案。但银行仅有200万元的资金，无法满足三者的要求，因而该银行经理想从其他银行借款以满足三者要求并获得最大利息。

现在假如另有一家银行乙同意按年利率25%借给甲银行100万元。如果甲银行经理认为："乙银行利率25%虽然很高，但从C单位可以得到更高的利息(利率为30%)，如果将从乙银行贷款的100万元借给C，自有资金200万元分别借给A和B，一定会得到更多的利息。"那么，该经理的想法正确吗？

初听起来甲银行经理的意见似乎有一定道理,但是,进行种种组合以后就会发现有更为有利的出借方法。就是将现有资金 200 万元借给 C 和 B,既不向乙银行借款,也不借给 A,此时可获得的利息额最大。试比较两方案的利息额:

甲银行经理的方案: $10+20+30-25=35$(万元)

改进方案: $20+30=50$(万元)

可见后者较前者有利得多。

在一组独立方案比较选择的过程中,可决定选择其中任意一个或多个方案,甚至全部方案,也可能一个方案也不选。独立方案这一特点决定了独立方案的现金流量及其效果具有可加性。

1) 无资源限制的独立方案评价

如果独立方案之间共享的资源(通常为资金)足够多(没有限制),则任何一个方案只要是可行的(经济上可接受的),就可采纳并实施。

独立方案的采用与否,只取决于方案自身的经济性,即只需检验它们是否能够通过净现值、净年值或内部收益率指标的评价标准。因此,多个独立方案与单一方案的评价方法是相同的。

· 用经济效果评价标准(如 $NPV \geqslant 0$, $NAV \geqslant 0$, $IRR \geqslant i_c$)检验方案自身的经济性,凡通过绝对效果检验的方案,就认为它在经济效果上是可以接受的,否则就应予以拒绝。

对于独立方案而言,经济上是否可行的判别依据是其绝对经济效果指标是否达到一定的检验标准。所以,不论采用净现值、净年值和内部收益率(无资金限制时)当中哪种评价指标,评价结论都是一样的。

【例 3-23】 两个独立方案 A、B 的现金流量如表 3-22 所示,方案寿命期均为 10 年,基准收益率为 10%,试对其经济效果进行评价。

表 3-22 方案 A、B 的净现金流量 单位:万元

方案	初始投资	年净收益
A	500	100
B	500	70

【解】 A、B 方案为独立方案,可首先计算方案自身的绝对效果指标:净现值、净年值或内部收益率,然后根据各指标的判别准则进行绝对效果检验并决定取舍。

(1) 用净现值指标评价

$$NPV_A = -500 + 100 \times (P/A, 10\%, 10) = 114.4(万元)$$

$$NPV_B = -500 + 70 \times (P/A, 10\%, 10) = -69.92(万元)$$

由于 $NPV_A > 0$, $NPV_B < 0$,因此 A 方案可行,B 方案不可行。

(2) 用净年值指标评价

$$NAV_A = -500 \times (P/A, 10\%, 10) + 100 = 18.625(万元)$$

$$NAV_B = -500 \times (P/A, 10\%, 10) + 70 = -11.375(万元)$$

由于 $NAV_A > 0$，$NAV_B < 0$，因此 A 方案可行，B 方案不可行。

（3）用内部收益率指标评价

$$-500 + 100 \times (P/A, IRR_A, 10) = 0$$

$$-500 + 70 \times (P/A, IRR_B, 10) = 0$$

求得：$IRR_A = 15\% > 10\%$，$IRR_B = 6.65\% < 10\%$，A 方案可行，B 方案不可行。

2）有资源限制的独立方案评价

如果独立方案之间共享的资源是有限的，不能满足所有方案的需要，则在这种不超出资源限额的条件下，独立方案的选择可用方案组合法。

方案组合法的原理是：列出独立方案所有可能的组合，每个组合形成一个组合方案（其现金流量为被组合方案现金流量的叠加），由于是所有可能的组合，则最终的选择只可能是其中一种组合方案，因此所有可能的组合方案形成互斥关系可按互斥方案的比较方法确定最优的组合方案，最优的组合方案即为独立方案的最佳选择。具体步骤如下：

① 列出独立方案的所有可能组合，形成若干个新的组合方案（其中包括 0 方案，其投资为 0，收益也为 0），则所有可能组合方案（包括 0 方案）形成互斥组合方案（m 个独立方案则有 2^m 个组合方案）。

② 每个组合方案的现金流量为被组合的各独立方案的现金流量的叠加。

③ 将所有的组合方案按初始投资额从小到大的顺序排列。

④ 排除总投资额超过投资资金限额的组合方案。

⑤ 对所剩的所有组合方案按互斥方案的比较方法确定最优的组合方案。

⑥ 最优组合方案所包含的独立方案即为该组独立方案的最佳选择。

【例 3-24】 有 3 个独立的方案 A、B 和 C，寿命期均为 10 年，现金流量如表 3-23 所示。基准收益率为 8%，投资资金限额为 12 000 万元。要求选择最优方案。

表 3-23 三个方案数据 单位：万元

方案	初始投资	年净收益	寿命期（年）
A	4 000	600	10
B	6 000	900	10
C	7 000	1 200	10

【解】 ① 列出所有可能的组合方案。以 1 代表方案被接受，以 0 代表方案被拒绝，则所有可能的组合方案（包括 0 方案）组合过程见表 3-24。

表 3-24 方案组合及组合方案数据 单位：万元

序号	方案组合			组合方案	初始投资	年净收益	寿命期（年）	净现值
	A	B	C					
1	0	0	0	0	0	0	10	0
2	1	0	0	A	4 000	600	10	26

续表 3-24

序号	方案组合 A	方案组合 B	方案组合 C	组合方案	初始投资	年净收益	寿命期(年)	净现值
3	0	1	0	B	6 000	900	10	39
4	0	0	1	C	7 000	1 200	10	1 052
5	1	1	0	A+B	10 000	1 500	10	65
6	1	0	1	A+C	11 000	1 800	10	1 078
7	0	1	1	B+C	13 000	2 100	10	1 091
8	1	1	1	A+B+C	17 000	2 700	10	1 117

② 对每个组合方案内的各独立方案的现金流量进行叠加，作为组合方案的现金流量，并按叠加的投资额从小到大的顺序对组合方案进行排列，排除投资额超过资金限制的组合方案 (A+B+C) 和 (B+C)（表 3-24）。

③ 按组合方案的现金流量计算各组合方案的净现值（表 3-24）。

④ (A+C) 方案净现值最大，所以 (A+C) 为最优组合方案，故最优的选择应是 A 和 C。

3.3.4 相关方案的评价选优

所谓相关方案，是指在多个方案之间，如果接受或拒绝某一方案，会显著改变其他方案的现金流量，或显著影响对其他方案的评判。

相关方案可以区分为现金流量相关型、资金约束相关型、依存从属相关型三种类别。

1) 现金流量相关型方案

如果在若干方案中任一方案的取舍会导致其他方案的现金流量发生变化，则它们之间存在现金流量的相关性。当各方案间具有现金流量相关性，但并不完全互斥时，不能简单地按独立方案或互斥方案的评价方法进行决策，而应该首先用"互斥方案组合法"，将各方案组合成互斥方案并计算各自的现金流量，再按互斥方案的评价方法进行考察。

【例 3-25】 在甲、乙两地间要修建交通通道，既可以建铁路也可以建高速公路，还可以同时修建铁路和高速公路，单独修建铁路或高速公路时的净现金流量如表 3-25 所示；如果同时修建铁路和高速公路，由于客货分流的影响，两项目都将减少净收入，其净现金流量如表 3-26 所示。若基准折现率为 10%，应如何决策？

表 3-25 单独修建铁路或高速公路时的净现金流量　　　　单位:万元

方案	0	1	2	3~30
铁路 A	−30 000	−20 000	−20 000	12 000
高速公路 B	−20 000	−15 000	−15 000	8 500

表 3-26 同时修建铁路和高速公路时的净现金流量　　　　　　　单位：万元

方案	0	1	2	3～30
铁路 A	-30 000	-20 000	-20 000	9 000
高速公路 B	-20 000	-15 000	-15 000	7 000
A+B	-50 000	-35 000	-35 000	16 000

【解】 这是两个现金流量相关型方案,故先将其组合成三个互斥方案,再分别计算各自的净现值,结果如表 3-27 所示。

表 3-27 组合互斥方案的净现金流量及净现值　　　　　　　单位：万元

方案	0	1	2	3～30	净现值
铁路 A	-30 000	-20 000	-20 000	12 000	27 582
高速公路 B	-20 000	-15 000	-15 000	8 500	19 341
A+B	-50 000	-35 000	-35 000	16 000	12 313

由于 $NPV_A > NPV_B > NPV_{A+B} > 0$,故 A 方案为最佳方案,即在甲、乙两地间应该只建铁路。

2) 资金约束相关型方案

在有些情况下,由于资金有限,使得多个原本相互无关的独立方案只能实施其中的某几个方案,从而使各方案间具有了资金约束条件下的相关性。这时的问题就变成了在不突破投资总额的前提下如何获得最大收益(即净现值最大)。

在资金约束相关型方案中进行筛选时,常用的方法有净现值指数排序法和互斥方案组合法。

(1) 净现值指数排序法

即在计算各方案的净现值指数的基础上,首先将净现值指数小于零的方案淘汰,然后将备选方案按净现值指数从大到小排序,并依此次序挑取中选方案,直至所选取的众方案的投资总额最大限度地趋近于(但仍小于)或等于投资限额为止。这时在资金限额下可使中选方案合计净现值最大。

【例 3-26】 某地区有一笔投资预算为 15 000 万元,可能的备选投资方案共有 10 个,各方案的有关情况如表 3-28 所示,基准折现率为 12%。该如何选择实施方案?

【解】 从表 3-28 中可知,方案 B、I 的净现值均小于零,故应予淘汰;对于剩下的 8 个方案,按净现值指数排序,并依次挑取中选方案,使合计投资总额小于或等于资金限额 15 000 万元。结果为:方案 C、F、A、E、H、J 中选,所用资金总额为 14 100 万元,所得净现值为 1 600.77 万元。

表 3-28 备选方案净现金流量及有关指标　　　　　　　单位：万元

方案	初始投资	1～10 年净收入	净现值	净现值指数	净现值指数排序
A	-4 000	800	520.2	0.13	3
B	-2 000	350	-22.4	-0.01	9

续表 3-28

方案	初始投资	1~10年净收入	净现值	净现值指数	净现值指数排序
C	-1 800	400	460.1	0.26	1
D	-3 000	550	107.6	0.04	7
E	-2 000	380	147.1	0.07	4
F	-800	170	160.5	0.20	2
G	-1 000	180	17	0.02	8
H	-4 000	750	237.7	0.06	5
I	-2 500	420	-126.9	-0.05	10
J	-1 500	280	82.1	0.05	6

应用净现值指数排序法的指导思想是：单位投资创造的净现值越大，则在一定资金限额内所获得的净现值总额也就越大。这种方法简便易算，这是主要优点；但是这种方法有时不能保证现有资金的充分利用，因此最终选择不一定是最佳选择。只有满足下述条件之一，它才能达到或接近于净现值最大的目标：

① 各方案的投资额占投资预算限额的比例很小。
② 各方案的投资额相差不大。
③ 中选方案投资总额与投资预算限额很接近。

(2) 互斥方案组合法

相比较而言，互斥方案组合法在各种情况下都能保证实现净现值最大的目标。其工作步骤如下：

① 对于备选的 m 个独立方案，列出全部可能的相互排斥组合方案，共有 (2^m-1) 个。
② 淘汰在组合方案中投资额超出预算限额者，或净现值小于零者。
③ 选择在保留的方案中净现值最大者为最佳方案。

【例 3-27】 某企业有 4 个相互独立的投资方案，资金预算限额是 6 000 万元，基准折现率为 10%，各方案数据见表 3-29，问应该如何决策？

表 3-29 某企业独立投资方案有关数据　　　　　　　　　　　　　　单位：万元

方案	初始投资	净现值	净现值指数	净现值指数排序
A	2 100	180	0.085 714	1
B	2 400	200	0.083 333	2
C	1 800	120	0.066 667	4
D	2 000	150	0.075	3

【解】 从表 3-29 中可见，如果按照净现值指数排序法，则中选方案为 A、B。但若按互斥方案组合法，则不一定如此。

首先，找出全部可能的互斥组合方案，共有 $2^4-1=15$ 个方案，将它们的有关数据列入表 3-30 中。

表 3-30　互斥组合方案的评价结果　　　　　　　　　　　　单位：万元

组合方案	A	B	C	D	初始投资	净现值	投资限额约束
1	*				2 100	180	√
2		*			2 400	200	√
3			*		1 800	120	√
4				*	2 000	150	√
5	*	*			4 500	380	√
6			*		3 900	300	√
7	*			*	4 100	330	√
8		*	*		4 200	320	√
9		*		*	4 400	350	√
10			*	*	3 800	270	√
11	*	*	*		6 300	500	×
12	*	*		*	6 500	530	×
13	*		*	*	5 900	450	×
14		*	*	*	6 200	470	×
15	*	*	*	*	8 300	650	×

从表 3-30 可见，第 11、12、14、15 号组合方案的投资总额超过了 6 000 万元资金约束，应予淘汰。在剩下的 11 个组合方案中，第 13 号组合方案的净现值最大，为最优方案。即最后应选择方案 A、C、D，其投资总额为 5 900 万元，净现值为 450 万元。可见这个结果与净现值指数排序法的结果不一致，互斥组合方案法得出的选择才是正确决策。

3）依存从属相关型方案

如果在多个方案中，某一方案的实施必须以另一个（或另几个）方案的实施为条件，则它们之间具有依存从属性。

对于依存从属相关型方案，同样应用互斥方案组合法进行评价。

【例 3-28】　某厂有 5 个技术改造方案，已知 A 与 B 互斥，C 与 D 互斥，C 和 D 都从属于 B，E 从属于 C，它们的有关数据见表 3-31，且资金限额为 440 万元，基准折现率为 10%。试求最优投资组合方案。

表 3-31　技术改造方案有关数据　　　　　　　　　　　　单位：万元

方案	A	B	C	D	E
初始投资	400	240	112	120	80
净现值	107.2	64	51.2	30	12

【解】 首先将5个备选方案依其是否互斥而组合成5个互斥组合方案,各方案有关数据见表3-32。很显然,第5号组合方案的净现值最大,为最佳组合。即最后应选择方案 B、C、E,投资总额为432万元,净现值为127.2万元。

表3-32 互斥组合方案的评价结果　　　　　　　　　　　　　　　　　单位:万元

组合方案	A	B	C	D	E	初始投资	净现值	资金约束
1	*					400	107.2	√
2		*				240	64	√
3		*	*			352	115.2	√
4		*		*		360	94	√
5		*	*		*	432	127.2	√

复习思考题

1. 现有 A、B、C 三个互斥方案,其寿命期内各年的净现金流量如表3-33所示,已知 $i_c=10\%$,试用净现值法选出最佳方案。

表3-33 互斥方案 A、B、C 的净现金流量表　　　　　　　　　　　　　单位:万元

年末方案	0	1～10
A	−3 500	454
B	−2 317	674
C	−2 346	697

2. 有两个互斥方案 A、B,其寿命期相同,有关数据如表3-34所示,设基准收益率 $i_c=15\%$,试用差额内部收益率法比较和选择最优可行方案。

表3-34 互斥方案 A、B 的净现金流量表　　　　　　　　　　　　　　　单位:万元

方案	投资	年收入	年支出	残值	寿命期(年)
A	50	16	4	2	10
B	60	20	6	0	10

3. A、B 两个方案,各年的净现金流量如表3-35所示,设 $i_c=10\%$,试用最小公倍数法对方案进行比选。

表3-35 寿命期不等的互斥型方案 A、B 的净现金流量　　　　　　　　单位:万元

方案	投资	每年净收益	寿命期(年)
A	10	4	4
B	20	5	6

4. 设互斥方案 A、B 的寿命期分别为5年和3年,设 $i_c=10\%$,各自寿命期内的净现金流量如表3-36所示,试用净年值法评价选择。

表 3-36　方案 A、B 的净现金流量表　　　　　　　　　　　　　　单位:万元

年末方案	0	1	2	3	4	5
A	−400	120	120	120	120	120
B	−200	100	100	100		

5. 某企业有三个独立的投资方案 A、B、C,其净现金流量情况见表 3-37,已知总投资限额为 7 000 万元,$i_c = 10\%$,试做出最佳投资决策。

表 3-37　A、B、C 三方案的净现金流量表　　　　　　　　　　　　单位:万元

方案	投资	年净收益	寿命期(年)	净现值
A	2 000	460	8	454.05
B	3 000	600	8	200.94
C	5 000	980	8	228.20

4 价值工程原理及运用

价值工程(VE)是第二次世界大战以后发展起来的一种现代化的科学管理技术,是一种新的技术经济分析方法。它是一种把功能与成本、技术、经济结合起来进行技术经济评价的方法,不仅广泛应用于产品设计和产品开发,而且广泛应用于各种建设项目。国内外的实践证明,推广应用价值工程能够促进社会资源合理有效地利用,使投资兴建的项目更好地满足社会的需求。

4.1 价值工程的基本概念及价值分析的基本思路

4.1.1 价值工程基本概念

价值工程(Value Engineering,简称 VE),也称价值分析,它是研究如何以最低的寿命周期成本使产品具有必要的功能,从而提高产品价值的一种有组织的创造活动。价值工程的对象泛指一切为实现功能而发生费用的事物,如产品、工艺、工程、服务或它们的组成部分等。

价值工程的定义中,涉及价值工程的3个基本概念,即价值、功能和寿命周期成本。

1) 价值

价值工程中的"价值"是指研究对象所具有的功能与取得该项功能的寿命周期成本之比,即功能与费用之间的比值。

价值的高低可用公式表示为:

$$V = F/C \tag{4-1}$$

式中:V——研究对象的价值;

F——研究对象的功能;

C——研究对象的成本。

从式(4-1)中可以看出,价值的高低取决于功能和费用相对比值的大小。在实际价值工程活动中,一般功能 F、成本 C 和价值 V 都用某种系数表示。

2) 功能

功能是产品最本质的东西,是对象能够满足某种需求的一种属性。人们购买产品实际上是购买这个产品所具有的功能。例如:人们需求住宅,实质是需求住宅所提供的生活空间的功能及辅助功能。但由于设计制造等原因,产品在具备满足用户需求功能的同时可能存在着一些多余的功能,这必将造成产品不必要的成本。

用户所需求产品的功能是多种多样的。功能的性质不同,其重要程度就不同,为了便于功能分析,需要对功能进行分类,一般可以做如下分类:

(1) 按重要程度可分为基本功能和辅助功能

基本功能就是用户对产品所要求的功能,是为了达到其使用目的所必不可少的功能。基本功能是产品存在的条件,若失去了基本功能,则产品或构配件就丧失了存在的价值。辅助功能是设计人员为实现基本功能而在用户直接要求的功能之上附加上去的功能,是为了更好地帮助基本功能实现而存在的功能。一般来说,基本功能是必要的功能,辅助功能有些是必要的,有些可能是多余的功能。在辅助功能中包含着的不必要功能,应通过改进设计予以消除。

例如手表的基本功能是计时准确,使用者绝对不会买一只不能准确显示时间的手表。另外,在手表中还常附加有夜光、防震、防水和防磁等辅助功能,它们的作用是为了更可靠地显示时间,是由设计者根据使用者的不同要求而添加的,但是对于不接触磁场的使用者来说,防磁可能是多余的功能,夜光对于某些使用者来说也可能是多余的功能。

(2) 按用户的需要分为必要功能和不必要功能

必要功能是为满足使用者的要求而必须具备的功能;不必要功能是对象(产品)所具有的、与满足使用者需求无关的功能,不必要功能又称为多余功能。功能分析的目的就在于:确保必要功能,消除不必要功能。

(3) 按满足要求的性质分为使用功能和品位功能

使用功能是指对象所具有的、与技术经济用途直接有关的功能;品位功能是指与使用者的精神感觉、主观意识有关的功能,如美学功能、外观功能、欣赏功能等。产品的使用功能和品位功能往往是兼而有之,但根据用途和消费者的要求不同而有所侧重。

例如建筑物中使用的输电暗线和地下管道等,只需要使用功能,完全不需要美观功能,因此,不应该在外观功能上多花费资金。相反,如工艺美术品和装饰品等则要求美观功能。某些产品需要使用功能和美观功能两者兼备,例如服装、室内家具和灯具等,为了增加这类产品在市场上的竞争能力,满足人们美的要求,必须重视它们的外观功能并投入适当的成本。

(4) 按功能满足程度分为不足功能和过剩功能

不足功能是指对象尚未满足使用者需求的必要功能;过剩功能是指对象所具有的、超过使用者需求的功能。不足功能和过剩功能具有相对性。同样一件产品对甲消费者而言,可能是功能不足,而对乙消费者而言,已是过剩功能。

3) 寿命周期成本

任何一种产品都有它的寿命周期。产品寿命周期是指产品从研究开发、设计、制造、用户使用直到报废为止的整个时期,它包括研究设计、制造和使用三个阶段。价值工程研究对象从研究、形成、销售、使用到退出使用所需要的全部费用称为寿命周期成本,也称总成本。它是为了实现用户需要产品功能所消耗的一切资源的货币表现。

产品的寿命周期成本包括生产成本和使用成本两部分。生产成本是发生在生产企业内部的成本,包括研究设计和制造所需的费用。对于用户来说,生产成本可以理解为购买产品所需要的购置费用。使用成本是用户在使用产品过程中所支付的费用总和,包括产品的运输、安装、调试、管理、维修、能耗等方面的费用。产品的寿命周期成本可以表达为:

$$寿命周期成本 = 生产成本 + 使用成本$$

即：
$$C = C1 + C2 \tag{4-2}$$

式中：C——寿命周期成本；

$C1$——生产成本；

$C2$——使用成本。

就建筑产品而言，其寿命周期是指从规划、勘察、设计、施工建设、使用维护，直到报废为止的整个时期。建筑产品在整个寿命周期过程中所发生的全部费用，称为寿命周期费用。

4.1.2 价值分析基本思路

1) 寿命周期费用与功能水平的关系

寿命周期成本包括生产成本和使用成本两部分。一般而言，生产成本与产品的功能呈正比关系，使用成本与产品的功能呈反比关系。成本与功能之间的关系如图4-1所示。

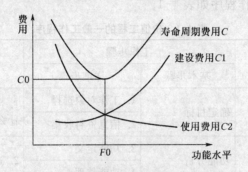

图 4-1 寿命周期费用与功能水平关系图

价值分析的目的就在于寻找到最低成本对应的适度产品功能，使产品具有较高的价值。

2) 提高价值的途径

通过价值工程的定义以及功能与成本的关系，我们可以定性地得出提高价值的5种途径：

(1) 成本降低，必要功能不变。可以采取不同的措施，降低寿命周期费用，也可以考虑消除研究对象不必要的功能或者采用新技术、新工艺、新材料等各种途径。

(2) 成本不变，提高产品的必要功能。如当研究对象的必要功能存在不足时，采取相应措施补充不足的必要功能，从而使寿命周期成本保持不变，最终价值却提高。

(3) 功能提高，成本降低。运用高新技术，进行产品创新，既提高必要功能，又降低成本，以大幅度提高价值。这是提高价值最为理想的途径。

(4) 提高成本，带来功能更大的提高。在保证寿命周期成本增加幅度不大的情况下，使功能提高幅度大于寿命周期成本增加的幅度，从而提高产品的价值。

(5) 在保证基本功能的情况下附带功能有所降低，但带来成本的大幅度下降。

4.2 价值工程的工作程序与主要方法

4.2.1 价值工程的工作程序

开展价值工程的过程是一个发现问题、分析问题、解决问题的过程。国外习惯于采用提问法,即针对价值工程的对象逐步深入地提出合乎逻辑的 8 个问题(见表 4-1),并通过回答问题寻找答案,使问题得以解决,达到提高产品价值的目的。

由于价值工程的应用范围非常广泛,其活动形式也不尽相同。在实际应用中,可以参考这个程序,根据对象的具体情况,应用价值工程的基本原理和思想方法,考虑具体的实施措施和方法步骤。功能系统分析、功能评价和方案创新与评价步骤是这个工作程序的核心和关键内容,体现了价值工程的基本原理和思想,是不可缺少的。

价值工程的一般工作程序如表 4-1。

表 4-1 价值工程的一般工作程序

工作阶段	设计程序	工作步骤		对应问题
		基本步骤	详细步骤	
准备阶段	制定工作计划	确定目标	1. 工作对象选择	1. 价值工程的研究对象是什么?
			2. 信息资料收集	
分析阶段	功能评价	功能分析	3. 功能定义	2. 这是干什么用的?
			4. 功能整理	
		功能评价	5. 功能成本分析	3. 成本是多少?
			6. 功能评价	4. 价值是多少?
			7. 确定改进范围	
创新阶段	初步设计	制定创新方案	8. 方案创造	5. 有无其他方法实现同样功能?
	评价各方案并改进、优化方案		9. 概略评价	
			10. 调整完善	6. 新方案的成本是多少?
			11. 详细评价	
	方案书面化		12. 提出方案	7. 新方案能满足功能的要求吗?
实施阶段	检查实施情况并评价活动成果	方案实施与成果评价	13. 方案审批	8. 偏离目标了吗?
			14. 方案实施与检查	
			15. 成果评价	

4.2.2 价值工程的对象选择

价值工程的对象选择过程就是逐步收缩研究范围、寻找目标、确定主攻方向的过程。因为在生产、建设中的技术经济问题是很多的,涉及的范围也很广,为了提高产品的价值需要改进设计的某些部分,并非企业生产的全部产品,也不是构成产品的所有零部件,而只需要对关键产品的关键因素进行分析即可。实际上,选择对象的过程就是寻找主要矛盾的过程。能否正确选择价值工程的对象是价值工程收效大小与成败的关键。选择时应注意将那些价格高的产品、难以销售的产品、复杂的生产环节等作为价值工程的对象,同时,还应注意保持必要功能和降低成本潜力较大的项目。

对象选择的方法很多,下面介绍经验分析法、ABC 分析法和强制确定法三种。

1) 经验分析法

经验分析法,又称为因素分析法。这种方法是组织有经验的人员对已经收集和掌握的信息资料作详细而充分的分析和讨论,在此基础上选择分析对象。经验分析法是一种定性分析方法,其优点是简便易行,节省时间,是目前实践中采用得较为普遍的方法;缺点是缺乏定量的数据,不够精确,用于初选阶段是可行的。

运用这种方法选择对象时,可以从设计、加工、制造、销售和成本等方面进行综合分析。任何产品的功能和成本都是由多方面的因素构成的,关键是要找出主要因素,抓住重点。一般具有下列特点的一些产品或零部件可以作为价值分析的重点对象:

(1) 产品设计年代已久、技术已显陈旧。
(2) 重量、体积很大,增加材料用量和工作量的产品。
(3) 质量差、用户意见大或销售量大、市场竞争激烈的产品。
(4) 成本高、利润低的产品。
(5) 组件或加工工序复杂影响产量的产品。
(6) 成本占总费用比重大、功能不重要而成本较高者。

2) ABC 分析法

ABC 分析法是一种定量分析方法,它是将产品的成本构成进行逐项统计,将每一种零部件占产品成本的多少从高到低排列出来,分成 A、B、C 三类,找出少数零部件占多数成本的部件项目,作为价值工程的重点分析对象。

一般来说,将零部件数量占总数的 20% 左右而成本却占总成本的 70% 左右的零部件规定为 A 类;将零部件数量占总数的 40% 左右而成本占总成本 20% 左右的零部件规定为 B 类;将零部件数量占总数的 60% 左右而成本只占总成本的 10% 左右的零部件规定为 C 类。从这种分类就可以看出,在价值工程的选择对象中,应以 A 类零部件作为价值工程活动的重点分析对象,B 类只作一般分析,C 类可以不加分析。通过 ABC 分析法分析,产品零部件项数与成本之间的关系就能一目了然,价值工程的重点在 A 类零部件,属于"关键的少数"。

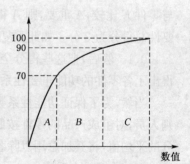

图 4-2 ABC 分析法曲线图

ABC 分析法的优点是抓住重点,突出主要矛盾,在对复杂产品的零部件作对象选择时,常用它来进行主次分类。据此,价值工程分析小组可以结合一定的时间要求和分析条件,略去"次要的多数",抓住"关键的少数",卓有成效地开展工作。但是,该方法没有把成本与功能紧密的联系起来,因而容易忽视个别功能重要而成本比重较少的零部件。

3) 强制确定法

强制确定法也称为 FD 法。选择对象、功能评价和方案评价均可使用此法。

在选择对象中,通过计算功能重要性系数和成本系数,然后求出两个系数之比,即价值系数。根据价值系数大小判断对象的价值,价值低的选作价值活动的研究对象。所以这种方法又称为价值系数法。

下面以一个产品为例,说明这种方法确定对象的过程。

已知组成某一产品的部件为 A、B、C、D、E。其成本费用分别为 1.8 万元、0.8 万元、0.8 万元、1.1 万元、2.5 万元,总成本为 7 万元,确定价值工程活动中的对象及分析顺序。

(1) 计算功能重要性系数

首先把构成产品成本或总成本的零件排列起来,然后按照零件功能的重要程度作两两比较。在比较中确定:重要的得 1 分,次要的得 0 分,然后把各零件得分累计起来,再被全部零件的得分总数除,得到的值叫做该零件的功能重要性系数,如表 4-2 所示。

表 4-2 功能重要性系数表

| 零件名称 | 一对一对比结果 | | | | | 得分 | 功能重要性系数 |
	A	B	C	D	E		
A	×	1	0	1	1	3	0.3
B	0	×	0	1	1	2	0.2
C	1	1	×	1	1	4	0.4
D	0	0	0	×	0	0	0
E	0	0	0	1	×	1	0.1
合计						10	1.0

例如,A 零件与 B 零件比较,A 重要,则 A 得 1 分;与零件 C 比较,C 重要,则 A 得 0 分;与零件 E 比较,A 重要,则 A 得 1 分;这样 A 与其他各零件经过两两比较,确定 A 的功能重要性总得分为 3 分。如此重复,便可以得到零件 B、C、D、E 的功能重要性总得分分别为 2、4、0、1。然后,把这些得分全部加起来合计为 10 分,每个零件的得分分别与总分比较,便得出了各零件的功能重要性系数分别为 0.3、0.2、0.4、0、0.1。

当然,为了保证功能性系数能够准确反映各零件在产品中的地位,可以组织 5~10 个评判人员,对组成产品的零件按照上述方法进行打分;然后求得参加评分人员对同一零件的评分的平均值,将其加总用以除各零件的评分平均值,即可以得到功能重要性系数。

(2) 计算成本系数

各零件的成本系数见表 4-3 之 (3) 栏所示。

(3) 计算价值系数及确定分析对象的顺序

价值系数是指某零件的功能重要性系数与其成本系数之比,各零件的价值系数见表 4-3 之 (4) 栏所示。

表 4-3 价值系数计算表

零件名称	功能重要性系数 (1)	现实成本(万元) (2)	成本系数 (3)=(2)/7	价值系数 (4)=(1)/(3)	对象选择顺序
A	0.3	1.8	0.26	1.154	4
B	0.2	0.8	0.11	1.818	3
C	0.4	0.8	0.11	3.636	1
D	0	1.1	0.16	0	—
E	0.1	2.5	0.36	0.278	2
合计	1.00	7	1.00	—	

价值系数计算结果可能出现以下几种情况：

① 价值系数小于1的产品或部件，说明其重要程度小而成本高。若选为价值工程的工作对象，可以用降低成本或提高重要程度方法来提高产品价值。

② 价值系数大于1，说明产品或部件重要程度大，成本低。是否选做工作对象，视具体情况而定。如果选为价值工程的工作对象，可以进一步提高该产品或部件的质量，增大价值。

③ 价值系数等于1，说明该产品或部件的重要程度和成本相当，因此不再选为价值工程工作对象。

④ 价值系数等于0，表明零件不重要，可以取消和合并。

根据表4-3中所列的价值系数偏离1的程度可以确定价值工程活动的对象的顺序为 C、E、B、A。

4.2.3 信息资料收集

在价值工程工作过程中，为了实现提高价值的目标所采取的每个行动和决策，都离不开必要的信息资料。在功能定义阶段，为弄清价值工程对象应该具有的必要功能，必须清楚地了解与对象有关的各种信息资料。在功能评价阶段，为确定功能的目标成本，以及在方案创造阶段，为创造和选择最优改进方案、实现最低寿命周期，都需要大量的信息资料。所以，收集、整理信息资料的工作贯穿于价值工程的全过程。价值工程的工作过程同时也是对信息资料收集、整理和运用的过程。可以说，价值工程成果的大小在很大程度上取决于占有信息资料的质量、数量和取得的适宜时间。

价值工程所需要的信息资料，视具体情况而定，一般包括以下几个方面内容：

(1) 使用及销售方面的内容

收集这方面的信息资料是为了充分理解用户对对象产品的期待、要求。例如用户对产品规格、使用环境、使用条件、耐用寿命、价格、性能、可靠性、服务、操作及美观等方面的要求。

(2) 技术方面的内容

收集这方面的信息资料是为了明白如何进行产品的设计改进才能更好地满足用户的要求。例如，科技进步方面的有关科研成果、技术发明、专利、新材料、新结构、新工艺、新技术，国内外同类产品的发展趋势和技术资料,标准化要求及发展动态等;设计及制造方面的加工工艺,作业方法,使用的设备、工器具,合格品率、废品率,外协件供应者、外协方法等。

(3) 经济方面的内容

成本是计算价值的必需依据,是功能成本分析的主要内容。实际的产品往往由于设计、生产、经营等方面的原因,其成本存在较大的改善潜力。在广泛占有经济资料(主要是成本资料)的基础上,通过实际的成本与标准的成本之间的比较、不同企业之间的比较,揭露矛盾,分析差距,降低成本,提高产品价值,这方面的信息资料是必不可少的。

(4) 企业生产经营方面的内容

掌握这方面的资料是为了明白价值工程活动的客观制约条件,使创造出的方案既先进又切实可行。这方面的资料包括企业设计研究能力,加工制造能力,质量保证能力,采购、供应、运输能力,筹措资金的能力。

(5) 国家和社会方面诸如政策、方针、规定等方面的内容

了解这方面的内容是为了使企业的生产经营活动包括开展价值工程活动必须与国民经济的发展方向协调一致。

4.2.4 功能分析

功能分析是价值工程活动的核心和基本内容,价值工程就是围绕着对产品和劳务进行功能分析而不断深入展开的,它将决定价值工程的有效程度。功能分析的目的是合理确定价值工程活动对象的必备功能,消除多余的、不必要的功能,加强不足功能,消减过剩功能。功能分析的步骤包括功能的定义、功能整理和功能评价三个阶段。

1) 功能定义

功能定义是对价值工程对象及其组成部分的功能所做的明确表述。这一表述应能明确功能的本质,限定功能的内容。功能定义要求简明扼要,常采用动词加名词的方法,动词是功能承担体发生的动作,而动作的作用对象就是作为宾语的名词。

例如,手表的功能是"显示时间",这里手表是功能承担体,"显示"是表示功能承担体(手表)发生动作的动词,"时间"则是作为动词宾语的名词。

2) 功能整理

功能定义完成后就应该加以整理,使之系统化。功能整理就是将功能按目的—手段的逻辑关系把价值工程对象的各个组成部分的功能根据其流程关系相互连接起来,整理成功能系统图。目的是为了确认真正要求的功能,发现不必要的功能,确认功能定义的正确性,认识功能领域。

(1) 功能整理的步骤

① 分析出产品的基本功能和辅助功能。依据用户对产品的功能要求,挑出基本功能,并把其中最基本的排出来,称之为上位功能。基本功能一般总是上位功能,它通常可以通过回答以下几个问题来判别:

A. 取消了这个功能,产品本身是不是就没有存在的必要了?

B. 对于功能的主要目的而言,它的作用是否必不可少?

C. 这个功能改变之后,是否要引起其他一连串的工艺和零部件的改变?如果回答是肯定的,这个功能就是基本功能。除了基本功能,剩下的功能就是辅助功能。

② 明确功能的上下位和并列的关系。在一个系统中,功能的上下位关系,就是指功能之间的从属关系,上位功能是目的,下位功能是手段。例如,热水瓶的功能中"保护水温"和"减少散热"的关系就是上下位功能关系。"保持水温"是上位功能,而"减少散热"是为了能够"保持水温",是实现"保持水温"的一种手段,是下位功能。

需要指出的是,目的和手段是相对的,一个功能对它的上位功能来说是手段,对它的下位功能来说又是目的。功能的并列关系是指两个功能,谁也不从属于谁,但却同属于一个上位功能的关系。

(2) 绘制功能系统图

根据上述原理,将各个功能按并列关系,上、下位关系,以一定的顺序排列起来,即形成功能系统图。

功能系统图一般如图4-3所示。图中 F_0 是产品的最基本功能,即最上位功能 F_1,F_2,…,F_i 是并列关系的功能,是实现 F_0 的手段,也是 F_0 的下位功能;F_{11},…,F_{21},…,…,F_{i1},…等分别是 F_1,F_2,…,F_i 的手段和下位功能。

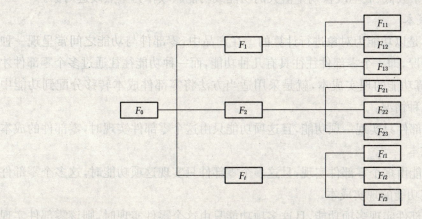

图 4-3 功能系统图

通过绘制功能系统图,可以清楚地看出每个功能在全部功能中的作用和地位,使各功能之间的相互关系系统化。价值工程的原理之一是"目的是主要的,手段是可以广泛选择的"。根据这一原理并结合功能系统图就可以从上位功能出发,抛开原有结构,广泛设想实现这一功能的各个途径,并且便于发现不必要功能,提高价值。

图 4-4 为平屋顶功能系统图。

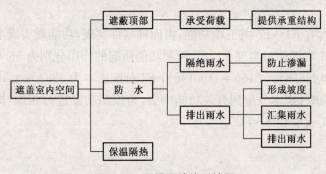

图 4-4 平屋顶功能系统图

4.2.5 功能评价

功能评价是在功能分析的基础上,应用一定的科学方法,进一步求出实现某种功能的最低成本(即目标成本),并以此作为功能评价的基准,亦称功能评价值,通过与实现该功能的现实成本(或称目前成本)相比较,求得两者的比值即为功能价值;两者差值为成本改善期望值,也就是成本降低幅度。然后选择价值系数低、成本改善期望值大的功能领域作为重点改进对象。

1) 功能评价的程序

(1) 计算功能成本的现实成本(目前成本)。

(2) 确定功能的评价值(目标成本)。

(3) 计算功能的价值(价值系数)。

(4) 计算成本改善期望值。

(5) 选择价值系数低、成本改善期望值大的功能或功能区域作为重点改进对象。

2) 功能现实成本

功能现实成本是以功能为对象进行计算的。在产品中,零部件与功能之间常呈现一种相互交叉的复杂情况,即一个零部件往往具有几种功能,而一种功能往往通过多个零部件才能实现。因此,计算功能的现实成本,就是采用适当方法将零部件成本转移分配到功能中去。具体有以下几种情况:

(1) 当一个零部件只实现一项功能,且这项功能只由这个零部件实现时,零部件的成本就是功能的现实成本。

(2) 当一项功能由多个零部件实现,且这多个零部件只实现这项功能时,这多个零部件的成本之和就是该功能的现实成本。

(3) 当一个零部件实现多项功能,且这多项功能只由这个零件实现时,则该零部件实现功能所起作用的比重将成本分配到各项功能上去,即为各功能的现实成本。

(4) 更多的情况是多个零部件交叉实现了多项功能,且这多项功能只能由这多个零部件的交叉才能实现。此时,计算各功能的现实成本,可通过填表进行。首先将各零部件成本按该零部件对实现各功能所起作用的比重分配到各项功能上去,然后将各项功能从有关零部件分配到的成本相加,便可得出各功能的现实成本。

零部件对实现功能所起作用的比重,可以请几位有经验的人员集体研究确定,或者采用评分方法确定。

例如:某产品具有 $F1 \sim F5$ 共五项功能,由四种零件实现,功能现实成本计算如表4-4。

在表 4-4 中,A 零部件对实现 $F2$、$F4$ 两项功能所起的作用分别为 66.6%和 33.4%,故功能 $F2$ 分配成本为 $66.6\% \times 150 = 100$(元),$F4$ 分配成本为 $33.4\% \times 150 = 50$(元)。按此方法将所有的零部件成本分配到有关功能中去,再按照功能进行相加,即可以得出 $F1 \sim F5$ 五种功能的现实成本 $C_{01} \sim C_{05}$。

表 4-4 功能现实成本计算表

功能或功能区域			零部件								
序号	名称	成本(元)	F1		F2		F3		F4		F5	
			成本	比重	成本	比重	成本	比重	成本	比重	成本	比重
1	A	150			100	66.7%			50	33.4%		
2	B	250	50	20%			150	60%			50	20%
3	C	500	250	50%	50	10%			200	40%		
4	D	100					100	100%				
合计		C0	C01		C02		C03		C04		C05	
		1 000	300		150		250		250		50	

3) 功能评价值

功能评价值或目标成本(F),是依据功能系统图上的功能概念,预测出对应于功能的成本。它不是一般概念的成本计算,而是把用户需求的功能换算为金额,其中成本最低的即是功能评价值。其确定方法如下:

(1) 经验估算法

这种方法是邀请一些有经验的人,根据收集到的有关信息资料,构思出几个实现各功能或功能区域的方案,然后每个人对构思出的方案进行成本估算,取其平均值,最后从各方案中取成本最低者。这种方法有时不一定很准确,但对经验丰富的人来说还是比较适用的。

(2) 理论计算法

这种方法是根据物理学、力学或工程设计等的计算公式与其费用标准(如材料价格等)联系起来,找出功能与成本之间的关系,从而确定功能评价值。具体步骤如下:

① 分析该功能是否可以利用公式进行定量计算,例如:"支承负荷"、"传递扭矩"、"输入电流"等功能,都有计算公式将其定量化,这样,就可以利用此方法确定功能评价值。

② 选择有关公式进行计算

例如,"支承负荷"这个功能,当外力(弯矩、压力、拉力或扭矩等)已知时,可以利用材料力学的计算公式,计算出使用材料的尺寸和用量,根据材料价格,进一步计算出材料费用,从而求得实现该功能的最低材料费用,在此基础上考虑加工材料的加工费用和其他费用,以确定功能的最低成本,即功能评价值。

(3) 实际调查法

这种方法是通过广泛的调查,收集具有同样功能产品的成本,从中选择功能水平相同而成本最低的产品,以这个产品的成本作为功能评价值。具体步骤如下:

首先,广泛收集企业内外完成同样功能的产品资料,包括反映功能水平的各项性能指标和可靠性、安全性、操作性、维修性、外观等。

其次,将收集到的产品资料进行分析整理,按照各自功能要求的程度排出顺序。

4) 计算功能评价值(价值系数)和成本改善期望值

功能价值系数计算公式为:

$$V = \frac{F}{C} \quad (4-3)$$

式中：F——功能评价值（目标成本）；
C——功能现实成本（目前成本）；
V——功能价值（价值系数）。

$$功能改善期望值 = C - F \quad (4-4)$$

此时，功能评价值 F，常被作为功能成本降低的奋斗目标，亦称标准成本。

5）功能改善对象的选择

选择改进对象时，考虑的主要因素是价值系数和成本改善期望值的大小。

（1）当价值系数等于或趋近于1时，功能现实成本等于或接近于功能目标成本，说明功能现实成本是合理的，价值最佳，无需改进。

（2）当价值系数小于1时，表明功能现实成本大于功能评价值，说明该项功能现实成本偏高，应该作为改进对象。

（3）当价值系数大于1时，表明功能现实成本小于功能评价值，说明功能现实成本偏低。其原因可能是功能不足，满足不了用户的要求。在这种情况下，应该增加成本，更好地实现用户所要求的功能。还有一种可能是功能评价值确定不准确，而以现实成本就能够可靠实现用户要求的功能，现实成本是比较先进的，此时无需再对功能或功能区域进行改进。

在选择改进对象时，要将价值系数和成本改善期望值两个因素综合起来考虑，即选择价值系数低、成本改善期望值大的功能或功能区域作为重点改进对象。

4.2.6　方案创造与评价

为了提高产品的功能和降低成本，达到有效利用资源的目的，就需要寻找最佳的代替方案，寻求或构思这种最佳方案的过程就是方案的创造过程。创造也可以理解为"组织人们通过对过去经验和知识的分析与综合以实现新的功能"的一种活动。价值工程的活动能否取得成功，关键是功能分析评价之后能否构思出可行的方案。这是一个创造、突破、精制的过程，如果不能构思出最佳的可行方案则会前功尽弃。

1）方案创造的方法

（1）头脑风暴法

头脑风暴法是国外在创造方案阶段使用较多的一种方法，意为自由奔放，打破常规，创造性思考问题，并以开小组会的方式进行。参加会议人数不宜过多，以5~6人为宜。会议应遵守以下规则：不墨守成规；不迷信权威；不互相指责；不互相批评；不怕行不通，力求彻底改进；要求在改善或者结合别人意见的基础上提出设想。

（2）模糊目标法

这种方法是哥顿（美国人）在20世纪60年代提出的，所以也称为哥顿法。其特点是与会人员在会前并不知道议题，在开会讨论时也只是抽象的讨论，不接触具体的实质性问题，以免束缚与会人员的思想。待讨论到一定程度以后才把要研究的对象提出来，以作进一步研究。这种方法相当于我国采用的"先务虚后务实"的讨论会。

(3) 专家审查法

这种方法不采用开会的形式,而是由主管人员或部门把已经构思的方案以信函的方式分发给有关的专业人员,征询他们的意见,然后将意见汇总,统计和整理之后再分发下去,希望再次补充修改。如此反复若干次,即经过几上几下,把原来比较分散的意见在一定程度上使内容集中一致,形成统一的集体讨论,作为新的代替方案。

方案创造的方法很多,总的精神是要充分发挥各有关人员的智慧,集思广益,多提方案,从而为评价方案创造条件。

2) 方案的评价

方案评价是在方案创造的基础上,对新构思方案的技术、经济和社会效果等方面进行的评估,以便选择最佳方案。按照其做法,分为概略评价和详细评价。

(1) 概略评价

概略评价是对已经创造出来的方案从技术、经济和社会三个方面进行初步研究。其目的是从众多的方案中进行粗略的筛选,减少详细评价的工作量,使精力集中于优秀方案的评价。

(2) 详细评价

方案的详细评价,就是对概略评价所得到的比较抽象的方案进行调查和收集情报,使在材料、结构、功能等方面进一步具体化,然后对它们做最后的审查和评价。

在详细评价阶段,对产品的成本究竟是多少、能否可靠地实现必要的功能都必须得到准确的解答,总之,要证明方案在技术和经济方面是可行的,而且价值必须得到真正的提高。经过评价,淘汰了不能满足要求的方案后,就可从保留的方案中选择技术上先进、经济上合理和社会上有利的最优方案。

4.3 价值工程的应用

某房地产开发商要在某城区内的二级地段进行住宅开发,地块面积为 200 亩,一边临水,一边紧邻城市次干道,周边居民收入水平和环境条件一般。现对此地块住宅开发进行产品的档次定位分析。

(1) 根据地块的城市规划用途、地段特征以及周边城市居民的收入状况,现拟定建设三种不同住宅标准的住宅小区,其建造标准如表 4-5 所示。同时,为了计算的简便,将住宅建造成本和市场上居民愿意或实际购买住宅的整体功能所花成本,转换为成本系数(见表 4-5)。

表 4-5 三个方案的特征和成本系数分析

方案名称	主要特征	平均成本(元)		成本系数	
		单位造价	市场售价	单位造价	市场售价
A	环境优雅、富有特色、智能化高档小区,小高层框架结构,内外结构布置具有人文气息	2 200	2 750	0.40	0.404
B	各种环境较好的中档住宅小区,框架结构,一般智能化条件	100	2 250	0.33	0.331
C	环境一般化的低档经济型住宅小区,框架砖混结合	1 500	1 800	0.27	0.26

(2) 进行功能指标系统的选择,把住房作为一个独立完整的"产品"进行功能定义和评价,而不再将住房细分下去。功能指标系统的选取,主要考虑对住房市场需求和住房功能定位有直接影响的因素。因此,可整理得出下列功能:F1 经济适用(价格适中,布局合理);F2 生活便捷(设施完备,使用方便);F3 环境适宜(环境舒适,政策配套);F4 使用安全(结构牢固,三防齐全);F5 资产增值(地段改良,市场发展)。

(3) 进行功能指标重要系数的确定。

首先对上述五个大类指标用市场调查方式打分,然后确定市场目前环境下的指标功能重要性系数,以此作为确定市场各类人员对指标细分评分调查表的有效性标准,以防止个人偏好导致与实际市场情况相差太远。

通过市场调查的数据整理分析可得:

$$f_1 = 0.3; f_2 = 0.25; f_3 = 0.2; f_4 = 0.15; f_5 = 0.10$$

根据各功能指标在不同档次住宅中所占的地位不同,首先选取相应的市场销售人员、专家等有代表性的相关群体为调查对象,以保证市场调查结果的科学性和合理性,再运用指标之间相对重要性对各指标评分,然后加权系数(0.4,0.30,0.30)求和并归以后,得出各功能重要系数。根据市场调查结果计算各功能重要性系数(见表4-6)。

表 4-6 功能重要性系数的评分

功能		用户评分(G_1)		专家评分(G_2)		销售人员评分(G_3)		功能重要系数
		得分	修正值(0.4)	得分	修正值(0.3)	得分	修正值(0.3)	$G=(G_1+G_2+G_3)/100$
经济适用 (0.30)	价格适中	20	8	17	5.1	21	6.3	0.194
	布局合理	13	5.2	14	4.2	11	3.3	0.127
生活便捷 (0.25)	设施完备	12	4.8	12	3.6	14	4.2	0.126
	使用方便	7	2.8	10	3	10	3	0.088
环境适宜 (0.20)	环境舒适	15	6	12	3.6	13	3.9	0.135
	政策配套	8	3.2	7	2.1	7	2.1	0.074
使用安全 (0.15)	结构牢固	7	2.8	8	2.4	8	2.4	0.076
	三防齐全	7	2.8	8	2.4	5	1.5	0.067
资产增值 (0.10)	地段改良	6	2.4	7	2.1	6	1.8	0.063
	市场发展	5	2	5	1.5	5	1.5	0.050
合计		100	40	30	100	30	30	1.000

然后,对方案的功能进行满足程度评分。对三个方案的情况,采取按功能细分的状况和拟订方案的项目特征进行评分,然后用细分功能指标重要性系数进行修正,得出功能评价系数(表4-7)。

最后,进行方案价值系数的计算。将表4-7计算的结果和表4-5的成本系数分别代入表4-8或表4-9,按价值功能系数计算公式($V=F/C$)求出价值系数。

表 4-7 功能满足程度评分

评价因素		A	修正值(d_1)	B	修正值(d_1)	C	修正值(d_1)
功能因数	重要系数						
价格适中	0.194	4	0.776	7	1.358	8	1.552
布局合理	0.127	2	0.254	7	0.889	8	1.016
设施安全	0.126	4	0.504	8	1.008	7	0.882
使用方便	0.088	7	0.616	10	0.880	4	0.352
环境舒适	0.135	7	0.945	8	1.080	2	0.270
政策匹配	0.074	6	0.444	9	0.666	4	0.296
结构牢固	0.076	5	0.375	9	0.675	4	0.300
三防齐全	0.067	8	0.536	7	0.469	3	0.201
地段改良	0.063	10	0.630	9	0.567	2	0.126
市场发展	0.050	4	0.200	7	0.350	8	0.400
功能总分		57	5.280	81	7.942	50	5.395
功能评价系数(F)			0.284		0.427		0.290

表 4-8 方案价值系数计算

方案名称	功能评价系数 F	成本系数 C	价值系数 $V = F/C$	最优选择
A	0.284	0.40	0.710	
B	0.427	0.33	1.294	最优
C	0.290	0.27	1.074	

表 4-9 方案价值系数计算

方案名称	功能评价系数 F	成本系数 C	价值系数 $V = F/C$	最优选择
A	0.284	0.401	0.71	
B	0.427	0.335	1.27	最优
C	0.290	0.275	1.05	

根据单位造价(表 4-8)和销售价格(表 4-9)的价值系数计算结果可知方案 B 最优。因此,在上述地段、环境等状况下,此项目应该选择建造中档价位住宅小区的方案最为合理。

复习思考题

1. 什么是价值工程？提高产品价值的途径有哪些？
2. 价值工程的实施步骤如何？
3. 选择价值分析对象的一般原则是什么？常用哪些方法？
4. 某产品有 $F1\sim F5$ 功能领域，其重要系数及相应的现实成本如表 4-10 所示。试根据功能重要程度确定功能评价值及改进顺序。

表 4-10

功能领域	现实成本	功能系数	分配功能成本	功能评价值	成本降低期望值	功能改进顺序
F1	210	0.35				
F2	80	0.25				
F3	120	0.2				
F4	60	0.15				
F5	30	0.05				
合计	508	1				

5 工程项目的财务评价

5.1 工程项目财务评价概述

5.1.1 项目经济评价概述

工程项目的经济评价是项目可行性研究和评估的核心内容及决策的主要依据,根据评价的角度、范围、作用的不同,分为财务评价(也称财务分析)和国民经济评价(也称经济分析)两个层次。合理准确的经济评价有利于引导投资方向、控制投资规模、提高计划质量,并且能在一定程度上避免盲目决策导致的失误。

财务评价是根据国家现行财税制度和价格体系,分析项目直接发生的财务效益和费用,编制财务报表,计算经济指标,考察项目的赢利能力、清偿能力以及外汇平衡等财务状况,据此判断项目在财务上的可行性。

国民经济评价是在合理配置国家资源的前提下,从国家整体角度考察项目的效益和费用,用货物的影子价格、影子工资和影子汇率和社会折现率等经济参数分析计算项目对国民经济的净贡献,评价项目的合理性。

5.1.2 财务评价的目的、内容和步骤

1) 财务评价的目的
(1) 从企业或项目角度出发,分析投资效果,衡量项目的赢利能力和清偿能力。
(2) 为企业指定资金规划。
(3) 为协调企业利益和国家利益提供依据。

2) 财务评价的内容
(1) 赢利能力分析。
(2) 清偿能力分析。
(3) 风险分析。

3) 财务评价的步骤
(1) 选取财务评价基础数据与参数,编制辅助报表。包括主要投入物和产出物财务价格、税率、利率、汇率、计算期、固定资产折旧率、无形资产和递延资产摊销年限、生产负荷及基准收益率等基础数据和参数。
(2) 将分析和估算所需数据汇总,编制财务评价报表,主要有:财务现金流量表、损益和利润分配表、资金来源与运用表、借款偿还计划表。
(3) 计算财务评价各项指标,进行财务分析,判别项目财务可行性,其中包括赢利能力的指标计算分析、偿债能力指标计算分析、不确定性分析。

(4) 将计算出的指标与国家有关部门颁布的基础值或其他标准值进行比较,判断项目可行与否,编写财务评价报告。

5.2 工程项目财务评价主要数据的确定、估算与分析

5.2.1 财务评价基准参数的选取

1) 费用与收益的识别

财务效益和费用的识别是项目财务评价的前提条件。

效益和费用是针对评价目标而言的。效益是对目标的贡献;费用是对目标的反贡献,是负效益。项目的财务目标是项目本身盈利最大化。因此,正确识别项目的财务效益和费用应以项目为界,以项目的直接收入和支出为目标。

对于那些由于项目建设和运营所引起的外部费用和效益,只要不是直接由项目开支或获得的,就不是项目的财务费用或效益。项目的财务效益主要表现为生产经营的产品销售(营业)收入;财务费用主要表现为建设项目投资、经营成本和税金等各项支出。此外,项目得到的各种补贴、项目寿命期末回收的固定资产余值和流动资金等,也是项目得到的收入,在财务评价中视作效益处理。

2) 价格

财务评价用的价格简称为财务价格,它是以现行市场价格体系为基础的预测价格。在进行项目的财务评价时,评价人员应根据项目的实际情况,实事求是地通过分析、论证加以确定。

3) 汇率

如果项目涉及从国外购买技术或涉及设备、原料、产品等的进出口,则要使用外汇,在项目的财务评价中,应按一定的汇率标准折算为本国货币单位进行分析。在财务评价中,汇率采用国家公布的官方汇率为基础,若有外贸补贴,则应按实际结算的外贸外汇汇率计算。

5.2.2 建设项目投资估算

投资估算是在对项目的建设规模、产品方案、工艺技术及设备方案、工程方案及项目实施进度等进行研究并基本确定的基础上,估算项目所需资金总额并测算建设期分年资金使用计划。按照现行投资管理规定,工程建设项目投资的估算包括固定资产投资的估算和流动资金的估算。

1) 固定资产投资的估算

(1) 概略估算方法

① 生产规模指数估算法

$$y_2 = y_1 \left(\frac{x_2}{x_1}\right)^n \cdot f \tag{5-1}$$

该法中生产规模指数 n 是一个关键因素,不同行业、性质、工艺流程、建设水平、生产率

水平的项目,应取不同的指数值。另外,拟估投资项目生产能力与已建同类项目生产能力的比值应有一定的限制范围,一般这一比值不能超过 50 倍,而在 10 倍以内效果较好。

② 资金周转率法

$$C = \frac{Q \times P}{T} \tag{5-2}$$

式中:C——拟建项目建设投资;
Q——产品年产量;
P——产品单价;
T——资金周转率。

③ 分项比例估算法

$$C = E(1 + f_1 P_1 + f_2 P_2 + f_3 P_3) + I \tag{5-3}$$

式中:C——拟建项目的建设投资;
E——根据设备清单按现行价格计算的设备费(包括运杂费)的总和;
P_1、P_2、P_3——已建成项目中的建筑、安装及其他工程费用分别占设备费的百分比;
f_1、f_2、f_3——由于时间因素引起的定额、价格、费用标准等变化的综合调整系数;
I——拟建项目的其他费用。

④ 单元指标估算法

民用项目:建设投资额=建筑功能×单元指标×物价浮动指数 (5-4)

工业项目:建设投资额=生产能力×单元指标×物价浮动指数 (5-5)

(2) 详细估算方法

① 建筑工程费

通常采用单位综合指标(每 m²、m³、m、km 的造价)估算法进行。

② 安装工程费

安装工程费=设备原价×安装费率 (5-6)

安装工程费=设备吨位×每吨安装费 (5-7)

③ 设备及工器具购置费

设备购置费=设备原价(进口设备抵岸价)+设备运杂费 (5-8)

工器具及生产家具购置费=设备购置费×费率 (5-9)

④ 工程建设其他费用

工程建设其他费用按各项费用科目的费率或者取费标准估算。

⑤ 预备费

预备费包括基本预备费和涨价预备费。

基本预备费 =(设备及工器具购置费+建筑、安装工程费
+工程建设其他费用)×基本预备费率 (5-10)

涨价预备费:

$$PC = \sum_{t=1}^{n} I_t \left[(1+f)^t - 1 \right] \tag{5-11}$$

式中：PC——涨价预备费；

I_t——第 t 年的建筑工程费、安装工程费、设备及工器具购置费之和；

f——建设期价格平均上涨率；

n——建设期。

⑥ 建设期借款利息

建设期每年利息的理论计算公式为：

$$每年应计利息 = \left(年初借款本息累计 + \frac{本年借款额}{2} \right) \times 年利率 \tag{5-12}$$

【例 5-1】 某新建项目，建设期为 3 年，第一年贷款 300 万元，第二年 400 万元，第三年 300 万元，年利率为 5.6%。用复利法理论计算建设期借款利息。

【解】 建设期各年利息计算如下：

$$I_1 = 0.5 \times 300 \times 5.6\% = 8.4(万元)$$

$$I_2 = (308.4 + 0.5 \times 400) \times 5.6\% = 28.47(万元)$$

$$I_3 = (736.87 + 0.5 \times 300) \times 5.6\% = 49.66(万元)$$

到建设期末累计借款本利为 1 086.53 万元。

2）流动资金的估算

（1）扩大指标估算法

① 按建设投资的一定比例估算。

② 按经营成本的一定比例估算。

③ 按年销售收入的一定比例估算。

④ 按单位产量占用流动资金的比例估算。

（2）分项详细估算法

为简化计算，仅对存货、现金、应收账款三项流动资产和应付账款这项流动负债进行估算，计算公式如下：

$$流动资金 = 流动资产 - 流动负债 \tag{5-13}$$

式中：

流动资产＝应收账款＋存货＋现金

流动负债＝应付账款

5.2.3 财务评价的指标

1）盈利能力分析的静态指标

（1）静态投资回收期

项目静态投资回收期（P_t）是在不考虑资金时间价值的条件下，以项目的净收益回收其总投资（包括建设投资和流动资金）所需要的时间，一般以年为单位。项目投资回收期宜从项目建设开始年算起,若从项目投产开始年算起,应予以特别注明。

从建设开始年算起,投资回收期计算公式如下:

$$\sum_{t=0}^{P_t} (CI - CO)_t = 0 \qquad (5-14)$$

(2) 投资利润率

投资利润率是指项目达到设计生产能力后的一个正常生产年份的利润总额或年平均利润总额与项目总投资的比率。对生产期内各年的利润总额变化幅度较大的项目,应计算生产期的年平均利润总额与项目总投资的比率。

$$投资利润率 = \frac{年利润总额(或年平均利润总额)}{项目总投资} \times 100\% \qquad (5-15)$$

投资利润率可根据损益与利润分配估算表中的有关数据求得,与行业平均投资利润率对比,以判别项目的单位投资盈利能力是否达到本行业的平均水平。

(3) 投资利税率

投资利税率是指项目达到设计生产能力后的一个正常生产年份的年利税总额或项目生产期内平均利税总额与项目总投资的比率。

$$投资利税率 = \frac{年利税总额(或年平均利税总额)}{项目总投资} \times 100\% \qquad (5-16)$$

年利税总额 = 年利润总额 + 销售税金及附加 = 年销售收入 - 年总成本费用
$$(5-17)$$

投资利税率可由损益与利润分配估算表中的有关数据求得,与行业平均投资率税率对比,以判别项目的单位投资对国家的贡献水平是否达到本行业的平均水平。

(4) 资本金利润率

资本金利润率是项目的利润总额与资本金总额的比率,有所得税前和所得税后之分。资本金是项目吸收投资者投入企业经营活动的各种财产物资的货币表现。

$$投资利润率 = \frac{利润总额}{资本金总额} \times 100\% \qquad (5-18)$$

资本金利润率是衡量投资者投入项目的资本金的获利能力。在市场经济条件下,投资者关心的不仅是项目全部资金所提供的利润,更关心投资者投入的资本金所创造的利润。资本金利润率越高,反映投资者投入项目资本金的获利能力越大。资本金利润率还是向投资者分配股利的重要参考依据。一般情况下,向投资者分配的股利要低于资本金利润率。

2) 盈利能力分析的动态指标

(1) 财务内部收益率

财务内部收益率($FIRR$)是指项目在整个计算期内各年净现金流量现值累计等于零时的折现率,它反映项目所占用资金的盈利率。

$$\sum_{t=1}^{n} (CI_t - CO_t)(1 + FIRR)^{-t} = 0 \qquad (5-19)$$

财务内部收益率可根据财务现金流量表(全部投资现金流量表和自有资金现金流量表)中的净现金流量数据,用线性插值法计算求得,与行业的基准收益率或设定的折现率 i_0 比较,当 $FIRR \geqslant i_0$ 时,即认为盈利能力已满足最低要求,财务上是可以考虑接受的。

(2) 财务净现值

财务净现值($FNPV$)是指按行业的基准收益率或设定的折现率,将项目计算期内各年净现金流量折现到建设期的现值之和,其表达式为:

$$FNPV = \sum_{t=1}^{n}(CI_t - CO_t)(1+i_0)^{-t} \qquad (5-20)$$

财务净现值可根据财务现金流量表的数据计算求得。如果 $FNPV \geqslant 0$,项目是可以接受的。

3) 清偿能力分析的指标

(1) 借款偿还期

借款偿还期是指在国家政策规定及项目具体财务条件下,以项目投资投产后可用于还款的资金,偿还建设投资国内借款本金及建设期利息(不包括已用自有资金支付的建设期利息)所需的时间。

$$I = \sum_{t=1}^{P_t} R_t^{-t} \qquad (5-21)$$

式中:I——建设投资国内借款本金和利息之和;

P_t——建设投资国内借款偿还期,从借款开始年计算;

R_t——第 t 年可用于还款的资金,包括税后利润、折旧费、摊销费及其他还款资金。

借款偿还期可由资金来源与运用表及国内借款还本付息表的数据直接推算,通常用"年"表示。从开始年份算起的偿还期的详细公式是:

$$借款偿还期 = 借款偿还后首次出现盈余的年份数 - 开始借款年份$$
$$+ \frac{当年偿还借款额}{当年可用于还款的资金额} \qquad (5-22)$$

当借款还款期满足贷款机构的要求期限时,即可认为项目有清偿能力。

(2) 资产负债率

资产负债率是负债与资产之比,它是衡量企业利用债权人提供的资金进行经营活动的能力,反映项目各年所面临的财务风险程度及财务清偿能力,因此,也反映债权人发放贷款的安全程度。计算资产负债所需要的相关数据可在资产负债表中获得。

$$资产负债率 = \frac{负债合计}{资产合计} \times 100\% \qquad (5-23)$$

一般认为资产负债率为 0.5~0.7 是合适的,由于财务杠杆效应的存在,权益的所有者从盈利出发,希望保持较高的债务比,赋予资本金以较高的杠杆力,用较少的资金来控制整个项目。但是,资产负债比越高,项目风险也越大。当资产负债率太高,可通过增加自有资金出资和减少利润分配等途径来调节。

(3) 流动比率

流动比率是反映项目各年偿付流动负债能力的指标，衡量项目流动资产在短期债务到期以前可以变为现金用于偿还流动负债的能力。所需相关数据可在资产负债表中获得。

$$流动比率 = \frac{流动资产总额}{流动负债总额} \times 100\% \tag{5-24}$$

存货是一类不易变现的流动资产，所以流动比率不能确切反映项目的瞬时偿债能力。

(4) 速动比率

速动比率反映项目快速偿付流动负债的能力。

$$流动比率 = \frac{流动资产总额 - 存货}{流动负债总额} \times 100\% \tag{5-25}$$

一般认为，流动比率不小于 1.2~2.0，速动比率不小于 1.0~1.2。

5.3 工程财务评价的辅助报表和基本报表

为了计算项目的评价指标，分析项目的盈利能力、清偿能力及外汇平衡等财务状况，需要先编制各类财务报表。

1) 现金流量表

现金流量表是财务报表的三个基本报告之一，反映的是项目计算期内各年的现金收支（现金流入和流出）情况，用以计算各项动态和静态评价指标，进行项目盈利能力分析。按照投资来源不同，现金流量表又分为全部投资现金流量表和自有资金现金流量表。

(1) 全部投资现金流量表

全部投资现金流量表是站在项目全部投资的角度，对项目各年的现金流量所进行的系统的表格式的反映，该表部分投资资金来源，以全部投资为计算基础，用以计算全部投资所得税前及税后的财务内部收益率、净现值及投资回收期等评价指标，考察项目全部投资的盈利能力，为各个方案进行比较建立公共基础，具体格式见表 5-1。

表 5-1 全部投资现金流量表

序号	项目 \ 年份	建设期		投产期		达到设计能力生产期				合计
		0	1	2	3	4	5	……	n	
	生产负荷(%)									
1	现金流入									
1.1	产品销售(营业)收入									
1.2	回收固定资产余值									
1.3	回收流动资金									
2	现金流出									

续表 5-1

序号	项目＼年份	建设期 0	1	投产期 2	3	达到设计能力生产期 4	5	……	n	合计
2.1	固定资产投资									
2.2	流动资金									
2.3	经营成本									
2.4	销售税金及附加									
2.5	所得税									
3	净现金流量(1−2)									
4	累计净现金流量									

(2) 自有资金现金流量表

自有资金现金流量表如表 5-2 所示，该表从项目本身或投资者角度出发，以投资者的出资额作为计算基础，把借款本金偿还和利息支付作为现金流出，用以计算自有资金的内部收益率、净现值等指标，考察项目自有资金的盈利能力。

表 5-2　自有资金现金流量表

序号	项目＼年份	建设期 0	1	投产期 2	3	达到设计能力生产期 4	5	……	n	合计
	生产负荷(％)									
1	现金流入									
1.1	产品销售(营业)收入									
1.2	回收固定资产余值									
1.3	回收流动资金									
2	现金流出									
2.1	自有资金投资									
2.2	借款本金偿还									
2.3	借款利息支付									
2.4	经营成本									
2.5	销售税金及附加									
2.6	所得税									
3	净现金流量(1−2)									
4	累计净现金流量									

2) 损益表

损益表如表5-3所示,该表反映项目计算期内各年的利润总额、所得税和税后利润的分配情况,用以计算投资利润率、投资利税率和资金利润率等指标。

表5-3 损益表

序号	年份\项目	建设期		投产期		达到设计能力生产期			合计
		0	1	2	3	4	5	…… n	
	生产负荷(%)								
1	产品销售(营业)收入								
2	销售税金及附加								
3	总成本费用								
4	利润总额(1-2-3)								
5	所得税								
6	税后利润(4-5)								
7	盈余公积金								
8	应付利润								
9	未分配利润								
	累计未分配利润								

3) 资金来源与运用表

资金来源与运用表见表5-4,该表通过"累计盈余资金"项反映项目计算期内各年的资金是否充裕(是盈余还是短缺),是否有足够的能力清偿债务。若累计盈余资金大于零,表明当年有资金盈余;若累计盈余资金小于零,则表明当年会出现资金短缺,需要筹措资金或调整借款及还款计划。因此,该表主要用于选择资金的筹措方案,制定适宜的借款及偿还计划,并为编制资产负债表提供依据。

表5-4 资金来源与运用表

序号	年份\项目	建设期		投产期		达到设计能力生产期			合计	期末余值
		0	1	2	3	4	5	…… n		
	生产负荷(%)									
1	资金来源									
1.1	利润总额									
1.2	折旧费									
1.3	摊销费									
1.4	长期借款									
1.5	流动资金借款									

续表 5-4

序号	项目 \ 年份	建设期		投产期		达到设计能力生产期				合计	期末余值
		0	1	2	3	4	5	……	n		
1.6	其他短期借款										
1.7	自有资金										
1.8	其他										
1.9	回收固定资产余额										
1.10	回收流动资金										
2	资金运用										
2.1	固定资产投资										
2.2	建设期利息										
2.3	流动资金										
2.4	所得税										
2.5	特种基金										
2.6	应付利润										
2.7	长期借款本金偿还										
2.8	流动资金借款本金偿还										
2.9	其他短期借款本金偿还										
3	盈利资金(1-2)										
4	累计盈余资金										

4) 资产负债表

资产负债表又称财务状况表,是用以表达一个企业在特定时期的财务状况。财务状况是指企业的资产、负债、所有者权益及其相互关系。资产负债表和前面介绍的财务报表的区别在于前者记录的是现金存量而后者是现金流量(如表5-5所示)。所谓增量存量是指某一时刻的累计值,流量反映的是某一时段(通常为一年)发生的现金流量,或者说增量存量。资产负债表综合反映项目计算内各年年末资产、负债和所有者权益的变化以及对应关系,以考察项目资产、负债、所有者权益的结构是否合理,用以计算资产负债率、流动比率及速动比率,进行清偿能力和资金流动性分析。

表 5-5 资产负债表

序号	项目 \ 年份	建设期		投产期		达到设计能力生产期				合计
		0	1	2	3	4	5	……	n	
1	资产									
1.1	流动资产总额									

续表 5-5

序号	项目＼年份	建设期		投产期		达到设计能力生产期				合计
		0	1	2	3	4	5	……	n	
1.1.1	应收账款									
1.1.2	存货									
1.1.3	现金									
1.1.4	累计盈余资金									
1.2	在建工程									
1.3	固定资产净值									
1.4	无形及递延资产净值									
2	负债及所有者权益									
2.1	流动负债总额									
2.1.1	应付账款									
2.1.2	流动资金借款									
2.1.3	其他短期借款									
2.2	长期借款									
	负债小计									
2.3	所有者权益									
2.3.1	资本金									
2.3.2	资本公积金									
2.3.3	累计盈余公积金									
2.3.4	累计未分配利润									

5) 外汇平衡表

外汇平衡表适用于有外汇收支的项目，用以反映项目计算期内各年外汇余缺程度，进行外汇平衡分析。

表 5-6 外汇平衡表

序号	项目＼年份	建设期		投产期		达到设计能力生产期				合计
		0	1	2	3	4	5	……	n	
	生产负荷(%)									
1	外汇来源									
1.1	产品销售外汇收入									
1.2	外汇借款									
1.3	其他外汇收入									

续表 5-6

序号	项目\年份	建设期		投产期		达到设计能力生产期			合计
		0	1	2	3	4	5	…… n	
2	外汇运用								
2.1	固定资产投资中外汇支出								
2.2	进口原材料								
2.3	进口零部件								
2.4	技术转让费								
2.5	偿还外汇借款本息								
2.6	其他外汇支出								
2.7	外汇余缺								

5.4 工程财务评价案例

【案例 5-1】 某公司拟上一个新项目,预计该项目的生命周期为 10 年,其中,建设期为 2 年,生产期为 8 年。项目投资的现金流量数据如表 5-7 所示。生产期第一年和最后一年的总成本均为 2 300 万元,其余各年总成本为 3 500 万元。根据规定,全部数据发生在各年年末。已知项目运行期间,销售税金及附加的税率为 6%,所得税率为 33%,基准收益率为 12%。

请完成:
(1) 计算项目生产运营期内的销售税金及附加和所得税。
(2) 计算项目现金流量表 5-7 中的其余各项值。
(3) 计算项目的静态、动态投资回收期,以及财务净现值和财务内部收益率,并判断项目的可行性。

表 5-7 全部投资现金流量表　　　　　　　　　　单位:万元

序号	项目\年份	建设期		生产期							
		1	2	3	4	5	6	7	8	9	10
1	现金流入										
1.1	销售收入			2 500	4 200	4 200	4 200	4 200	4 200	4 200	2 500
1.2	固定资产残值回收										500
1.3	流动资金回收										1 000
2	现金流出										
2.1	建设投资	2 100	1 400								

续表 5-7

序号	项目 \ 年份	建设期		生产期							
		1	2	3	4	5	6	7	8	9	10
2.2	流动资金			600	400						
2.3	经营成本			1 600	2 500	2 500	2 500	2 500	2 500	2 500	2 500
2.4	销售税金及附加										
2.5	所得税										
3	净现金流量										
4	累计净现金流量										
5	折现净现金流量										
6	累计折现净现金流量										

分析:

(1)、(2)计算结果见表 5-8。

表 5-8 全部投资现金流量表　　　　　单位:万元

序号	项目 \ 年份	建设期		生产期							
		1	2	3	4	5	6	7	8	9	10
1	现金流入			2 500	4 200	4 200	4 200	4 200	4 200	4 200	4 000
1.1	销售收入			2 500	4 200	4 200	4 200	4 200	4 200	4 200	2 500
1.2	固定资产残值回收										500
1.3	流动资金回收										1 000
2	现金流出	2 100	1 400	2 367	3 300	2 900	2 900	2 900	2 900	2 900	2 667
2.1	建设投资	2 100	1 400								
2.2	流动资金			600	400						
2.3	经营成本			1 600	2 500	2 500	2 500	2 500	2 500	2 500	2 500
2.4	销售税金及附加			150	252	252	252	252	252	252	150
2.5	所得税			17	148	148	148	148	148	148	17
3	净现金流量	−2 100	−1 400	133	900	1 300	1 300	1 300	1 300	1 300	1 333
4	累计净现金流量	−2 100	−3 500	−3 367	−2 467	−1 167	133	1 433	2 733	4 033	5 366
5	折现净现金流量	−1 875	−1 116	95	572	738	659	588	525	469	429
6	累计折现净现金流量	−1 875	−2 991	−2 896	−2 324	−1 586	−927	−339	186	655	1 084

(3) 该项目静态投资回收期 $= (6-1) + \dfrac{|-1167|}{1\,300} = 5.90$(年)

该项目动态投资回收期 $= 7.65$(年)

财务净现值 $FNPV = 1\,084$(万元)

财务内部收益率 $FIRR = 18.96\%$

根据上述结果,财务净现值 $FNPV = 1084$ 万元 > 0;静态投资回收期为 5.90 年,动态投资回收期为 7.65 年,均小于项目计算期 10 年;又因为财务内部收益率 $18.96\% >$ 基准收益率,所以该项目在财务上是可行的。

【案例 5-2】 某建设项目有关资料如下:

(1) 项目计算期 10 年,其中建设期 2 年。项目第 3 年投产,第 5 年开始达到设计生产能力。

(2) 项目固定资产投资 9 000 万元(不含建设期贷款利息和固定资产投资方向调节税),预计 8 500 万元形成固定资产,500 万元形成无形资产。固定资产年折旧费为 673 万元,固定资产残值在项目运营期末收回。

(3) 无形资产在运营期 8 年中,均匀摊入成本。

(4) 流动资金为 1 000 万元,在项目计算期末收回。

(5) 项目的设计生产能力为年产量 1.1 万 t,预计每吨销售价为 6 000 元,年销售税金及附加按销售收入的 5% 计取,所得税率为 33%。

(6) 项目的资金投入、收益、成本等基础数据见表 5-9。

表 5-9 建设项目资金投入、收益及成本表　　　　　单位:万元

序号	项目		年份				
			1	2	3	4	5
1	建设投资	自有资金	3 000	1 000			
		贷款(不含贷款利息)		4 500			
2	流动资金	自有资金部分			400		
		贷款			100	500	
3	年销售量(万吨)				0.8	1.0	1.1
4	年经营成本				4 200	4 600	5 000

(7) 还款方式:在项目运营期间(即从第 3 年至第 10 年)按等额还本利息照付方式偿还,流动资金贷款每年付息。长期贷款利率为 6.22%(按年付息),流动资金贷款利率为 3%。

(8) 经营成本的 80% 作为固定成本。

计算分析:(1) 计算无形资产摊销费。

(2) 编制借款还本付息表,并完成成本费用表、损益表。

① 无形资产摊销费:$500 \div 8 = 62.5$(万元)

② 长期借款利息

$$建设期贷款利息 = \frac{1}{2} \times 4\,500 \times 6.22\% = 140(万元)$$

$$每年应还本金 = (4\,500 + 140) \div 8 = 5(万元)$$

表 5-10 项目还本付息表　　　　　　　　　　　　　　　　　单位：万元

序号	项目	年份									
		1	2	3	4	5	6	7	8	9	10
1	年初累计借款			4 640	4 060	3 480	2 900	2 320	1 740	1 160	580
2	本年新增借款		4 500								
3	本年应计利息		140	289	253	216	180	144	108	72	36
4	本年应还本金			580	580	580	580	580	580	580	580
5	本年应还利息			289	253	216	180	144	108	72	36

表 5-11 总成本费用估算表　　　　　　　　　　　　　　　　单位：万元

序号	项目	年份							
		3	4	5	6	7	8	9	10
1	经营成本	4 200	4 600	5 000	5 000	5 000	5 000	5 000	5 000
2	折旧费	673	673	673	673	673	673	673	673
3	摊销费	63	63	63	63	63	63	63	63
4	财务费	292	271	234	198	162	126	90	54
4.1	长期借款利息	289	253	216	180	144	108	72	36
4.2	流动资金借款利息	3	18	18	18	18	18	18	18
5	总成本费用	5 228	5 607	5 970	5 934	5 898	5 862	5 826	5 790
5.1	固定成本	3 360	3 680	4 000	4 000	4 000	4 000	4 000	4 000
5.2	可变成本	1 868	1 927	1 970	1 934	1 898	1 862	1 826	1 790

表 5-12 项目损益表　　　　　　　　　　　　　　　　　　单位：万元

序号	项目	年份							
		3	4	5	6	7	8	9	10
1	销售收入	4 800	6 000	6 600	6 600	6 600	6 600	6 600	6 600
2	总成本费用	5 228	5 607	5 970	5 934	5 898	5 862	5 826	5 790
3	销售税金及附加	240	300	330	330	330	330	330	330
4	利润总额（1−2−3）	−668	−575	−275	61	372	408	444	480
5	所得税（4×33%）	0	0	0	20	123	135	147	158
6	税后利润（4−5）	−668	−575	−275	41	249	273	297	322
7	盈余公积金（6×10%）	0	0	0	4	25	27	30	32
8	可供分配利润（6−7）	0	0	0	37	224	246	267	290

复习思考题

1. 试说明全部投资现金流量表与自有资金现金流量表有哪些不同之处？
2. 简述财务评价的步骤与方法。
3. 哪些指标可用来分析项目的清偿能力？
4. 哪些指标可用来分析项目的盈利能力？
5. 财务评价中常用的主要财务报表有哪些？
6. 试说明流动比率与速动比率的区别。
7. 如何确定项目的借款偿还期？
8. 简述财务评价与国民经济评价的异同点。

6 工程建设项目国民经济评价

6.1 国民经济评价概述

6.1.1 国民经济评价的概念与作用

国民经济评价是按合理配置稀缺资源和社会经济可持续发展的原则,采用影子价格、社会折现率等国民经济评价参数,从国民经济全局的角度出发,考察工程项目的经济合理性。国民经济评价和财务评价共同构成了完整的工程项目的经济评价体系。

工程项目的国民经济评价,是把工程项目放到整个国民经济体系中来研究考察,从国民经济的角度来分析、计算和比较国民经济为项目所要付出的全部成本和国民经济从项目中可能获得的全部效益,并据此评价项目的经济合理性,从而选择对国民经济最有利的方案。国民经济评价是针对工程项目所进行的宏观效益分析,其主要目的是实现国家资源的优化配置和有效利用,以保证国民经济能够可持续地稳定发展。

6.1.2 国民经济评价与财务评价的关系

根据我国投资管理体制和决策程序的特点,将经济评价分为财务评价和国民经济评价两个层次。这两个层次的评价各有其任务和作用,它们相互联系,有共同点又有区别。

1) 相同点

(1) 评价方法相同。它们都是经济效果评价,都使用基本的经济评价理论,即效益与费用比较的理论方法。

(2) 评价的基础工作相同。两种分析都要在完成产品需求预测、工艺技术选择、投资估算、资金筹措方案等可行性研究内容的基础上进行。

(3) 评价的计算期相同。

2) 不同点

(1) 评价的角度不同。财务评价是从项目的财务角度考察项目的盈利状况、借款偿还能力,以确定投资行为的财物可行性;国民经济评价是从国家整体角度出发,考察项目对国民经济的贡献以及国民经济需要付出的代价,以确定投资行为的经济合理性。

(2) 费用和效益的含义和划分范围不同。财务评价只根据项目直接发生的财务收支,计算项目的费用和效益;国民经济评价则从全社会的角度考察项目的费用和效益,这时项目的有些收入和支出,从全社会的角度考虑,不能作为社会费用或收益,例如,税金和补贴、银行贷款利息。

(3) 采用的价格体系不同。在分析项目的费用与效益时,财务评价使用的是以现行市场价格体系为基础的预测价格,而考虑到国内市场价格体系的失真;国民经济评价使用的是对现行市场价格进行调整所得到的影子价格体系,影子价格能够更确切地反映资源的真实经济价值。

(4) 使用的参数不同。财务评价用基准收益率;国民经济评价用社会折现率。财务基准收益率依分析问题角度的不同而不同,而社会折现率则是全国各行业各地区都是一致的。

(5) 评价的内容不同。财务评价主要包括盈利性评价和清偿能力分析;国民经济评价主要包括盈利能力分析,没有清偿能力分析。

(6) 应用的不确定性分析方法不同。盈亏平衡分析只适用于财务评价,敏感性分析和风险分析可同时用于财务评价和国民经济评价。

6.1.3 国民经济评价的内容

国民经济评价包括国民经济盈利能力分析以及对难以量化的外部效果和无形效果的定性分析,对于外资项目还要求进行外汇效果分析。一般包括如下三部分内容:

1) 国民经济费用与效益的识别与处理

国民经济评价和财务评价中的费用与效益的划分范围是不同的。国民经济评价以工程项目耗费国家资源的多少和项目给国民经济带来的收益来界定项目的费用与效益,只要是项目在客观上引起的费用与效益,包括间接产生的费用与效益,无论最终是由谁来支付和获取,都要视为该项目的费用与效益,而不仅仅是考察项目账面上直接显现的收支。因此,在国民经济评价中,需要对这些直接或间接的费用与效益加以识别和处理。

2) 影子价格的确定和基础数据的调整

现行价格体系一般都存在着较严重的扭曲和失真现象,因此使用现行市场价格是无法进行国民经济评价的。只有采用通过对现行市场价格进行调整计算而获得的,能够反映资源真实经济价值和市场供求关系的影子价格,才能保证国民经济评价的科学性。

3) 国民经济效果分析

根据所确定的各项国民经济费用与效益,结合社会折现率等相关经济参数,计算工程项目的国民经济评价指标,编制国民经济评价报表,最终对工程项目是否具有经济合理性得出结论。

6.2 国民经济评价的费用与效益

6.2.1 费用和效益的识别原则

在财务评价中,项目可视为一个相对独立的封闭系统,货币在这一系统的流入和流出容易识别,且大都可以从相应的会计核算科目中找到答案。因此在财务评价中,费用和效益识别的重要性未能充分表现出来。在项目的国民经济评价中,费用和效益的划分与财务评价相比已有了质的变化,通常识别起来是比较困难的。比如烟草工业,一方面给政府提供了巨额税收,增加了大量的就业岗位,有时甚至成为一个地区的支柱产业;另一方面,烟草对消费者的健康构成了很大的损害,极大地增加了国家和消费者个人的医疗负担。显然,对国民经济整体而言,烟草工业究竟是费用还是效益是无法仅仅从项目的财务收支上进行判别的。

正确地识别费用与效益,是国民经济评价正确的前提。费用与效益的识别原则为:凡是工程项目使国民经济发生的实际资源消耗,或者国民经济为工程项目付出的代价,即为费用;凡是工程项目对国民经济发生的实际资源产出与节约,或者对国民经济作出的贡献,即为效益。举例来说,某大型水利工程项目,所导致的航运减少、航运、航道工人失业,直接的基建开支、移民开支、电费降价引起的国家收入减少等,这些都是费用;而由该工程所导致的水力发电净收益增加,洪水灾害的减轻,农业增产,国家灌溉费的增加,电力用户支出的减少,国家救济费用的节省等,则都是效益。在识别工程项目的费用与效益时必须遵循识别原则。我们往往将项目对国民经济产生的影响称为效果。这种效果可以分为直接效果和外部效果。

6.2.2 直接效果

直接效果是工程项目直接效益和直接费用的统称。

1) 直接效益

工程项目的直接效益是由项目自身产出,由其产出物提供,并应用影子价格计算出来的产出物的经济价值,是项目自身直接增加销售量和劳动量所获得的效益。一般表现为:

(1) 增加项目产出物或者服务的数量以满足国内需求的效益。

(2) 替代效益较低的相同或类似企业的产出物或者服务,使被替代企业减产(停产)从而减少国家有用资源耗费或者损失的效益。

(3) 增加出口或者减少进口从而增加或者节支的外汇等。

2) 直接费用

工程项目的直接费用是国家为项目的建设和生产经营而投入的各种资源(固定资产投资、流动资金以及经常性投入等)用影子价格计算出来的经济价值。一般表现为:

(1) 其他部门为本项目提供投入物,需要扩大生产规模所耗费的资源费用。

(2) 减少对其他项目或者最终消费投入物的供应而放弃的效益。

(3) 增加进口或者减少出口从而耗用或者减少的外汇等。

6.2.3 外部效果

外部效果是工程项目间接效益和间接费用的统称,是由于项目实施所导致的在项目之外未计入项目效益与费用的效果。

间接效益,又称外部效益,是指项目对国民经济作出了贡献,而项目自身并未得益的那部分效益。比如果农栽种果树,客观上使养蜂者得益,这部分效益即为果农生产的间接效益。

间接费用,又称外部费用,是指国民经济为项目付出了代价,而项目自身却不必实际支付的那部分费用。比如一耗能巨大的工业项目投产,有可能导致当地其他项目用电紧张,其他项目因此而减少的效益即为该项目的间接费用。外部效果应包括以下几个方面:

1) 产业关联效果

例如建设一个水电站,一般除发电、防洪灌溉和供水等直接效果外,还必然带来养殖业和水上运动的发展,以及旅游业的增进等间接效益。此外,农牧业还会因土地淹没而遭受一定的损失(间接费用)。

2）环境和生态效果

例如发电厂排放的烟尘可使附近田园的作物产量减少，质量下降，化工厂排放的污水可使附近江河的鱼类资源骤减。

3）技术扩散效果

技术扩散和示范效果是由于建设技术先进的项目会培养和造就大量的技术人员和管理人员。他们除了为本项目服务外，由于人员流动、技术交流对整个社会经济发展也会带来好处。

注意：为防止外部效果计算扩大化，项目的外部效果一般只计算一次相关效果，不应连续计算。

6.2.4 转移支付

在工程项目费用与效益的识别过程中，经常会遇到国内借款利息、税金、折旧以及财政补贴等问题的处理，这些都是财务评价中的实际收支。但从国民经济整体的角度来看，这些收支并不影响社会最终产品的增减，都未造成资源的实际耗用和增加，而仅仅是资源的使用权在不同的社会实体之间的一种转移。这种并不伴随着资源增减的纯粹货币性质的转移，即为转移支付。因此，在国民经济评价中，转移支付不能计为项目的费用或效益。在工程项目的国民经济评价中，对转移支付的识别和处理是关键内容之一。转移支付的主要内容包括：

1）税金

在财务评价中，税金显然是工程项目的一种费用，但从国民经济整体来看，税金作为国家财政收入的主要来源，是国家进行国民收入二次分配的重要手段，交税只不过表明税金代表的那部分资源的使用权从纳税人那里转移到了国家手里。也就是说，税金只是一种转移支付，不能计为国民经济评价中的费用或效益。

2）补贴

补贴是一种货币流动方向与税收相反的转移支付，包括价格补贴、出口补贴等。补贴虽然使工程项目的财务收益增加，但同时也使国家财政收入减少，实质上仍然是国民经济中不同实体之间的货币转移，整个国民经济并没有因此而发生变化。因此，国家给予的各种形式的补贴，都不能计为国民经济评价中的费用或效益。

3）国内贷款的还本付息

利息是利润的一种转化形式，是客户与银行之间的一种资金转移，从国民经济整体来看，并不会导致资源的增减，因此也不能计为国民经济评价中的费用或效益。

4）国外贷款的还本付息

处理分以下三种情况：

（1）评价国内投资经济效益的处理办法。在分析时，由于还本付息意味着国内资源流入国外，因而应当视作费用。

（2）国外贷款不指定用途时的处理办法。这种情况下，与贷款对应的实际资源虽然来自国外，但受贷国在如何有效地利用这些资源的问题上，面临着与国内资源同样的优化配置任务，因而应当对包括国外贷款在内的全部资源的利用效果做出评价。在这种评价中，国外贷款还本付息不视作收益，也不视作费用。

(3) 国外贷款指定用途的处理办法。如果不上拟建项目，就不能得到国外贷款，这时便无须进行全投资的经济效益评价，可只进行国内投资资金的经济评价。这是因为，全投资经济效益评价的目的在于对包括国外贷款在内的全部资源多种用途进行比较选优，既然国外贷款的用途已经唯一限定，别无其他选择，也就没有必要对其利用效果做出评价了。

6.3 国民经济评价的指标与重要参数

6.3.1 国民经济评价指标

国民经济评价的指标包括国民经济盈利能力指标、外汇效果指标。国民经济盈利能力指标有经济内部收益率和经济净现值；外汇效果指标有经济外汇净现值、经济换汇成本和经济节汇成本。

1) 经济内部收益率($EIRR$)

项目计算期内各年经济净效益流量的现值累计等于零时的折现率。其表达式为：

$$\sum_{t=1}^{n}(B-C)_t(1+EIRR)^{-t}=0 \qquad (6-1)$$

式中：B——项目的效益流入量；

C——项目的费用流出量；

$(B-C)_t$——第 t 年的净现金流量；

n——项目的计算期(年)；

$EIRR$——经济内部收益率。

在评价工程项目的国民经济贡献能力时，若经济内部收益率等于或大于社会折现率，表明项目对国民经济的净贡献达到或超过了要求的水平，此时项目是可以接受的；反之，则应拒绝。

2) 经济净现值($ENPV$)

用社会折现率将项目计算期内各年的净效益流量折算到建设期初现值之和。其表达式为：

$$ENPV=\sum_{t=1}^{n}(B-C)_t(1+i_s)^{-t} \qquad (6-2)$$

式中：$ENPV$——经济净现值；

i_s——社会折现率。

其他符号的意义同式(6-1)。

在评价工程项目的国民经济贡献能力时，若经济净现值等于零，表示国家为拟建项目付出代价后，可以得到符合社会折现率的社会盈余；若经济净现值大于零，表示国家除得到符合社会折现率的社会盈余外，还可以得到以现值计算的超额社会盈余。在以上两种情况下，项目是可以接受的；反之，则应拒绝。

3) 经济外汇净现值（ENPVR）

经济外汇净现值是反映项目实施后对国家外汇收支直接或间接影响的重要指标。它是用社会折现率将项目计算期内各年的净外汇流量折算到建设期初现值之和。其表达式为：

$$ENPVR = \frac{ENPV}{I_P} \tag{6-3}$$

式中：ENPVR——经济净现值率；

I_P——项目总投资的现值。

其他符号的意义同式(6-2)。

经济净现值率的最大化有利于资金的最优利用。在评价工程项目的国民经济贡献能力时，若经济净现值率等于或大于零，项目是可以接受的；反之，则应拒绝。

4) 经济换汇成本

当工程项目有产品直接出口时，无论是全部还是部分，都应计算经济换汇成本。它是用货物影子价格、影子工资和社会折现率计算的为生产出口产品投入的国内资源现值（以人民币表示）与生产出口产品的经济外汇现值（通常以美元表示）之比，亦即换取1美元外汇所需要的人民币金额，是分析评价项目实施后在国际上的竞争力，进而判断其产品出口对于国民经济是否真正有利可图、是否应该出口的指标。其表达式为：

$$成本 = \frac{\sum_{t=1}^{n} DR_t (1+i_s)^{-t}}{\sum_{t=1}^{n} (FI' - FO')_t (1+i_s)^{-t}} t \tag{6-4}$$

式中：DR_t——项目在第 t 年为出口产品投入的国内资源（包括投资、原材料、工资、其他投入和贸易费用）（以人民币计）；

FI'——生产出口产品的外汇流入（以美元计）；

FO'——生产出口产品的外汇流出（包括应由出口产品分摊的固定资产投资及经营费用中的外汇流出）（以美元计）；

n——项目的计算期。

其他符号的意义同前。

5) 经济节汇成本

当工程项目有产品替代进口时，无论是全部还是部分，都应计算经济节汇成本。经济节汇成本与经济换汇成本相似，所不同的是它的外汇收入不是来源于产品的直接出口，而是来自产品以产顶进替代进口而为国家节省的外汇支出，它可以用来判断项目产品以产顶进节汇在经济上是否合理。经济节汇成本等于项目计算期内生产替代进口产品所投入的国内资源的现值与生产替代进口产品的经济外汇净值现值之比，即节约1美元外汇所需的人民币金额。其表达式为：

$$成本 = \frac{\sum_{t=1}^{n} DR''_t (1+i_s)^{-t}}{\sum_{t=1}^{n} (FI'' - FO'')_t (1+i_s)^{-t}} \tag{6-5}$$

式中：DR''_t——项目在第 t 年为替代进口产品投入的国内资源（包括投资、原材料、工资、其他投入和贸易费用）（以人民币计）；

FI''_t——生产替代进口产品所节约的外汇（以美元计）；

FO''_t——生产替代进口产品的外汇流出（包括应由替代进口产品分摊的固定资产及经营费用中的外汇流出）（以美元计）。

其他符号的意义同前。

经济换汇成本或经济节汇成本（元/美元）小于或等于影子汇率，表明该项目产品出口或替代进口是有利的，项目是可以接受的。

6.3.2 国民经济评价参数

国民经济评价参数是指在工程项目经济评价中为计算费用和效益，衡量技术经济指标而使用的一些参数，主要包括影子价格、影子汇率、影子工资和社会折现率等。国民经济评价参数是由国家有关部门统一组织测算的，并实行阶段性的调整。1987年，原国家计委发布了《建设项目经济评价方法与参数》（第一版），对我国建设项目的科学决策起到了巨大的推动作用，举世瞩目的长江三峡工程就是按照《建设项目经济评价方法与参数》（第一版）做了详细的财务评价与国民经济评价。1993年，由建设部和原国家计委联合批准发布了《建设项目经济评价方法与参数》（第二版），推动了我国投资决策科学化进程。2006年7月，《建设项目经济评价方法与参数》（第三版）通过了由建设部和国家发改委联合组织的审查并发布。目前我国现行的国民经济评价参数即出自于此。

1) 社会折现率

社会折现率是用来衡量资金时间价值的重要参数，代表社会资金被占用应获得的最低收费率，并用作不同年份价值换算的折现率。

社会折现率，也称影子利率，是从国民经济角度考察工程项目投资所应达到的最低收益水平，实际上也是资金的机会成本和影子价格。社会折现率是项目经济可行性研究和方案比较的主要判据，在项目经济评价中，主要作为计算项目经济净现值的折现率，同时也是用来衡量经济内部收益率的基准值。社会折现率作为资金的影子价格，代表着资金占用在一定时间内应达到的最低增值率，体现了社会对资金时间价值的期望和对资金盈利能力的估算。社会折现率作为国民经济评价中的一项重要参数，是国家评价和调控投资活动的重要经济杠杆之一。国家可以选用适当的社会折现率来进行项目的国民经济评价，从而促进资源的优化配置，引导投资方向，调控投资规模。比如，国家在需要经济软着陆时，可以适当调高社会折现率，使得本来可获得通过的某些投资项目难以达到这一折现率标准，从而达到间接调控投资规模的目的。

社会折现率需要根据国家社会经济发展目标、发展战略、发展优先顺序、发展水平、宏观调控意图、社会成员的费用效益时间偏好、社会投资收益水平、资金供应状况、资金机会成本等因素综合测定。2006年发布的《建设项目经济评价方法与参数》（第三版）中规定社会折现率为8%，但对于受益率长的建设项目，如果远期效益较大，效益实现的风险较小，社会折现率可适当降低，但不应低于6%。

2) 影子价格

影子价格是指当社会经济处于某种最优状态时，能够反映社会劳动的消耗、资源稀缺程度和最终产品需求状况的价格。影子价格是一种理论上的虚拟价格,是为了实现一定的社会经济发展目标而人为确定的、更为合理(相对于实际交换价格)的价格。此处所说的"合理",从定价原则来看,应该能更好地反映产品的价值,反映市场供求状况,反映资源的稀缺程度;从价格产出的效果来看,应该能够使资源配置向优化的方向发展。影子价格不是产品的实际交换价格,而是作为优化配置社会资源,衡量产品社会价值的价格尺度,在工程项目的国民经济评价中用来代替市场价格进行费用与效益的计算,从而消除在市场不完善的条件下由于市场价格失真可能导致的评价结论失实。影子价格的确定方法,将在下节详细论述。

3) 影子汇率

影子汇率,即外汇的影子价格,是指项目在国民经济评价中,将外汇换算为本国货币的系数。它是一个重要的国家经济参数,它体现了从国民经济角度对外汇价值的估量,在工程项目的国民经济评价中除了用于外汇与本国货币之间的换算外,还是经济换汇和经济节汇成本的判据。影子汇率是能正确反映国家外汇经济价值的汇率,建设项目国民经济评价中,项目的进口投入物和出口产出物,应采用影子汇率换算系数调整计算进出口外汇收支的价值。

我国在 1996 年发布的《建设项目经济评价方法与参数》(第三版)中给出影子汇率可通过影子汇率换算系数得出。影子汇率换算系数系指影子汇率与外汇牌价之间的比值。其计算公式为:

$$影子汇率 = 外汇牌价 \times 影子汇率换算系数 \qquad (6-6)$$

根据我国外汇收支、外汇供求、进出口结构、进出口关税、进出口增值税及出口退税补贴等情况,影子汇率换算系数为 1.08。

例如,中国银行外汇牌价为 1 美元兑换 6.35 元人民币,则此时的影子汇率为 1 美元等于 6.86 元人民币($6.35 \times 1.08 = 6.86$ 元)。

6.4 国民经济评价中的影子价格的确定

在工程项目的国民经济评价中,必须确定出项目投入物和产出物的影子价格,并以之代替市场价格来计算项目的真实费用与效益。当前国际上通常采用的方法主要有联合国工业发展组织推荐的 UNIDO 法以及经济合作与发展组织和世界银行采用的利特尔-米尔里斯法(L-M 法)。在确定影子价格时,以上两种方法首先都要把货物区分为贸易货物和非贸易货物两大类,然后根据项目的各种投入物和产出物对国民经济的影响分别进行处理;而在我国,根据《建设项目经济评价方法与参数》(第三版)的规定,通常将项目的投入物和产出物划分为外贸货物、非外贸货物和特殊投入物三种类型分别进行处理。

6.4.1 外贸货物的影子价格

所谓外贸货物,是指其投入或产出主要影响国家进出口水平的货物。外贸货物的影子价格的确定,是以实际将要发生的口岸价格为基础,按照项目各项产出和投入对国民经济的影响,根据口岸、项目所在地、投入物的国内产地、项目产出物的主要市场所在地以及交通运

输条件的差异,对流通领域的费用支出进行调整而分别制定的。其具体的定价方法可分为以下几种情况:

1) 产出物(按出厂价算)

产出物包括项目生产的直接出口产品、间接出口产品、替代进口产品等,其影子价格计算方法如下:

(1) 直接出口产品(外销产品):其影子价格等于离岸价格乘以影子汇率减去国内运输费用和贸易费用。计算公式为:

$$SP = FOB \times SER - (T_1 + TR_1) \qquad (6-7)$$

式中:SP——影子价格;

FOB——以外汇计价的离岸价格(离岸价格是指出口货物的离境交货价格);

SER——影子汇率;

T_1、TR_1——分别为拟建项目所在地到口岸的运输费用和贸易费用。

(2) 间接出口产品(内销产品、替代其他货物使其他货物增加出口):其影子价格等于离岸价格乘以影子汇率,减去从原供应厂到口岸的运输费用和贸易费用,加上从原供应厂到用户的运输费用和贸易费用,再减去拟建项目到用户的运输费用和贸易费用。计算公式为:

$$SP = FOB \times SER - (T_2 + TR_2) + (T_3 + TR_3) - (T_4 + TR_4) \qquad (6-8)$$

式中:T_2、TR_2——分别为原供应厂到口岸的运输费用和贸易费用;

T_3、TR_3——分别为原供应厂到用户的运输费用和贸易费用;

T_4、TR_4——分别为拟建项目到用户的运输费用和贸易费用。

其他符号的意义同前。

(3) 替代进口产品(内销产品,以产顶进,减少进口):按照原进口货物的到岸价格乘以影子汇率,加上口岸到用户的运输费用及其贸易费用,再减去拟建项目到用户的运输费用及其贸易费用。计算公式为:

$$SP = CIF \times SER - (T_4 + TR_4) + (T_5 + TR_5) \qquad (6-9)$$

式中:CIF——以外汇计价的原进口货物的到岸价格(到岸价格是指进口货物到达本国口岸的价格,包括货物的国外购买费用、运输到本国口岸的费用和保险费用);

T_5、TR_5——分别为口岸到原用户的运输费用和贸易费用。

其他符号的意义同前。

当具体用户难以确定时,可只按到岸价格计算。

2) 投入物(按到厂价格计算)

投入物包括项目投入的直接进口产品、间接进口产品、减少出口产品等,其影子价格计算方法如下:

(1) 直接进口产品(国外产品):按照到岸价格乘以影子汇率,加上国内运输费用及其贸易费用。计算公式为:

$$SP = CIF \times SER + (T_1 + TR_1) \qquad (6-10)$$

式中符号的意义同前。

(2) 间接进口产品(属国内产品,但以前进口过,现在也大量进口):按照到岸价格乘以影子汇率,加上口岸到用户的运输费用及其贸易费用,减去供应厂到用户的运输费用及其贸易费用,再加上供应厂到拟建项目的运输费用及其贸易费用。计算公式为:

$$SP = CIF \times SER + (T_5 + TR_5) - (T_3 + TR_3) + (T_6 + TR_6) \qquad (6-11)$$

式中:T_6、TR_6——分别为供应厂到拟建项目的运输费用和贸易费用。

其他符号的意义同前。

当原供应厂和用户难以确定时,可按直接进口计算。

(3) 减少出口产品:按照离岸价格乘以影子汇率,减去从供应厂到口岸的运输费用及其贸易费用,再加上从供应厂到拟建项目的运输费用及其贸易费用。计算公式为:

$$SP = FOB \times SER - (T_2 + TR_2) + (T_6 + TR_6) \qquad (6-12)$$

式中符号的意义同前。

当原供应厂难以确定时,可只按离岸价格计算。

6.4.2 非外贸货物的影子价格

所谓非外贸货物,是指生产和使用对国家进出口不产生影响的货物,除了包括所谓的天然非外贸货物,如国内建筑、国内运输、商业及其他基础设施的产品和服务以外,还包括由于地理位置所限而使国内运费过高不能进行外贸的货物以及受国内外贸易政策和其他条件限制而不能进行外贸的货物等所谓的非天然非外贸货物。

1) 产出物

(1) 增加供应数量满足国内消费的产出物。对于供求均衡的产出物,按照财务价格定价。对于供不应求的产出物,参照国内市场价格并考虑价格变化的趋势定价,但不应高于相同质量产品的进口价格。对于无法判断供求情况的产出物,按照取上述价格中较低者定价。

(2) 不增加国内供应数量,只替代类似企业的产品的产出物,对于质量与被替代产品相同的项目运营产出物应按被替代企业相应的产品可变成本的分解结果定价。对于已经提高了质量的产出物,原则上应按替代产品的可变成本加提高产品质量而带来的国民经济效益定价。

2) 投入物

(1) 能通过企业挖潜(不增加投资)增加供应的投入物。可按照该企业的可变成本分解去定价。

(2) 企业其他项目能够提供的投入物。可按全部成本分解定价。当难以获得分解成本资料时,可参照国内市场价格定价。

6.4.3 特殊投入物的影子价格

1) 影子工资(即劳动力的影子价格)

影子工资指由于建设项目使用劳动力资源而使社会所付出的真实代价,由劳动力的机会成本和劳动力转移而引起的新增资源消耗两部分组成。影子工资应按下式计算:

$$影子工资 = 劳动力机会成本 + 新增资源耗费 \qquad (6-13)$$

式中:劳动力机会成本是指劳动力如果不就业于该项目而从事于其他生产经营活动所创造的最大效益,也就是因劳动力为该项目工作而使别处被迫放弃的原有净收益;新增资源耗费是指项目使用劳动力后,由于劳动者就业或迁移而增加的交通运输费用、城市管理费用、培训费用等,这些资源的耗用并未提高劳动者的收入水平。

影子工资可通过影子工资换算系数得到。影子工资换算系数是指影子工资与项目财务分析中的劳动力工资之间的比值,可按下式计算:

$$影子工资 = 财务工资 \times 影子工资转换系数 \quad (6-14)$$

影子工资的确定,应符合下列规定:

(1) 影子工资应根据项目所在地劳动力就业状况,劳动力就业或转移成本测定。

(2) 技术劳动力的工资报酬一般可由市场供求决定,即影子工资一般可以财务实际支付工资计算。

(3) 对于非技术劳动力,根据我国非技术劳动力就业状况,其影子工资换算系数一般取为 0.25~0.8;具体可根据当地的非技术劳动力供求状况确定,非技术劳动力较为富余的地区可取较低值,不太富余的地区可取较高值,中间状况可取 0.5。

2) 土地的影子价格

土地是投资项目的特殊投入物。在项目国民经济效益分析中,土地的影子价格(亦即土地影子费用)应包括拟建项目占用土地而使国民经济为此而放弃的效益(即土地机会成本),以及国民经济为投资项目占用土地而新增加的资源消耗(如拆迁费用、剩余劳动力安置费等)。用公式表示就是:

$$土地影子费用 = 土地机会成本 + 新增资源消耗费用 \quad (6-15)$$

按项目国民经济效益分析识别费用和效益的基本原则,项目实际征地费用可以划分为三部分:

(1) 属于机会成本性质的费用,如土地补偿费、青苗补偿费等。

(2) 新增资源消耗费用,如拆迁费用、剩余劳动力安置费、养老保险费等。

(3) 转移支付,如粮食开发基金、耕地占用税等。

在项目国民经济效益分析中,为正确计算项目占用土地的影子费用,项目分析人员首先应根据项目征地情况,从实际征地费用中具体区分出上述三部分费用;然后,对第一部分费用应按机会成本计算方法另行计算,并将第二部分费用换算成按影子价格计算的费用,而第三部分费用则不计为费用。

土地影子价格按农用土地和城镇土地分别计算:

(1) 农用土地影子价格是指项目占用农用土地后国家放弃的收益,由土地的机会成本和占用该土地而引起的新增资源消耗两部分构成。土地机会成本按项目占用土地后国家放弃的该土地最佳可替代用途的净效益计算。土地影子价格中新增资源消耗一般包括拆迁费用和劳动力安置费用。

农用土地影子价格可从机会成本和新增资源消耗两方面计算,也可在财务评价中土地费用的基础上调整计算。后一种具体做法是:属于机会成本性质的费用,如土地补偿费、青苗补偿费等,按机会成本的计算方法调整计算;属于新增资源消耗费用,如拆迁费用、剩余劳动力安置费用、养老保险费用等,按影子价格调整计算;属于转移支付的,如粮食开发基金、耕地占用税等,应予以剔除。

(2) 城镇土地影子价格通常按市场价格计算,主要包括土地出让金、征地费、拆迁安置补偿费等。

6.5 国民经济评价报表

6.5.1 国民经济评价的步骤

国民经济评价既可以在财务评价的基础上进行,也可以直接进行。

1)国民经济评价是在财务评价的基础上进行的

其主要步骤如下:

(1)效益和费用范围的调整。主要是剔除已计入财务效益和财务费用中的国民经济内部转移支付,并识别项目的间接效益和间接费用,尽量对其进行定量计算,不能定量计算的则应作定性说明。

(2)效益和费用数值的调整。主要是对固定资产投资、流动资金、经营费用、销售收入和外汇借款等各项数据进行调整。

(3)分析项目的国民经济盈利能力。编制国民经济效益和费用流量表(全部投资),并据此计算全部投资的经济内部收益率和经济净现值等指标;对于使用国外贷款的项目,还应编制国民经济收益费用表(国内投资),并据此计算国内投资的经济内部收益率和经济净现值等指标。

(4)分析项目的外汇效果。对于产出物出口或替代进口的工程项目,应编制经济外汇流量表和国内资源流量表,并据此计算经济外汇净现值、经济换汇成本或经济节汇成本等指标。

2)直接进行国民经济评价的

其主要步骤如下:

(1)识别和估算项目的直接效益。对于为国民经济提供产出物的项目,应先根据产出物的性质确定是否为外贸货物,再确定产出物的影子价格,最后按产出物的种类、数量及其逐年增减情况和产出物的影子价格估算项目的直接效益;对于为国民经济提供服务的项目,则应按提供服务的数量和用户的受益程度来估算项目的直接效益。

(2)用货物的影子价格、土地的影子费用、影子工资、影子汇率和社会折现率等参数直接估算项目的投资。

(3)估算流动资金。

(4)依据生产经营的实际耗费,采用货物的影子价格以及影子工资、影子汇率等参数来估算经营费用。

(5)识别项目的间接效益和间接费用,尽量对其进行定量计算,不能定量计算的,则应作定性说明。

(6)编制有关报表,计算相应的评价指标。

6.5.2 国民经济评价的基本报表

国民经济评价的基本报表一般包括国民经济效益费用流量表(全部投资)、国民经济效益费用流量表(国内投资)和经济外汇流量表。

1) 国民经济效益费用流量表(全部投资)

是指项目国民经济效益费用流量表以全部投资(包括国内投资和国外投资)作为分析对象,考察项目全部投资的盈利能力(见表6-4)。

2) 国民经济效益费用流量表(国内投资)

是指国内投资国民经济效益费用流量表以国内投资作为分析对象,考察项目国内投资部分的盈利能力(见表6-5)。

3) 经济外汇流量表

是适用于涉及出口创汇或替代进口节汇的项目,反映各年净外汇流量和净外汇效果,用以计算经济外汇净现值、经济外汇成本或节汇成本,衡量项目对国家外汇的净贡献以及在国际上的竞争力(详见第9章经济评价案例)。

6.5.3 国民经济评价案例分析

【例6-1】 某大型投资项目有多种产品,大部分产品的市场价格可以反映其经济价值。其中的主要产品A,年产量为30万吨,产量大,但市场空间不够大。该项目市场销售收入总计估算为80亿元(含销项税额),适用的增值税税率为17%。当前产品A的市场价格为2万元/吨(含销项税额)。据预测,项目投产后,将导致产品A市场价格下降20%,且很可能挤占国内原油厂家的部分市场份额。由于该项目是大型资源加工利用项目,主要产品A涉嫌垄断,要求进行经济费用效益分析,判定项目经济合理性。

假定通过项目财务评价数值及前面章节所述的影子价格的调整方法得到项目建设投资调整表如表6-1。

表6-1 项目建设投资调整表　　　　　　　　　单位:万元,万美元

序号	项　目	财务数值			经济数值		
		外币	人民币	合计(人民币)	外币	人民币	合计(人民币)
1	建设投资	81 840	746 046	1 425 317	80 595	695 848	1 418 302
1.1	建筑工程费	0	131 611	131 611	0	126 347	126 347
1.2	设备和工器具购置费	45 450	178 884	556 119	45 450	178 884	586 298
1.3	安装工程费	11 365	152 368	246 697	11 365	152 368	254 244
1.4	工程建设其他费用	17 220	180 191	323 117	17 220	180 191	334 551
	其中:土地费用	0	57 353	57 353	0	57 353	57 353
	专利及专有技术费	8 250	0	68 475	8 250	0	73 953
1.5	基本预备费	6 560	58 573	113 021	6 560	58 058	116 862
1.6	涨价预备费	1 245	44 419	54 752	0	0	0

项目主要原材料紧缺,按照消费者支付意愿,用含税市场价格作为影子价格,其他原材料和燃料动力按社会成本,用不含税价格作为影子价格,经营费用中的其他科目不做调整。

调整后的经营费用见表 6-2。

表 6-2 项目经营费用调整表　　　　　　　　　　　　　　　　单位：万元

序号	项　　目	财务数值	经济数值
1	外购原材料	355 813	353 323
2	外购燃料及动力	59 687	52 014
3	工资	25 240	25 240
4	修理费	33 823	33 823
5	其他费用	49 135	49 135
	经营费用合计	523 698	513 535

项目达产年流动资金财务数值，按照上述方法调整计算后，其经济数值列入表 6-3。

表 6-3 项目流动资金调整表　　　　　　　　　　　　　　　　单位：万元

序号	项　　目	财务数值	经济数值
1	流动资产	153 486	67 160
1.1	应收账款	79 188	0
1.2	存货	68 100	67 160
1.3	现金	6 198	0
2	流动负债	40 421	0
2.1	应付账款	40 421	0
3	流动资金	113 065	67 160

【解】（1）确定影子价格：确定影子价格及影子价格计算调整后的项目营业收入（其他产品价格不做调整），按照前述产出物影子价格的确定原则和方法，该 A 产品的影子价格应按社会成本确定，可按不含税的市场价格作为其社会成本。

按照市场定价的非外贸货物影子价格确定方法，采用"有项目"和"无项目"价格的平均值确定影子价格：

$$[20\,000 + 20\,000 \times (1 - 20\%)] \div 2 \div (1 + 17\%) = 15\,385(元/吨)$$

调整后的年营业收入 $= 800\,000 - 30 \times (20\,000 - 15\,385) = 661\,550$（万元）

（2）国民经济效益费用流量表（全部投资）

根据前面给定的数值，按调整后的数据编制项目投资经济费用效益流量表，计算效益指标，并做出经济费用效益分析结论（为简化起见，假定投产当年即达产）。

编制的项目投资经济费用效益流量表见表 6-4。依据表 6-4 数据计算的经济内部收益率为 5.3%，经济净现值为 $-236\,887$ 万元（$i = 8\%$），不能满足 8% 的社会折现率的要求，从资源配置效率角度,该项目不具项目投资经济合理性。

表6-4 国民经济效益费用流量表(全部投资)　　　　　　　单位:万元

序号	项目	计算期						
		1	2	3	4	5	6~18	19
1	效益流量					661 520	661 520	888 924
1.1	项目直接效益					661 520	661 520	661 520
1.2	回收固定资产余值							160 244
1.3	回收流动资金							67 160
1.4	项目间接效益							
2	费用流量	212 745	5 354 575	496 406	354 575	580 695	513 535	513 535
2.1	建设投资	212 745	5 354 575	496 406	354 575			
2.2	流动资金					67 160		
2.3	经营费用					513 535	513 535	513 535
2.4	项目间接费用							
3	净效益流量(1-2)	-212 745	-354 575	-496 406	-354 575	80 825	147 985	375 389

假定该项目的社会折现率为8%,则经计算得到该项目全部投资的经济净现值为-217 570.73,小于零,说明国家为该项目付出的代价大于社会盈余,该项目不具备经济合理性。

(3)国民经济效益费用流量表(国内投资)

假定项目投资资金全部为国内投资,国民经济效益费用流量表(国内投资)如表6-5所示。

表6-5 国民经济效益费用流量表(国内投资)　　　　　　　单位:万元

序号	项目	计算期						
		1	2	3	4	5	6~18	19
1	效益流量					661 520	661 520	888 924
1.1	项目直接效益					661 520	661 520	661 520
1.2	回收固定资产余值							160 244
1.3	回收流动资金							67 160
1.4	项目间接效益	0						
2	费用流量	212 745	5 354 575	496 406	354 575	580 695	513 535	513 535
2.1	建设投资中的国内资金	212 745	5 354 575	496 406	354 575			

续表 6-5

序号	项目	计算期						
		1	2	3	4	5	6~18	19
2.2	流动资金中的国内资金					67 160		
2.3	经营费用					513 535	513 535	513 535
2.4	流至国外的资金	0						
2.4.1	国外借款本金偿还	0						
2.4.2	国外借款利息支付	0						
2.4.3	其他	0						
2.5	项目间接费用	0						
3	净效益流量（1－2）	－212 745	－354 575	－496 406	－354 575	80 825	147 985	375 389

复习思考题

1. 一中外合资企业的某中方部门经理，其财务工资为 5 000 元，福利费为 2 000 元，在国民经济评价中，评价人员根据各方面情况综合分析，确定其影子工资转换系数为 1.5，求该经理的影子工资为多少。

2. 某货物若到岸价为 200 欧元，影子汇率为 10 元/欧元，贸易费用为 100 元，国内运杂费为 50 元，求直接进口投入物的影子价格。

3. 某农场拟于 2006 年年初在某河流上游植树造林 500 公顷，需要初始投资 5 000 万元。预计将于 2012 年初择伐林后将林地无偿交地方政府。所伐树木的销售净收入为每公顷 12 万元。由于流域水土得到保持，气候环境得以改善，预计流域内 3 万亩农田粮食作物从 2007 年起到择伐树木时止，每年将净增产 360 万千克，每千克粮食售价 1.5 万元。财务基准收益率设定为 6%，社会折现率 10%，不存在价格扭曲现象，且无需缴纳任何税收。

问题：在考虑资金时间价值的情况下，该林场 2012 年初所伐树木的销售净收入能否回收初始投资？（要求采用净现值予以判断）为了分析项目的经济合理性，试计算项目的经济净现值，并作出该植树造林项目是否具有经济合理性的判断（不考虑初伐以后的情况）。

7 设备更新方案的工程经济分析

7.1 设备更新概述

随着新工艺、新技术、新机具、新材料的不断涌现,工程施工在更大深度和广度上实现了机械化,施工机械设备已成为施工企业生产力不可缺少的重要组成部分。设备在使用或闲置过程中均会发生不同形式的磨损,磨损的产生会影响设备的使用价值甚至使用寿命,达到一定的程度就存在一个更新问题。

7.1.1 设备磨损的类型

设备是企业生产的重要物质条件,设备购置后,无论是使用还是闲置,都会发生磨损,设备磨损分为两大类四种形式。

1) 设备的有形磨损

机器设备在使用或闲置过程中发生的实体磨损或损失,称为有形磨损,亦称为物理磨损或物质磨损。有形磨损有两种形式:

第一种有形磨损:设备在使用过程中,由于外力的作用使零部件发生摩擦、振动和疲劳等现象,导致机器设备的实体发生磨损,这种磨损叫第一种有形磨损。通常表现为:设备零部件的原始尺寸甚至形状发生变化;公差配合性质改变,精度降低;零部件损坏。

第二种有形磨损:设备在闲置过程中,由于自然力的作用产生的实体磨损,从而使其丧失了工作精度和使用价值,这种磨损叫做第二种有形磨损。

2) 设备的无形磨损

机器设备由于科技进步而使设备的价值降低或生产同样设备的价值降低所表现出来的磨损或损失,称为无形磨损,亦称为经济磨损或精神磨损。无形磨损有两种形式:

第一种无形磨损:由于相同结构设备在生产价值的降低而产生原有设备价值的贬低,称为第一种无形磨损。

第一种无形磨损不改变设备的结构性能,只是由于科技进步和劳动生产率的提高而使设备贬值,但并不影响设备的使用价值,不存在更新设备的问题。

第二种无形磨损:由于科学技术的进步,不断创新出结构更先进、性能更完善、效率更高、耗费原材料和能源更少的新型设备,使原有设备相对陈旧落后,其经济效益相对降低而发生贬值。

第二种无形磨损的出现,不仅使原有设备的价值相对贬值,而且使用价值也降低,这就存在设备是否需要更新的问题。

有形磨损和无形磨损都引起机器设备原始价值的贬值,这一点两者是相同的。不同的是,遭受有形磨损的设备,特别是有形磨损严重的设备,在修理之前常常不能工作;而遭受无形磨损的设备,即使无形磨损很严重,其固定资产形态却可能没有磨损,仍然可以使用,只不过继续使用它在经济上是否合算,需要分析研究。

3) 设备的综合磨损

设备在购置安装后,不论使用与否,同时存在着有形磨损和无形磨损,两者都使设备的价值降低,因此要考虑设备的综合磨损。

7.1.2 设备磨损的补偿方式

设备发生磨损以后,需要进行补偿,以恢复设备的生产能力。由于机器设备遭受磨损的形式不同,补偿磨损的方式也不一样。补偿分局部补偿和完全补偿。设备有形磨损的局部补偿是修理,设备无形磨损的局部补偿是现代化改装。有形磨损和无形磨损的完全补偿是更新(见图7-1)。大修理是更换部分已磨损的零部件和调整设备,以恢复设备的生产功能和效率为主;现代化改造是对设备的结构作局部的改进和技术上的革新,如增添新的、必需的零部件,以增加设备的生产功能和效率为主。这两者都属于局部补偿。更新是对整个设备进行更换,属于完全补偿。

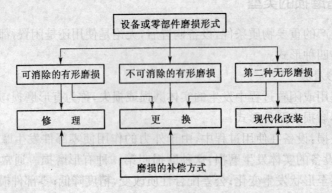

图7-1 设备磨损的补偿

1) 设备磨损补偿的概念

对设备磨损的补偿是为了恢复或提高设备系统组成单元的功能。由于损耗是不均匀的,必须将各组成单元区别对待。

2) 设备磨损的补偿方式

对于可消除的有形磨损,通过修理来恢复其功能;对于不可消除的有形磨损,必须更新才能进行补偿;对于第二种无形磨损,需要对设备进行现代化改装或技术更新。

7.1.3 设备的折旧

1) 折旧的概念

设备在长期的使用过程中仍然保持它原有的实物形态,但由于不断耗损使它的价值部分地、逐渐地减少。以货币表现的固定资产因耗损而减少的这部分价值在会计核算上叫做固定资产折旧。这种逐渐地、部分地耗损而转移到产品成本中去的那部分价值,构成产品成本的一项生产费用,在会计核算上叫做折旧费或折旧额。计入产品成本中的固定资产折旧费在产品销售后转化为货币资金,作为固定资产耗损部分价值的补偿。从设备进入生产过程起,它以实物形态存在的那部分价值不断减少,而转化为货币资金部分的价值不断增加,到设备报废时,它的价值已全部转化为货币资金,这样,设备就完成了一次循环。

通常用折旧率计算折旧费的大小。折旧率是设备年折旧额占设备价值的百分比,合理确定折旧率在设备更新的决策中具有重要的意义。如果折旧率过低,则会人为地扩大利润,使设备不能得到及时更新;如果折旧率过高,则会人为地增加成本,妨碍企业扩大再生产。因此,采用合理的折旧制度,正确地确定折旧率,对提高项目的收益,加速资金周转,增强企业自我改造和发展的能力,正确地选择设备更新的时机和更新方案,都具有重要的意义。

2) 折旧的方法

在财务分析中,投资项目计算期的现金流量表中,折旧费并不构成现金流出,但是在估算利润总额和所得税时,它们是总成本费用的组成部分。折旧方法可在税法允许的范围内由企业自行确定。一般的折旧方法有以下几种:

(1) 直线折旧法

① 平均年限法

平均年限法又称直线法,是指在设备的折旧年限内,平均分摊设备的价值。这种方法计算的每期折旧额是相同的。计算公式如下:

$$年折旧率 = \frac{1-预计净残值率}{折旧年限} \times 100\% \tag{7-1}$$

$$年折旧额 = 设备原值 \times 年折旧率 \tag{7-2}$$

【例 7-1】 某设备原值为 150 万元,折旧年限为 10 年,预计净残值率为 5%,试计算该设备的年折旧额。

【解】 $年折旧率 = \frac{1-5\%}{10} \times 100\% = 9.5\%$

$年折旧额 = 设备原值 \times 年折旧率 = 150 万元 \times 9.5\% = 14.25(万元)$

② 工作量法

工作量法是根据实际工作量计提折旧额的一种方法。这种方法弥补平均年限法只重使用年限、不考虑使用强度的缺点。

A. 按行驶里程计算折旧

$$单位里程折旧额 = \frac{原值 \times (1-预计净残值率)}{总行驶里程} \tag{7-3}$$

$$年折旧额 = 单位里程折旧额 \times 年行驶里程 \tag{7-4}$$

B. 按工作小时计算折旧

$$每小时折旧额 = \frac{原值 \times (1-预计净残值率)}{总工作小时} \tag{7-5}$$

$$年折旧额 = 每小时折旧额 \times 年工作小时 \tag{7-6}$$

【例 7-2】 某企业的一辆运货卡车原值为 20 万元,预计总行驶里程为 50 万千米,其报废时预计净残值率为 5%,年行驶里程为 4 万千米,该卡车的年折旧额是多少?

【解】 单位里程折旧额 = $\dfrac{20 万元 \times (1 - 预计净残值率 5\%)}{50 万千米}$ = 0.38(万元/万千米)

(2) 快速折旧法

快速折旧法也称加速折旧法或递减折旧法,其特点是前期多提折旧,后期少提折旧,从而相对加快折旧的速度,使设备本年折旧额 = 0.38 万元/万千米 × 4 万千米 = 1.52 万元。成本在使用年限内尽早得到补偿。快速折旧的方法常有以下两种:

① 双倍余额递减法

双倍余额递减法是在不考虑设备残值的情况下,根据每期期初设备账面余额和双倍的直线折旧率计算设备折旧的一种方法。计算公式为:

$$年折旧率 = \dfrac{2}{折旧年限} \times 100\% \qquad (7-7)$$

$$年折旧额 = 账面净值 \times 年折旧率 \qquad (7-8)$$

采用双倍余额递减折旧法计算折旧,应在折旧年限到期两年内,将设备净值扣除预计净残值后的余额平均摊销。

【例 7-3】 某设备原值为 15 万元,折旧年限为 5 年,预计净残值率 1.2 万元,按双倍余额递减法计算各年的折旧额。

【解】 年折旧额 = $\dfrac{2}{5} \times 100\%$ = 40%

第一年折旧额 = 15 万元 × 40% = 6(万元)
第二年折旧额 = (15 − 6) 万元 × 40% = 3.6(万元)
第三年折旧额 = (15 − 6 − 3.6) 万元 × 40% = 2.16(万元)
第四年折旧额 = $\dfrac{(15 - 6 - 3.6 - 2.16) - 1.2}{2}$ = 1.02(万元)
第五年折旧额 = $\dfrac{(15 - 6 - 3.6 - 2.16) - 1.2}{2}$ = 1.02(万元)

② 年数总和法。又称合计年限法,是将设备的原值减去净残值后的净额乘以一个逐年递减的分数计算每年的折旧额,这个分数的分子代表设备尚可使用的年数,分母代表使用年数的逐年数字总和。计算公式为:

$$年折旧率 = \dfrac{尚可使用的年数}{折旧年限的年数总和} \qquad (7-9)$$

或

$$年折旧率 = \dfrac{折旧年限 - 已使用年限}{折旧年限 \times (折旧年限 + 1) \div 2} \times 100\% \qquad (7-10)$$

$$年折旧额 = (原值 - 预计净残值) \times 年折旧率 \qquad (7-11)$$

【例 7-4】 某设备原值为 15 万元,折旧年限为 5 年,预计净残值率 1.2 万元,按年数总和法计算各年的折旧额。

【解】 第一年:

年折旧率 = $\dfrac{5 - 0}{5 \times (5 + 1) \div 2} = \dfrac{5}{15}$

年折旧额 = $(15-1.2)$ 万元 $\times \dfrac{5}{15}$ = 4.6(万元)

第二年：

年折旧率 = $\dfrac{4}{15}$

年折旧额 = $(15-1.2)$ 万元 $\times \dfrac{4}{15}$ = 3.68(万元)

第三年：

年折旧率 = $\dfrac{3}{15}$

年折旧额 = $(15-1.2)$ 万元 $\times \dfrac{3}{15}$ = 2.76(万元)

第四年：

年折旧率 = $\dfrac{2}{15}$

年折旧额 = $(15-1.2)$ 万元 $\times \dfrac{2}{15}$ = 1.84(万元)

第五年：

年折旧率 = $\dfrac{1}{15}$

年折旧额 = $(15-1.2)$ 万元 $\times \dfrac{1}{15}$ = 0.92(万元)

7.2 设备的经济寿命

7.2.1 有关设备的寿命的几个概念

物理寿命又称自然寿命，指设备以全新状态投入使用开始到报废为止所延续的时间，它是由设备的有形磨损决定的。

折旧寿命是指生产设备按有关部门的规定，逐渐提取折旧额以至设备的账面残值减为零的全部期限。

技术寿命是指生产设备可能在市场上维持其价值的时期，也就是从设备投入使用到由于技术进步而导致设备报废所经历的时间。

经济寿命指设备以全新状态投入使用开始到因继续使用不经济而提前更新所经历的时间，也就是一台设备从投入使用开始，到其年度费用最低的使用期限。它是由维护费用的提高和使用价值的降低决定的。设备的使用年限越长，每年所分摊的设备购置费就越少。但是随着设备使用年限的增加，一方面需要更多的维修费维持原有功能；另一方面机器设备的操作成本及原材料、能源耗费也会增加，年运行时间、生产效率、质量将下降。因此，年分摊购置费降低会被年度运行成本的增加或收益的下降所抵消。

经济寿命是从经济角度看设备最合理的使用期限，它是由有形磨损和无形磨损共同决定的。具体来说就是指能使一台设备的年平均使用成本最低的年数。设备更新的时机，一一般取决于设备的经济寿命,并受技术寿命的制约。

经济寿命是指设备开始使用到其年平均使用成本最低年份的延续时间长短。经济寿命既考虑了有形磨损,又考虑了无形磨损,它是确定设备合理更新期的依据。一般而言,经济寿命短于自然寿命。

7.2.2 设备经济寿命的估算

确定设备经济寿命期的原则是:①使设备在经济寿命内平均每年净收益(纯利润)达到最大;②使设备在经济寿命内年平均使用成本达到最小。确定设备经济寿命的方法可分为静态模式和动态模式两种。

1)静态模式下设备经济寿命的确定方法

静态模式下设备经济寿命的确定方法是指在不考虑资金时间价值的基础上计算设备的经济寿命。

(1)假设残值为零,如果设备的使用费呈线性增长,即每年增加一个固定额,则其经济寿命的计算式为:

$$N = \sqrt{2P/q} \tag{7-12}$$

式中:q——使用费的逐年增加额;
P——设备的原始费用。

【例7-5】 已知一设备,其原始费用为10 000元,使用费用第一年为500元,以后每年增加200元。假设该设备的最后残值为零,不考虑利息,求其经济寿命。

【解】 根据公式(7-12),可求得设备的经济寿命为:

$$N = \sqrt{2P/q} = \sqrt{2 \times 10\ 000/20} = 10(年)$$

即该设备的经济寿命为10年。

(2)假设残值不为零,或者设备的使用费用不是呈线性增长,其年度费用不能用公式表示,一般用列表法来求解其经济寿命。

设AC代表年度费用,P代表设备的原始费用,C_j代表第j年度的使用费,L_n代表设备在第n年的净残值,n代表服务年限,j代表设备使用年度,不考虑时间价值,计算公式如下:

$$AC = \frac{P - L_n}{n} + \frac{1}{n}\sum_{j=1}^{n} C_j \tag{7-13}$$

通过计算年度费用,当年度费用为最小时的使用年限即为经济寿命。

【例7-6】 某设备的购置费为12万元,年使用费和年末余值如表7-1所示。不考虑资金的时间价值,试确定该设备在静态模式下的经济寿命。

表7-1 设备年度使用费及净残值   单位:元

年末	1	2	3	4	5	6	7
年度使用费	15 000	20 000	25 000	33 000	43 000	52 000	64 000
年末净残值	50 000	25 000	12 500	6 250	5 000	5 000	5 000

【解】 按照式(7-8)计算,结果列于表7-2。

表7-2 静态模式下设备经济寿命计算表　　　　　　　　　　　单位:元

使用年限	年度使用费	年度使用费之和 $\sum B$	年度平均使用费 $C \div A$	年末的净残值	年末退出使用的资金恢复费用 $(120\,000 - E) \div A$	该时间内的年度费用 $D+F$
A	B	C	D	E	F	G
1	15 000	15 000	15 000	50 000	70 000	85 000
2	20 000	35 000	17 500	25 000	47 500	65 000
3	25 000	60 000	20 000	12 500	35 833	55 833
4	33 000	93 000	23 250	6 250	28 438	51 688
5	43 000	136 000	27 200	5 000	23 000	50 200
6	52 000	188 000	31 333	5 000	19 167	50 500
7	64 000	252 000	36 000	5 000	16 429	52 429

从表7-2中可以看出,该设备的年度费用前5年每年递减,到第6年又开始逐年递增,即第5年的年度费用最少为50 200元,所以在静态模式下该设备的经济寿命为5年。

2) 动态模式下设备经济寿命的确定方法

动态模式下,设备经济寿命的确定方法就是在考虑资金的时间价值情况下,设备的年度使用费依然是不断增长的,但逐年的增长额是不规则的,且年末估计的残值也是变化的,则其年度费用不能用公式来表示。一般通过列表方法求设备的经济寿命。

【例7-7】 某设备的购置费为12万元,年使用费和年末余值如表7-3所示。假设年利率为10%,试确定该设备在动态模式下的经济寿命。

表7-3 设备年度使用费及净残值　　　　　　　　　　　　　　单位:元

年末	1	2	3	4	5	6	7
年度使用费	15 000	20 000	25 000	33 000	43 000	52 000	64 000
年末净残值	50 000	25 000	12 500	6 250	5 000	5 000	5 000

【解】 按列表计算法计算,结果列于表7-4。

表7-4 动态模式下设备的经济寿命　　　　　　　　　　　　　单位:元

使用年限	年度使用费	现值系数	年度使用费现值	累计使用费现值	资金恢复系数	等值的年度使用费	年末残值	资金恢复费用	年度费用
A	B	C	$D=B \times C$	$E=\sum D$	F	$G=F \times E$	H	$I=(120\,000-H) \times F + H \times i_c$	$G+I$
1	15 000	0.909 1	13 636.50	13 636.50	1.100 0	15 000.15	50 000	82 000.00	97 000.15
2	20 000	0.826 4	16 528.00	30 164.50	0.576 2	17 380.78	25 000	57 239.00	74 619.78
3	25 000	0.751 3	18 782.50	48 947.00	0.402 1	19 681.59	12 500	44 475.75	64 157.34

续表 7-4

使用年限	年度使用费	现值系数	年度使用费现值	累计使用费现值	资金恢复系数	等值的年度使用费	年末残值	资金恢复费用	年度费用
4	33 000	0.683 0	22 539.00	71 486.00	0.315 5	22 553.83	6 250	36 513.13	59 066.96
5	43 000	0.620 9	26 698.70	98 184.70	0.263 8	25 901.12	5 000	30 837.00	56 738.12
6	52 000	0.564 5	29 354.00	127 538.70	0.229 6	29 282.89	5 000	26 904.00	56 186.89
7	64 000	0.513 2	32 844.80	160 383.50	0.205 4	32 942.77	5 000	24 121.00	57 063.77

从表 7-4 中可以看出,若考虑资金的时间价值,该设备第 6 年的年度费用最少,为 56 186.89 元,所以在动态模式下该设备的经济寿命为 6 年。

7.3 设备更新方案的经济分析

7.3.1 设备更新的概念

设备更新是指对在技术上或经济上不宜继续使用的设备,用新的设备更换或用先进的技术对原有设备进行局部改造。或者说是以结构先进、技术完善、效率高、耗能少的新设备来代替物质上无法继续使用或经济上不宜继续使用的陈旧设备。对企业来说,设备更新决策是很重要的。如果由于设备暂时的故障或投入很小的维修费用就能将现有的设备进行更新处理,或者在企业资金状况不太好的时候购买最新式设备,可能造成浪费或使企业陷入经营危机。但是,当设备的使用年限超过其经济寿命时仍然使用或竞争对手都在利用现代化设备降低成本和提高产品质量时,企业还在使用原有的低效率设备进行生产,也会使企业遭受较大的损失甚至会导致企业破产。因此,应该如何更新设备和何时更新设备,选择何种方案更新设备,对企业来说都是十分重要的。企业在进行设备更新分析时,要对设备更新方案进行比选。

7.3.2 设备更新方案的比选原则

在设备更新方案比选时,新、旧设备在费用计算方面具有不同的特点,新设备的原始费用高,但运行费用和维修费用低,而旧设备则正好相反。某设备是否更新,何时更新,选用何种设备更新,既要考虑技术发展的需要,又要考虑经济效益。设备更新方案比选的基本原理和评价方法与互拆性投资方案比选相同。但在实际设备列新方案比选时,应遵循如下原则:

(1) 设备更新分析应站在客观的立场分析问题。设备更新问题的要点是站在客观的立场上,而不是站在旧设备的立场上考虑问题。若要保留旧设备,首先要付出相当于旧设备当前市场价值的投资,才能取得旧设备的使用权。

(2) 不考虑沉没成本。沉没成本是指企业过去投资决策发生的、非现在决策能改变(或不受现在决策影响)、已经计入过去投资费用回收计划的费用。由于沉没成本是已经发生的费用,不管企业生产什么和生产多少,这项费用都不可避免地要发生,因此现在决策对它不起作用。在进行设备更新方案比选时,原设备的价值应按目前实际价值计算,而不考虑其沉没成本。例如，某设备 5 年前的原始成本是 10 万元，目前账面价值是 4 万元，现在的净残值仅为 2 万元，在进行设备更新分析时，5 年前的原始成本 10 万元是过去发生的，与现在决策无关，因此是沉没成本。目前账面价值是折旧成本，与现在决策也没有关系，该设备的价值就等于其净残值 2 万元。

（3）逐年滚动比较。该原则是指在确定最佳更新时机时，应首先计算比较现有设备的剩余经济寿命和新设备的经济寿命，然后利用逐年滚动计算方法进行比较。

如果不遵循这些原则，方案比选结果或更新时机的确定可能发生错误。

7.3.3 设备更新方案的经济分析

设备更新的经济分析包括两个方面的内容：一是确定设备更新的最佳时期；二是对不同的更新方案进行比较，选择最优更新方案。设备更新的最佳时期主要是依据设备的经济寿命，当设备在经济寿命结束时就是设备的最佳更新期。设备经济寿命的确定前面已经介绍，本节重点介绍设备不同更新方案的比选。

1) 设备更新方案比较的特点

在采用新设备时，一切有关的费用，包括购置费、运输费、装置费等都应该考虑进去，作为原始费用。在更换旧设备时，应把旧设备出售的收入、拆卸费用以及可能发生的修理费用等都计算在内，求出其净残值。

设备更新方案比较具有以下两个特点：

（1）在考虑设备更新方案的比较时，我们通常假定设备产生的收益是相同的，因此，只对设备的费用进行比较。

（2）由于不同设备的寿命期不同，为了计算简便，我们通常采用设备的年度费用进行比较。如前面介绍的计算经济寿命的内容中，都只计算了设备的费用，没有考虑设备的收益。

2) 设备更新方案比较的方法

（1）设备原型更新的经济分析

某些设备在其整个使用期内并不会过时，即在一定时期内还没有更先进的设备出现。在这种情况下，设备在使用过程中避免不了有形磨损的作用结果引起设备的维修费用，特别是大修理费用以及其他运行费用的不断增加，这时立即对原设备进行替换，在经济上是合算的，这就是原型更新问题。原型设备的更新通常由设备的经济寿命决定，即当设备运行到设备的经济寿命时，立即对原设备进行更换。

设备原型更新的经济分析首先要计算设备的经济寿命，以经济寿命来决定设备是否需要更新，在比较方案时应注意经济寿命计算中的两种特殊情况。

① 如果一台设备在整个使用期内，其年度使用费和残值固定不变，那么其使用的年限越长，年度费用越低，则它的经济寿命等于它的服务寿命。

② 如果一台设备目前的估计残值和未来的估计残值相等，而年度使用费逐年增加，则最短的寿命（一般取 1 年）就是它的经济寿命。

设备在使用过程中，其性能一般会逐年降低。设备性能降低表现为：运行费用过多、维修费用增加、废品率上升和附加设备费用增加等。当设备使用费增加时，就需要对设备进行更新分析。

因性能降低而发生的更新分析，首先应分析是否需要更新现有旧设备。如果确定需要进行更新,还需要分析应该在什么时间进行更新。具体的分析方法是连续计算各年的旧设备年费用,并与新设备的年费用进行比较,直到某一年旧设备的年费用高于新设备的年费用。则在该年年初或上一年的年末更新现有设备。

【例 7-8】 某企业有一台旧设备,目前可以转让,转让价格为 30 000 元,下一年将贬值 9 000 元,以后每年贬值 7 000 元。由于性能退化,它今年的使用费为 100 000 元,预计今后每年将增加 12 000 元。它将在 4 年后报废,残值为零。现有一台新型的同类型设备,购置费为 250 000 元,年平均使用费用为 50 000 元,经济寿命为 6 年,期末残值为 20 000 元,并预计该设备在 6 年内不会有大的改进。假定 $i_c = 10\%$,问是否需要更新现有设备?如果需要更新,应该在什么时间更新?

【解】 确定新设备的年度费用:

$$AC_{新} = [(250\,000 - 20\,000) \times (A/P, 10\%, 6) + 20\,000 \times 10\% + 50\,000]$$
$$= 104\,808(元/年)$$

确定旧设备持续使用 4 年的年度费用:

$$AC_{旧} = [30\,000 \times (A/P, 10\%, 4) + 80\,000 + 12\,000 \times (A/G, 10\%, 4)]$$
$$= 106\,039(元/年)$$

显然,旧设备的年度费用高于新设备的年度费用,那么旧设备需要更新。但是如果作出马上就更新的决策,可能是错误的,还需要对此做进一步分析。

旧设备的年末余值与使用计算见表 7-5。

表 7-5

保留使用年数	年末余值(元)	年使用费(元)
1	21 000	80 000
2	14 000	92 000
3	7 000	104 000
4	0	116 000

如果旧设备再保留使用一年,则年度费用为:

$$AC_{旧1} = [(30\,000 - 21\,000) \times (A/P, 10\%, 1) + 21\,000 \times 10\% + 80\,000]$$
$$= 92\,000(元/年)$$

小于新设备的年平均费用,所以旧设备在第一年应继续保留使用。

如果旧设备再保留使用到第二年,则年度费用为:

$$AC_{旧2} = [(30\,000 - 14\,000) \times (A/P, 10\%, 2) + 14\,000 \times 10\% + 92\,000]$$
$$= 102\,619(元/年)$$

小于新设备的年平均费用,所以旧设备在第二年应继续保留使用。

如果旧设备再继续保留使用到第三年,则年度费用为:

$$AC_{旧3} = [(30\,000 - 7\,000) \times (A/P, 10\%, 3) + 7\,000 \times 10\% + 104\,000]$$

$$= 113\,948(元/年)$$

显然,如果保留使用到第三年,则旧设备的年度费用高于新设备的年度费用,则旧设备应在第二年年末或第三年年初更新。

因此,旧设备应再保留使用2年,2年之后更新为新设备。

【例 7-9】 某单位在5年前投资50 000元购置了一套设备,该设备还可使用5年,其年度使用费第一年为15 000元,以后每年增加1 500元。现在市场上又出现了一种改进的新设备,原始费用为20 000元,年度使用费第一年为10 000元,以后每年增加1 500元,新设备的使用寿命估计为10年。两套设备的残值都为零。如果 $i_c = 10\%$,该企业对现有设备是否应进行更新?

【解】 原设备的50 000元投资是5年前发生的,是沉没成本,应不予考虑。由于旧设备的目前估计残值和未来估计残值都为零,而年度费用逐年增加,因此旧设备的经济寿命为1年。其年度费用为:

$$AC_{旧} = 15\,000(元/年)$$

新设备的经济寿命见表7-6。

表 7-6 新设备的年度费用计算表 单位:元

使用年限	年度使用费	现值系数 $(p/F,I,n)$	年度使用费现值	累计使用费现值	资金恢复系数 $(A/P,I,n)$	等值的年度使用费	资金恢复费用	年度费用
A	B	C	$D=B\times C$	$E=\sum D$	F	$G=F\times E$	$H=20\,000\times F$	$I=G+H$
1	10 000	0.909 1	9 091.00	9 091.00	1.100 0	10 000.1	22 000.00	32 000.10
2	11 500	0.826 4	9 503.60	18 594.60	0.576 2	10 714.21	11 524.00	22 238.21
3	13 000	0.751 3	9 766.90	28 361.50	0.402 1	11 404.16	8 042.00	19 446.16
4	14 500	0.683 0	9 903.50	38 265.00	0.315 5	12 072.61	6 310.00	18 382.61
5	16 000	0.620 9	9 934.40	48 199.40	0.263 8	12 715	5 276.00	17 991.00
6	17 500	0.564 5	9 878.75	58 078.15	0.229 6	13 334.74	4 592.00	17 926.74
7	19 000	0.513 2	9 750.80	67 828.95	0.205 4	13 932.07	4 108.00	18 040.07
8	20 500	0.466 5	9 563.25	77 392.20	0.187 4	14 503.3	3 748.00	18 251.30
9	22 000	0.424 1	9 330.20	86 722.40	0.173 6	15 055.01	3 472.00	18 527.01
10	23 500	0.385 5	9 059.25	95 781.65	0.162 7	15 583.67	3 254.00	18 837.67

从表7-6可以看出,新设备的经济寿命为7年,该年的年度费用为:

$$\begin{aligned}AC_{新} &= 20\,000\times(A/P,10\%,7)+10\,000+1\,500\times(A/G,10\%,7)\\ &= 20\,000\times 0.205\,4+10\,000+1\,500\times 2.621\,6\\ &= 18\,040(元/年)\end{aligned}$$

根据上述计算,该企业不应对原有设备进行更新。

如果题目中其他条件不变,旧设备的年度使用费第一年度改为20 000元,则该企业应对原有设备进行更新。可见,如果一台设备目前的估计残值和未来的估计残值相等,而年度使用费逐年增加,当市场上出现了新设备,分析是否应对原有设备进行更新时,和原有设备的购置费用无关,而是和旧设备第一年度年度使用费用有关。在进行设备更新分析时应注意。

(2) 设备技术更新的经济分析

在技术不断进步的条件下,由于无形磨损的作用,很可能在设备尚未使用到其经济寿命期,就已出现了价格很低的同型设备或工作效率更高和经济效益更好的新型同类设备,这时就要分析继续使用原设备和购置新设备的两种方案,确定设备是否需要更新。计算方法有两种:一种是按年度费用法计算;另一种是按净现值法计算。

① 按年度费用法计算

【例 7-10】 某单位在 5 年前投资 50 万元购置了一套设备,现在转让价格为 15 万元,设备一直运行正常,还可使用 5 年,但现在市场上出现了一种改进的新型设备,售价为 40 万元,并且其运营费用低于现有设备。新设备的经济寿命为 7 年。现有设备和新型设备的残值及运营费用见表 7-7,如果假定 $i_c=12\%$,问是否需要用新型设备更新现有设备?

表 7-7　新、旧设备残值及运营费用表　　　　　　　　　　单位:元

年份	现有设备		新型设备	
	运营费用	残值	运营费用	残值
0		150 000		400 000
1	35 000	90 000	3 000	320 000
2	42 000	50 000	12 000	260 000
3	56 000	30 000	15 000	200 000
4	70 000	15 000	18 000	160 000
5	82 000	5 000	21 000	120 000
6			25 000	90 000
7			32 000	30 000

【解】 因为现有设备还可以使用 5 年,所以只需要考虑新型设备前 5 年的情况。在计算年度费用时,原有设备 50 万元的购置费用是沉没成本,只考虑 15 万元的市场价格。

$$AC_{旧} = [150\,000 + 35\,000(P/F,12\%,1) + 42\,000(P/F,12\%,2)$$
$$+ 56\,000(P/F,12\%,3) + 70\,000(P/F,12\%,14)$$
$$+ 82\,000(P/F,12\%,5) - 5\,000(P/F,12\%,5)] \times (A/P,12\%,5)$$
$$= 95\,084(元)$$

$$AC_{新} = (400\,000 - 120\,000)(A/P,12\%,5) + 120\,000 \times 12\%$$
$$+ [3\,000(P/F,12\%,1) + 12\,000(P/F,12\%,2)$$
$$+ 15\,000(P/F,12\%,13) + 18\,000(P/F,12\%,4)$$
$$+ 21\,000(P/F,12\%,5)] \times (A/P,12\%,5)$$
$$= 38\,378(元)$$

可见,新型设备的年度费用低于现有设备,所以现在应进行设备更新。

② 按净现值法计算

【例 7-11】 某单位 4 年前购置一新设备,购置费用为 50 万元,估计使用寿命为 12 年,残值为零。设备按直接折旧法计提折旧,目前已提折旧 15 万元,账面净值为 35 万元。利用这一设备,企业每年消耗的生产成本为 40 万元,产生的销售额为 100 万元。现在市场上推出一种新型设备,价值 100 万元,使用寿命为 8 年,预计期末净残值为 10 万元。使用该设备可使生产成本下降为每年 30 万元,产品的销售额增加到每年 120 万元。如果现在出售旧设备,估计售价为 5 万元。如果折现率为 12%,该企业是否应对原设备进行更新?

【解】 原设备的购置费及第 3 年末的账面净值均为沉没成本,计算净现值时不计入,原设备若在第 3 年末市场价值为 5 万元,可以理解为原设备继续使用的投资。因此继续使用原设备可以看作是方案 1:以 5 万元价格购入设备,使用 8 年,年度运营成本为 40 万元,年收入 100 万元。期末无残值。出售旧设备,购置新设备可看作是方案 2。两方案的净现金流量如图 7-2 和图 7-3 所示。

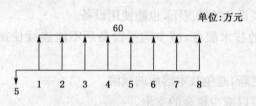

图 7-2 方案 1 的净现金流量

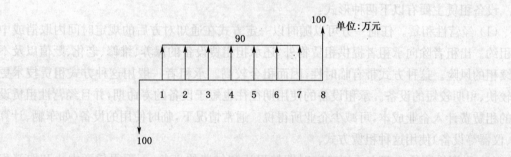

图 7-3 方案 2 的净现金流量

两种方案的净现值分别为:

$$NPV_1 = -5 + 60(P/A, 12\%, 8)$$
$$= -5 + 60 \times 4.9676$$
$$= 293.06 (万元)$$

$$NPV_2 = -100 + 90(P/A, 12\%, 8) + 10(P/F, 12\%, 8)$$
$$= -100 + 90 \times 4.9676 + 10 \times 0.4039$$
$$= 351.12 (万元)$$

可知:$NPV_2 > NPV_1$,所以应选择方案 2,也就是淘汰原设备,购买新设备。

7.4 新添设备的优劣比较

企业如果需要某种新型设备,可以有两种选择,既可以采用购置方案,也可以采用租赁方案。这就需要企业综合考虑当时的各种情况进行分析。比较方案的优劣,最后做出正确的选择。

7.4.1 设备租赁概述

1) 设备租赁的定义

设备租赁是指设备的使用者(租赁者)按合同规定向设备出租者租借设备,并按期支付一定的费用而取得设备的使用权的一种方式。这种方式在一定条件下有利于设备的管理和保养,提高设备的利用率和节省投资等。对于承租人来说,租赁设备有以下好处:

(1) 在缺乏资金购买设备的情况下,也能使用设备。

(2) 可以获得良好的技术服务,减少购买设备后不能连续使用而闲置设备所造成的磨损。

(3) 可以加快设备更新,避免技术落后的风险。

(4) 在一定条件下可以减少税金的支出。

2) 设备租赁的形式

设备租赁主要有以下两种形式:

(1) 经营性租赁。任何一方可以随时以一定方式在通知对方后的规定时间内取消或中止租约。出租者除向承租者提供租赁物外,还承担租赁设备的保养、维修、老化、贬值以及不再续租的风险。这种方式带有临时性,因而租金较高。承租者一般用这种方式租赁技术更新较快、租期较短的设备。承租设备的使用期往往也短于设备的寿命期,并且经营性租赁设置的租赁费计入企业成本,可减少企业所得税。通常情况下,临时使用的设备(如车辆、计算机、仪器等设备)使用这种租赁方式。

(2) 融资性租赁。双方承担确定时期的租让和付费的义务,而不得任意中止和取消租约,是一种融资和融物相结合的租赁方式。这种租赁方式,是以融资和对设备的长期使用为前提,设备由承租方选定,设备的性能、维修、保养和老化都由承租方承担。租赁期相当于或超过设备的寿命期。对于承租人来说,融资租入的设备属于固定资产,可以计提折旧计入企业成本,但租赁费一般不能直接计入成本,应由企业税后支付。租赁费中的利息和手续费(按租赁合同规定,手续费可以包括在租赁费中,或者一次性支付)可在支付时计入企业成本。贵重的设备(如车皮、重型施工机械设备)宜采用这种租赁方式。

7.4.2 设备租赁与购置的比选方法

1) 影响设备购置和租赁的主要因素

(1) 项目的寿命期。

(2) 设备的价格。

(3) 企业是需要长期占有设备还是短期需要设备。
(4) 设备的经济寿命。
(5) 设备技术过时风险的大小。
(6) 租赁期的长短和租金的多少。
(7) 租金的支付方式。
(8) 租赁机构的信用、经济实力及与承租人配合情况等。

2) 设备租赁与购置比选的经济分析

采用购置设备还是租赁设备，应取决于这两种方案在经济上的比较，这也是两个互斥方案的比选问题。比较的原则和方法与一般的互斥方案比较方法相同，也可以采用净现值法、费用现值法、净年值法等。设备寿命期相同时可以采用净现值法，设备寿命期不同时可以采用净年值法、费用现值法。无论采用哪种方法，均以收益效果较大或成本较少的方案为优。

采用租赁方案时，租赁费直接计入成本。其净现金流量为：

净现金流量 = 销售收入 − 经营成本 − 租赁费 − 销售税金及附加 −
(销售收入 − 经营成本 − 租赁费 − 销售税金及附加) × 所得税税率
(7-14)

在相同条件下，购置设备方案的净现金流量为：

净现金流量 = 销售收入 − 经营成本 − 设备购置费 − 销售税金及附加 −
(销售收入 − 经营成本 − 折旧费 − 利息 − 销售税金及附加) × 所得税税率
(7-15)

假定购买设备和租赁设备的收入相同，方案比选可简化为比较租赁成本和购买成本。根据互斥方案比选的原则，只需比较它们之间的差异部分。也就是只需比较两者净现金流量的差异部分，即设备租赁比购置少付税金：

所得税率 × (租赁费 − 年折旧费)
(7-16)

由于每个企业都要根据利润大小缴纳所得税，按财务制度规定，经营性租赁设备的租金可以计入成本；购置设备每年计提的折旧费也可以计入成本；如果购置设备时采用借款购置，其每年支付的利息也可以计入成本。在其他费用保持不变的情况下，计入成本越多，则利润就越少，企业缴纳的所得税也就越少。因此，在方案比选时，应充分考虑各种因素的综合影响，选择税后收益更大或税后成本更小的方案。

【例 7-12】 某企业在 5 年前以 25 万元购置设备 A，估计寿命为 12 年，12 年末净残值为 5 万元，年使用费用为 8 万元，现在出售市场价格为 5 万元。现在市场上又出现了一种改进的新设备 B，购置费用为 3 万元，估计寿命为 8 年，8 年末残值为 6 万元，年使用费用为 5 万元。现在企业面临两种选择。方案 1 是继续使用 A 设备；方案 2 是把设备 A 出售，然后购买设备 B。如果基准收益率为 12%，比较两种方案的优劣。

【解】 设备 A 的购置费为沉没成本，计算净现值时不计入，设备 A 若在第 5 年末出售得 5 万元，可以理解为设备 A 继续使用的投资。比较两种方案的优劣，主要是看哪种年度费用比较小。两方案的净现金流量如图 7-4 和图 7-5 所示。

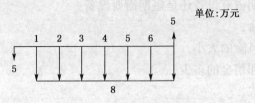

图 7-4 方案 1 的净现金流量

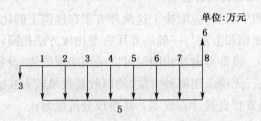

图 7-5 方案 2 的净现金流量

两种方案的年度费用分别为:
$$AC_1 = 5(A/P,12\%,7) + 8 - 5(A/F,12\%,7) = 8.6(万元)$$
$$AC_2 = 3(A/P,12\%,7) + 5 - 6(A/F,12\%,7) = 5.1(万元)$$

$AC_1 > AC_2$,所以应选择方案 2,即企业应选择购买设备 B。

【例 7-13】 某企业需要一种设备,其购置费为 50 万元,企业用自有资金购买,设备可使用 10 年,设备年运行费用为 2 万元,期末残值为 1 万元。此设备也可租赁,每年的租赁费为 10 万元,年初支付。如果所得税率为 33%,年末纳税,采用直线折旧法,基准收益率为 12%,试分析该企业应选择购置方案还是租赁方案。

【解】 如果采用购置方案,企业可以将折旧计入成本中从而免税,并且可以回收残值。如果采用租赁方案,则企业可以将租金计入成本而免税。所以在计算设备的成本时注意扣除。

(1) 采用购置方案
年折旧费 $= (50-1)/10 = 4.9(万元)$
购置设备的成本现值 $P = 50 - (2+4.9) \times 0.33(P/A,12\%,10) - 1(P/F,12\%,10)$
$= 50 - 4.9 \times 0.33 \times 5.6502 - 1 \times 0.3220$
$= 36.8(万元)$

(2) 采用租赁方案
租赁设备的成本现值 $P = 10(P/A,12\%,10) - 10 \times 0.339 P/A,12\%,10)$
$= 10 \times 5.6502 - 3 \times 0.33 \times 5.6502$
$= 37.9(万元)$

从计算结果可知,购置方案优于租赁方案,企业应选择购买该设备。

【例 7-14】 上例中购置设备的资金如为企业借款购买,并且每年需按 12% 的借款利率支付本利和,采用等额本息法还款,如果借款期和设备使用期均为 5 年,其他条件不变,试分析该企业应选择购置方案还是租赁方案。

【解】 如果是借款购买,则借款利息也可以计入成本从而免税。

(1) 如果采用购置方案

① 年折旧费 = (50 - 1)/5 = 9.8(万元)

② 计算各年借款利息

采用等额本息法还款，则各年的应还本利和相同，各年的还本付息如表7-8所示。

$$A = 50(A/P, 12\%, 5) = 50 \times 0.2774 = 13.87(万元)$$

表7-8 各年剩余本金和支付利息金额　　　　　　　　　　　　　单位：元

年份	还款金额	剩余本金	借款利率	应还利息
1	138 700	500 000	0.12	60 000
2	138 700	421 300	0.12	50 556
3	138 700	333 156	0.12	39 979
4	138 700	234 435	0.12	28 132
5	138 700	123 867	0.12	14 864

③ 计算设备购置方案的现值

$$\begin{aligned} P = &\ 500\,000 - (20\,000 + 98\,000) \times 0.33(P/A, 12\%, 5) \\ &- 100\,000(P/F, 12\%, 5) - 60\,000 \times 0.33(P/F, 12\%, 1) \\ &- 50\,556 \times 0.33(P/F, 12\%, 2) - 39\,979 \times 0.33(P/F, 12\%, 3) \\ &- 28\,132 \times (P/F, 12\%, 4) - 14\,864 \times 0.33(P/F, 12\%, 5) \\ = &\ 304\,902(元) \end{aligned}$$

(2) 计算租赁方案的现值

$$\begin{aligned} P &= 100\,000(P/A, 12\%, 5) - 100\,000 \times 0.339 P/A, 12\%, 5) \\ &= 100\,000 \times 3.6048 - 100\,000 \times 0.33 \times 3.6048 \\ &= 241\,522(元) \end{aligned}$$

从计算结果可知，租赁方案优于购置方案，此种情况下企业应选择租赁方案。

【例7-15】 如果上例中购置设备的资金如为企业借款购买，并且每年需按12%的借款利率支付本利和，采用等额本息法还款，如果借款期和设备使用期均为5年，但是租赁设备的租赁费用如为每年15万元，其他条件不变。试分析该企业应选择购置方案还是租赁方案？

【解】 其他条件不变，则购买方案的现值不变，仍为：

$$\begin{aligned} P = &\ 500\,000 - (20\,000 + 98\,000) \times 0.33(P/A, 12\%, 5) - 100\,000(P/F, 12\%, 5) \\ &- 60\,000 \times 0.33(P/F, 12\%, 1) - 50\,556 \times 0.33(P/F, 12\%, 2) - 39\,979 \times \\ &\ 0.33(P/F, 12\%, 3) - 28\,132 \times (P/F, 12\%, 4) - 14\,864 \times 0.33(P/F, 12\%, 5) \\ = &\ 304\,902(元) \end{aligned}$$

租赁方案的现值变为：

$$P = 150\,000(P/A, 12\%, 5) - 150\,000 \times 0.339(P/A, 12\%, 5) = 362\,282(元)$$

在这种情况下,购置方案又优于租赁方案。

根据以上分析所知,企业在选择租赁方案还是购置方案时,要综合考虑各种因素,某一条件发生变化,则方案比选的结果可能都会不同。

【例 7-16】 某企业需要一种设备,可以购买,购置费用为 100 000 元,也可以租赁,年租赁费用为 16 000 元,运营费用都是 12 000 元/年,此设备的寿命为 10 年,期末无残值。当设备投入使用后,可带来年销售收入 8 000 元,销售税金及附加为 800 元,年经营成本为 1 500 元,采用直线法提取折旧,所得税税率为 33%,基准收益率为 10%。分析企业是应选择租赁方案还是购置方案。

【解】 无论采用购置方案还是租赁方案,收入都是相同的,只需比较差异部分。若采用购置方案,年折旧费计入总成本,而租赁方案每年的租赁费计入总成本。

$$年折旧费 = 100\ 000/10 = 10\ 000(元)$$

因此后者少付税金

$$33\% \times (16\ 000 - 10\ 000) = 1\ 980(元/年)$$

按年度费用比较:

(1) 购置设备方案

$$AC_1 = 100\ 000(A/P, 10\%, 10) + 12\ 000 = 28\ 280(元)$$

(2) 租赁设备方案

$$AC_2 = (16\ 000 + 12\ 000 - 1\ 980) = 26\ 020(元)$$

$AC_1 > AC_2$,应选 AC_2。

所以租赁方案优于购置方案,企业应选择租赁该设备。

复习思考题

1. 设备磨损的类型有哪些?
2. 设备折旧的方法分为哪几种?
3. 什么是设备的经济寿命?
4. 设备更新方案比选的原则是什么?
5. 一台设备的原值为 30 000 元,折旧年限为 5 年,预计净残值为 1 500 元,试分别用直线折旧法、双倍余额递减法和年数总和法计算这台设备各年的折旧额。

8 工程项目的可行性研究

8.1 工程项目概述

8.1.1 建设工程项目的概念

建设工程项目是指按一个总体设计进行建设施工的一个或几个单项工程的总体。在我国,通常以建设一个企业单位或一个工程作为一个建设项目。凡属于一个总体设计中分期分批进行建设的主体工程和附属配合工程、综合利用工程、供水供电工程都作为一个建设项目。不能把不属于一个总体设计,按各种方式结算作为一个建设项目;也不能把同一个总体设计的工程,按地区或施工单位分为几个建设项目。建设项目的实施单位一般称为建设单位。国有企业的经营性基本建设大中型项目,在建设阶段实行建设项目法人责任制,由项目法人单位实行统一管理。

8.1.2 建设工程项目的分类

建设工程项目的分类有多种形式,按建设工程性质可划分为新建、扩建、改建、迁建、重建、技术改造工程项目等建设项目;按建设项目规模可分为大型、中型、小型建设项目;按建设项目投资用途可分为生产性和非生产性建设项目;按建设工程建设阶段可分为筹建、施工、竣工和建成投产项目;按建设工程资金来源和投资渠道可分为国家预算内拨款、国家预算内贷款、自筹资金、国内合资、中外合资等建设项目。

1) 按建设工程性质划分

(1) 新建项目

新建项目是指新建的投资建设工程项目,或对原有项目重新进行总体设计,扩大建设规模后,其新增固定资产价值超过原有固定资产价值三倍以上的建设项目。

(2) 扩建项目

扩建项目是指在原有基础上投资扩大建设的工程项目。如在企业原有场地范围内或其他地点,为了扩大原有主题产品的生产能力或效益,或增加新产品生产能力而建设新的主要车间或其他工程的项目。

(3) 改建项目

改建项目是指原有企业为了提高生产效益,改进产品质量或调整产品结构,对原有设备或工程进行改造的项目。有的企业为了平衡生产能力,需增建一些附属、辅助车间或非生产性工程,也可列为改建项目。

(4) 重建项目

重建项目是指企业、事业单位因受自然灾害、战争或人为灾害等特殊原因,使原有固定资产全部或部分报废后又投资重新建设的项目。

（5）迁建项目

迁建项目是指原有企业、事业单位，由于某种原因报经上级批准进行搬迁建设，不论其规模是维持原规模还是扩大建设，均属迁建项目。

2）按建设项目规模划分

按上级批准的建设总规模和总投资，建设工程项目可分为大型、中型和小型三类。

3）按建设项目投资用途划分

（1）生产性建设项目。如工业工程项目、运输工程项目、农田水利工程项目、能源工程项目等，即用于物质产品生产建设的工程项目。

（2）非生产性建设项目。按满足人们物质文化需要的工程项目，非生产性建设工程项目可分为经营性工程项目和非经营性工程项目。

4）按建设工程资金来源划分

（1）国家预算内拨款的工程项目。

（2）国家预算内贷款的工程项目。

（3）企业联合投资的工程项目。

（4）企业自筹的工程项目。

（5）利用外资的工程项目。

（6）外资工程项目。

8.1.3 建设项目的构成

基本建设项目按照合理确定工程造价和基本建设管理工作的要求，可以划分为以下五个层次：

1）建设项目

建设项目是指在一个总体设计范围内，由一个或几个单项工程组成，经济上实行独立核算、行政上实行独立管理，而且具有法人资格的建设单位。

2）单项工程

单项工程是建设项目的组成部分，是指具有独立的设计文件，在竣工后可以独立发挥效益或生产能力的产品车间（联合企业的分厂）生产线或独立工程等。

一个建设项目可以包括若干个单位工程，例如一个新建工厂的建设项目，其中的各个生产车间、辅助车间、仓库、住宅等工程都是项目工程。有些比较简单的建设项目本身就是一个单位工程，例如只有一个车间的小型工厂、一条森林铁路等。一个建设项目在全部建成投入使用以前，往往陆续建成若干个单项工程，所以单项工程是考核投产计划完成情况和计算新增生产能力的基础。

3）单位工程

单项工程由若干个单位工程组成。单位工程是指不能独立发挥生产能力，但有独立设计的施工图纸和组织施工的工程。例如一栋教学楼的土建工程是一个单位工程，而安装工程又是一个单位工程。

4）分部工程

分部工程是单位工程的组成部分。土建工程的分部工程是按建筑工程的主要部位划分的,例如基础工程、主体工程、地面工程等;安装工程的分部工程是按工程的种类划分的,例如管道工程、电气工程、通风工程以及设备安装工程等。

5) 分项工程

分项工程是分部工程的组成部分。分项工程是能通过比较简单的施工过程生产出来的,可以用适当的计量单位计算并便于测定或计算其消耗的工程基本构成要素。土建工程的分项工程按建筑工程的主要工种工程划分,例如土方工程、钢筋工程等;安装工程的分项工程,一般应按工种种类及设备组别等划分,例如室内给水管道安装工程,配管及管内穿线工程,通风管及部件安装工程,电梯导轨组装工程等。

8.1.4 工程项目建设的基本程序

工程项目建设程序是指一个建设项目从前期决策阶段到设计、招投标、施工、竣工验收、投产的从无到有的建设全过程中,各项工作必须遵循的先后次序。一般可以划分为以下4个阶段和几个程序。

1) 建设前期阶段

(1) 项目建议书阶段

项目建议书阶段是基本建设程序中前期工作的起点,是对拟建项目的设想,主要是针对拟建项目进行初步的研究,做好市场调查,以项目建议书的形式说明拟建项目的必要性,以满足投资立项的需要。作为投资方在这个阶段需要认真做好市场调查,正确地编制投资估算,因为投资估算是项目决策的重要依据之一。项目建议书经批准后即可"立项",但并不表明项目马上可以建设,还需要开展可行性研究。

(2) 可行性研究阶段

可行性研究是根据审定的项目建议书,对投资项目在技术、工程、经济、社会和外部协作条件等的可行性和合理性进行全面的分析论证,做多方案的比选,推荐最佳方案,为项目决策提供可靠的依据。

可行性研究阶段又可以分为机会研究、初步可行性研究和详细可行性研究。这三个阶段所研究的重点不同,深度不同,所花费的时间和费用也不同。一般而言,机会研究需要用1个月左右的时间,研究费用大约占项目总投资的0.2%~1.0%;初步可行性研究需要1~3个月的时间,研究费用占项目总投资的0.25%~1.25%;详细可行性研究需要用3~6个月的时间,研究费用占项目总投资的0.8%~1.0%,小项目占1%~3%。可行性研究所提交的成果是可行性研究报告,可行性研究报告一经批准,就标志着项目立项工作的完成,就可以进行勘测设计工作了。

2) 建设准备阶段

(1) 勘测设计阶段

勘测是指设计前和设计过程中所要进行的勘察、调查和测量工作。设计是对拟建工程的实施在技术上和经济上所进行的全面而详细的安排。设计工作是分阶段、逐步深入地进行的。大中型建设项目一般采用两阶段设计,即初步设计和施工图设计;重大或特殊项目可采用三阶段设计,增设技术设计阶段。

在初步设计阶段,设计单位应编制或委托编制设计概算,采用三阶段合计的,设计单位应进一步提供详细的施工图和修正设计总概算。设计概算作为设计文件的重要组成部分,是在投资估算的控制下由设计单位根据初步设计图纸及说明、概算定额、各项费用定额、设备、材料预算价格等资料用科学的方法计算、编制的。设计概算是工程项目投资的最高限额。

(2) 招投标阶段

工程的招投标是市场经济条件下进行发包、承包以及服务项目的采购时被广泛采用的一种交易方式。在这个阶段,建设方应该认真组织招标活动,根据施工图纸及相关资料认真确定投标控制价;承包方应该仔细分析、科学地得出综合单价,以合理的报价中标。活动双方应仔细分析施工方案,准确判断管理水平,充分考虑风险因素,认真编制施工图预算并按照严格的程序以合同形式确定工程承包价格。

(3) 施工准备阶段

建设项目的实施一般要经历一个很长的周期,做好建设项目准备工作是确保项目顺利进行的前提。一般情况下,项目开工前,建设单位应该完成以下工作:①征地、拆迁和施工场地平整;②施工用的水、电、路、通信等工程;③组织设备、材料订货;④组织监理、施工招标并确定;⑤编制年度计划。

3) 施工阶段

承包工程建设项目的施工企业必须持有资质证书,并在资质许可的业务范围内承揽工程。建设项目开工前,建设单位应指定施工现场总代表人,施工企业应当指定项目经理,并分别将总代表人和项目经理的姓名和授权事项书面通知对方,同时报工程所在地县级以上地方人民政府建设行政主管部门备案。

开工前,建设单位认真做好图样会审,组织技术交底和施工交底,编制施工图预算和施工组织设计,认真审核工程变更,明确"三控两管一协调",严格执行工程验收规范,按照质量检验评定标准进行工程质量验收,确保工程质量。同时,施工单位应该准确做好施工预算,及时签证变更的工程量,全面完成合同规定的施工任务。

4) 竣工验收阶段

竣工验收是工程建设过程的最后环节。凡新建、扩建、改建的基本建设项目和技术改造项目,按批准的设计文件规定的内容建成,符合标准的,必须及时组织验收,办理固定资产移交手续。一般情况下,工程完工后,施工单位向建设单位提交工程竣工报告(经总监理工程师签署意见),申请工程竣工验收。建设单位收到竣工报告后,组织设计、监理、施工和用户单位进行初步验收,然后由建设单位向主管部门提交竣工验收报告,由主管部门及时组织验收,签发验收报告。

在承包人完成施工合同约定的全部工程内容,发包人依法组织竣工验收合格后,由发包、承包双方按照合同价款以及索赔和现场签证等事项确定最终的工程实际造价,即竣工结算价。竣工结算由施工单位编制。

在工程竣工投产后,建设单位还应编制竣工决算,综合反映竣工项目建设成果和财务情况,为项目的后评价提供依据。

8.2 可行性研究概述

8.2.1 可行性研究的概念

可行性研究也称技术经济论证,是指工程项目在投资决策之前,对与项目有关的社会、经济和技术等各方面情况进行深入细致的调查研究;对各种可能拟定的建设方案和技术方案进行认真的技术经济分析与比较论证;对项目建成后的经济效益进行科学的预测和评价,并在此基础上,综合研究、论证建设项目的技术先进性、适用性、可靠性、经济合理性和有利性,以及建设可能性和可行性,由此确定该项目是否投资和如何投资,从而为项目投资决策提供科学依据的一种论证方法。

可行性研究涉及的范围很广,是开展下一步工作的基础。不同的建设项目,其研究的范围及侧重点均有所不同。项目的性质、用途和规模,决定了可行性研究的深浅程度及因素。

8.2.2 可行性研究的作用

可行性研究在项目决策阶段占有很重要的地位,它是进行项目决策的基础和依据,其工作质量的好坏,直接决定了项目决策的正确与否。经过批准的可行性研究报告在项目筹建和实施的各个环节中都具有十分重要的作用,主要体现在以下几个方面:

（1）可行性研究是坚持科学发展观、建设节约型社会的需要。
（2）可行性研究是建设项目投资决策和编制设计任务书的依据。
（3）可行性研究是项目建设单位筹集资金和向银行申请贷款的重要依据。
（4）可行性研究是建设单位与各有关部门签订各种协议和合同的依据。
（5）可行性研究是建设项目进行工程设计、施工、设备购置的重要依据。
（6）可行性研究是向当地政府、规划部门和环境保护部门申请有关建设许可文件的依据。
（7）可行性研究是国家各级计划综合部门对固定资产投资实行调控管理、编制发展计划、固定资产投资、技术改造投资的重要依据。
（8）可行性研究是项目考核和后评估的重要依据。

8.2.3 可行性研究的编制依据

主要包括以下内容:
（1）国家有关的法律、法规。
（2）国家和地方经济、社会发展的长远规划,经济建设的方针和政策,行业发展规划。
（3）项目建议书(初步可行性研究报告)及其批复文件。
（4）包含项目所需全部市场信息的市场调研报告。
（5）进行可行性研究的委托合同,及委托单位的设想要求。
（6）合资、合作项目各方签订的协议书或意向书。
（7）与工程项目相关的技术经济方面的标准、规范、定额及有关工程经济评价的基本参数、指标和规定。
（8）有关工程选址、工程设计的水文、地质、气象、地理条件、市场配套条件的基础资料。
（9）其他相关资料。

8.3 可行性研究的阶段、主要内容和程序

一般来说,项目可行性研究指的是在项目建议书批准后,项目法人委托有相应资质的设计、咨询单位,对建设项目进行深入细致的技术经济论证的基础上做多方案的比选,得出结论性意见和重大措施建议,作为决策部门最终决策的依据。

8.3.1 可行性研究的阶段划分

可行性研究工作主要在投资前时期进行。投资前时期的可行性研究工作主要包括三个阶段:

1) 机会研究阶段

机会研究阶段是可行性研究的起点。投资机会研究又称投资机会论证。这一阶段的主要任务是提出建设项目方向的建议,即在一个确定的地区和部门内,根据自然资源、市场需求、国家产业政策和国际贸易情况,通过调查、预测和分析研究,选择建设项目,寻找投资的有利机会。

机会研究要解决两个方面的问题:①社会是否需要;②有没有可以开展项目的基本条件。

2) 初步可行性研究阶段

初步可行性研究也称预可行性研究,是正式的详细可行性研究前的预备性研究阶段。初步可行性研究是投资项目机会研究阶段和详细可行性研究的中间性或过渡性研究阶段。

本阶段的主要目的是:①确定是否进行详细可行性研究;②确定哪些关键问题需要进行辅助性专题研究。

3) 详细可行性研究阶段

详细可行性研究也称技术经济可行性研究或最终可行性研究,是可行性研究的主要阶段,是建设项目投资决策的基础。它为项目决策提供技术、经济、社会、商业方面的评价依据,为项目的实施提供科学依据。

这一阶段的主要目标有:①提出项目建设方案;②效益分析和最终方案选择;③确定项目投资的最终可行性和选择依据标准。

表 8-1 可行性研究各阶段的内容比较

阶段	工作内容	解决的问题	精度	研究费用占投资的比例	需要时间
机会研究 (投资机会论证)	对若干个可能的投资机会进行鉴别和筛选,提出投资方向的建议	1. 社会是否需要 2. 有没有开展项目的基本条件	±30%	0.2%~1%	1~3 个月
初步可行性研究	进行市场分析和初步技术经济评价,确定是否进行更深入的研究	1. 确定是否进行详细可行性研究 2. 需要进行辅助性专题研究的关键问题	±20%	0.25%~1.25%	4~6 个月

续表 8-1

阶段	工作内容	解决的问题	精度	研究费用占投资的比例	需要时间
详细可行性研究	进行更为细致的分析，减少项目的不确定性，对可能出现的风险制定防范措施	1. 提出建设方案 2. 效益分析和最终方案选择 3. 确定项目投资的最终可行性和选择依据标准	±10%	大型项目 0.2%~1% 小型项目 1%~3%	8~12个月
评价与决策					

8.3.2 项目可行性研究报告的内容

项目可行性研究报告根据其行业产品服务的不同而有所区别，但是都有相应的格式规制，一般都应包括以下内容：

（1）项目摘要：项目内容的摘要性说明，包括项目名称、建设单位、建设地点、建设规模与产品方案、技术可行性、投资估算、效益分析等。

（2）投资必要性：根据市场调查及预测结果，以及有关的产业政策等因素，详细论证项目投资建设的必要性。

（3）技术的可行性：根据项目实施的技术角度，设计出多个合理可行的技术方案，并对比评选和评价。

（4）项目单位背景：包括管理人员、固有资产状况以及管理体制等。

（5）项目建设目标与产品方案：项目建设的总体布局及规模，详细说明工程名称及相应的配套设施等，生产产品的运营方案。

（6）财务分析：从项目投资者的角度设计合理的财务方案，评价项目盈利能力。对项目建成之后的社会效益测算与分析。

（7）风险因素和对策：对项目的市场、财务、组织、法律、经济和社会等风险因素进行评估，并制定出可行的对策，为项目的风险管理提供依据。

（8）环境污染治理和劳动安全保护、卫生设施及其依据。

（9）综合分析：分析项目效益和经济、技术、财务等情况。

（10）附件及相关材料：包括各种附件、图表及相关的证明材料。

国家计划委员会 1983 年颁发的《关于建设项目进行可行性研究的试行管理办法》中规定：凡大型工业交通项目、重大技术考查项目、利用外资项目、技术引进和设备进口项目都要进行可行性研究。并规定：凡编制可行性研究的建设项目，不附可行性研究报告者，不得审批设计任务书。可见，写好项目可行性研究报告是件严肃而认真的事情，不是可有可无的，必须采取积极慎重的态度。

8.3.3 可行性研究的基本工作程序

建设项目的可行性研究涉及许多专业学科，往往要进行多学科的论证。可行性研究的基本工作程序如图8-1所示。

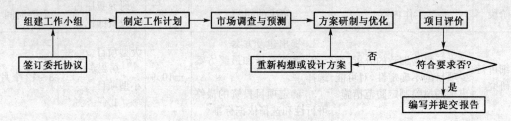

图8-1 可行性研究工作程序

1）签订委托协议

项目的可行性研究，可以由项目主管部门直接给工程设计单位下达任务，也可以由项目业主自行委托有资格的工程设计单位承担。签订的委托协议一般应包括以下内容：

(1) 进行该项目可行性研究工作的依据。

(2) 研究的范围和内容，研究工程的进度和质量。

(3) 研究费用的支付方法。

(4) 合同双方的责任、义务。

(5) 违约的处理办法等。

2）组建工作小组

受委托单位接受委托后，根据工作内容组织相关人员成立项目工作小组，确定项目负责人和各专业负责人。

3）制定工作计划

根据任务要求，项目工作小组研究和制定工作计划并实施进度计划。在制定工作计划时要充分考虑各专业的工作特点和任务交叉情况，协调技术专业与经济专业的关系，为各专业工作留有充分的时间，根据研究工作进度和内容要求，如果需要分包时，应落实分包单位，办理分包手续。

4）进行市场调查与预测

项目小组组织有关人员，查阅项目建设地区的经济、社会和自然环境等情况的资料。拟定调查研究提纲和计划，由项目负责人组织有关专业人员到现场进行实地调查和专题抽样调查，收集与整理所得的初步基础资料和技术经济资料，并根据这些资料进行市场预测。主要内容包括：市场和原材料、燃料、厂址和环境、生产技术、财务资料及其他。

5）方案研制与优化

根据项目建议书，结合市场和资源环境的调查与预测，提出若干种可供选择的建设方案和技术方案，进行比较和评价，从中选出最佳建设方案。

项目的建设方案一般应包括：市场分析、产品供销预测、生产规模、产品方案的选择、产品价格预测、核算原材料和燃料的需要量、规格，评述资源供应情况和供应条件，预测原材料、燃料的进厂价格；估算全年总运输量，选择运输方案；确定外协工作和协作单位；厂址选择及其论证；项目资金筹集方案；项目的建设工期安排等。

项目的技术方案一般应包括：生产方法、工艺流程、主要设备选型、主要消耗定额和技术经济指标、建设标准、环境保护设施等。

6) 项目评价

对所选方案进行详细的财务分析和国民经济分析,计算相应的评价指标,评价项目的经济合理性。

在经济分析和评价中,需对各种不确定因素进行敏感性分析和风险分析,并提出风险转移及风险防范措施。当项目的经济评价结构不能达到有关要求时,可对建设方案进行调整或重新设计,或对几个可行性建设方案同时进行经济分析,选出技术、经济综合考虑较优者。

7) 编写可行性研究报告

在对建设方案和技术方案进行技术经济论证和评价后,项目负责人组织小组成员,分别编写详尽的可行性研究报告,在报告中可推荐一个或几个项目建设方案,也可以提出项目不可行的结论意见和项目改进的建议。

8.3.4 可行性研究报告的深度要求

(1) 应能充分反映项目可行性研究工作的成果,内容要齐全,结论要明确,数据要准确,论据要充分,要满足决策单位或投资人的要求。

(2) 选用主要的设备,参数应能满足预订货的要求,引进技术设备的资料应满足合同谈判的要求。

(3) 重大技术经济方案,应对两个以上的方案进行比选。

(4) 确定的主要工程技术数据,应满足初步设计依据的要求。

(5) 投资估算深度应满足投资控制准确度要求。

(6) 构造的融资方案应能满足银行等金融机构信贷决策的需要。

(7) 应反映在可行性研究中出现的某些方案的重大分歧及未被采纳的理由,以供委托单位或投资人权衡利弊进行决策。

(8) 应附有评估、决策审批所必需的合同、协议、意向书、政策批件等。

8.3.5 建设项目可行性研究报告的审批

根据《国务院关于投资体制改革的决定》(国发〔2004〕20号)规定,对于政府投资项目或使用政府性资金、国际金融组织和外国政府贷款投资建设的项目,继续实行审批制度,需报批项目可行性研究报告。凡不使用政府性资金(国际金融组织和外国政府贷款属于国家主权外债,按照政府投资资金进行管理)的项目,一律不再实行审批制,区别不同情况实行核准制和备案制,无需报批项目可行性研究报告。

8.4 投资项目社会评价与后评价

8.4.1 项目社会评价的产生与发展

社会评价是分析拟建项目对当地(或波及地区,乃至全社会)社会的影响和社会条件对项目的适应性和可接受程度,评价项目的社会可行性。

项目社会评价的产生源于人类发展观的转变以及对传统社会发展动力、发展模式的深层次再思考,它带有寻求某种多元化发展道路的积极取向。

对项目的经济效益进行考察和评价,就是项目的经济评价。

对项目的环境影响进行考察,就是环境评价。

而对项目的社会影响的考察就形成社会评价。

社会评价旨在系统地核查预测拟建项目的建设、运营产生的社会营销与社会效益,分析项目所在地区的社会环境对项目的适应性和可接受程度。

1) 投资项目评价理论与方法的发展

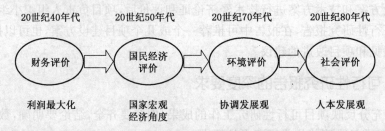

图 8-2 项目评价方法发展过程图

2) 社会评价在中国的发展

我国的可行性研究与项目评价是在 20 世纪 80 年代初期引进的,但是在较长的一段时期,由于政治和历史等因素的影响,项目评价的重心始终放在社会经济效益方面而忽略了对项目进行社会评价。

随着改革和开放,社会的中心任务回到了社会全面发展之上,项目建设对社会发展的重要作用也日益突出。一些大型的项目和公益性项目也迫切需要对其做出社会评价,国内对项目社会评价研究日益得到重视。

8.4.2 项目社会评价概述

1) 概念

项目社会评价是识别、监测和评估投资项目的各种社会影响,促进利益相关者对项目投资活动的有效参与,优化项目建设实施方案,规避投资项目社会风险的重要工具和手段,在国际组织援助项目及市场经济国家公共投资项目的投资决策、方案规划和项目实施中得到广泛应用。

2) 目的

社会评价的主要目的是消除或尽量减少因项目的实施所产生的社会负面影响,使项目的内容和设计符合项目所在地区的发展目标、当地具体情况和目标人口的具体发展需要,为项目地区的人口提供更广阔的发展机遇,提高项目实施的效果,并使项目能为项目地区的区域社会发展目标做出贡献,促进经济与社会的协调发展。

3) 项目社会评价的主要任务

(1) 识别关键利益相关者,包括项目影响群体和项目目标群体,制定适当的框架机制使他们参与项目的方案选择、设计、实施、监测和评估,尤其要为贫困和弱势群体的参与制定恰当的机制。

(2) 确保目标受益人群能够接受项目的目标及项目实施所带来的社会变化,使项目的内容和方案设计能够考虑到性别、民族及其他社会差异问题。

(3) 评估项目的社会影响,并在确认有负面影响的情况下,提出减轻由项目活动产生的负面影响的行动方案,并使行动方案的实施措施和手段符合当地的社会习俗。

(4) 加强目标群体在社区参与、冲突解决和服务提供等方面的能力。

4) 项目社会评价的范围和层次

社会评价适用于那些社会因素较为复杂、社会影响较为久远、社会效益较为显著、社会矛盾较为突出、社会风险较大的投资项目。

根据项目周期,可将社会评价分为三个层次:

(1) 项目识别(初级社会评估)。通过实地考察,确定项目利益主体,筛选主要的社会因素和风险,确定负面影响。

(2) 项目准备(详细社会分析)。

(3) 项目实施(建立监控和评估机制)。

5) 项目社会评价的特点

(1) 宏观性和长期性。评价的周期长,社会评价贯穿于项目周期的各个环节和过程。

(2) 目标的多样性和复杂性。

(3) 评价指标和评价标准的差异性。一般以定性分析为主。

(4) 间接效益与间接影响多。

6) 项目社会评价的主要内容

社会评价从以人为本的原则出发,研究内容包括项目的社会影响分析、项目与所在地区的互适性分析和社会分析。项目社会评价框架见图 8-3。

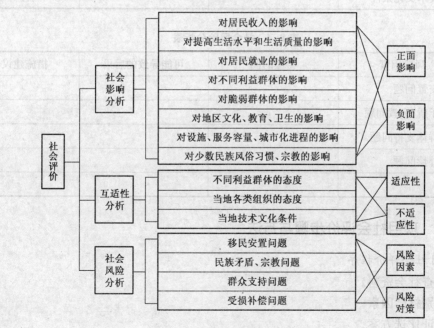

图 8-3 项目社会评价框架图

表 8-2 社会影响分析表

序号	社会因素	影响的范围、程度	可能出现的后果	措施建议
1	对居民收入的影响			
2	对居民生活水平与生活质量的影响			
3	对居民就业的影响			
4	对不同利益群体的影响 对脆弱群体的影响			
5	对地区文化、教育、卫生的影响			
6	对地区基础设施、社会服务容量和城市化进程的影响			
7	对少数民族风俗习惯和宗教的影响			
⋮				

表 8-3 社会对项目的适应性和可接受程度分析表

序号	社会因素	适应程度	可能出现的问题	措施建议
1	不同利益群体			
2	当地组织机构			
3	当地技术文化条件			

表 8-4 社会风险分析表

序号	风险因素	持续时间	可能导致的后果	措施建议
1	移民安置问题			
2	民族矛盾、宗教问题			
3	弱势群体支持问题			
4	受损补偿问题			
⋮				

8.4.3 项目社会评价步骤与方法

1）项目社会评价程序

（1）调查社会资料。

（2）识别社会因素。

（3）论证比选方案。

2）原则

（1）以人为本的原则。

（2）追求社会公平的原则。

(3) 促进社会稳定的原则。
(4) 促进社会发展的原则。
(5) 公众广泛参与的原则。
(6) 评价指标可比性与可操作性原则。
(7) 实事求是客观公正的原则。

3) 方法

(1) 社会评价资料调查和收集方法

主要包括：文献法(又称一手资料法)；问卷法；专家讨论会法；访问法；观察法。

(2) 社会评价中的定性评价方法

社会评价的主体内容要以定性的方法开展，有农业生态系统分析法(AEA)、受益评估法(BA)、三角洲法(DELTA)、诊断与设计法(D & D)、农业系统研究法(FSR)、小组研究改进法(GRAAP)等在内的 40 余种方法。但最常用的是以下几种方法：

① 利益相关者分析法。根据项目单位的要求和项目的主要目标，确定项目涉及的主要利益群体，考察不同群体与项目间的关系，分析不同利益群体的相互关系，并且设计各利益群体参与项目。

② 公众参与法。通过利益相关群体的民主协商，通过群众积极参与决策过程和专家的辅助作用，使利益相关群体中的普通群众真正拥有自我发展的选择权、参与决策权和受益权，建立合理有效的参与机制，实现资源公平、合理的配置和有效的管理，最终实现项目的可持续发展。

③ 框架分析法。通过清楚地描述项目的建设理由，可能影响项目的社会、文化、经济及物质的因素。项目的活动与其目标的关系，分析事物的因果关系，根据项目的目标与实现目标的手段来分析项目，从而制定项目计划。

(3) 社会评价中的定量评价方法

社会评价中的定量评价是对定性评价的一种补充，主要用在项目比选阶段，它具有直观、操作性强的特点。常用的定量评价方法有：层次分析法(简称 AHP 法)、模糊评价法及矩阵分析法等。

① 层次分析法。将定性指标数量化及各项指标的无量纲化，使定性指标数量化，从而反映各项社会指标对项目的相对重要程度。根据项目目标，将各种复杂的社会问题分解组成一个有次序的递阶层次指标结构，通过两两比较及计算判断矩阵的最大特征根，确定各指标的权重，从而进行项目各方案的比较。

② 模糊评价法。利用模糊集理论在综合考虑社会评价项目的各项评价指标以及各方面因素的基础上，将各项指标进行量化处理，并根据不同指标对评判对象影响程度的大小分配以适当的权系数，从而对各评判对象给出一个定量的宏观综合评价指标，通过对综合评价指标的比较选出最佳方案。

③ 矩阵分析法。将社会评价的各种定量与定性分析指标列成一矩阵表，将各项定量与定性分析的各项评价结果按评价人员研究决定的各项指标的权重排列顺序，列于矩阵表中，由评价人员对此表进行分析，阐明各指标的分析结果及其对项目社会可行性的影响程度，从而提出社会评价的结论。

8.4.4 投资项目后评价

投资项目后评价,一般指项目投资完成后所进行的评价。它通过对项目实施过程、结果及其影响进行调查研究和全面系统回顾,与项目决策时确定的目标以及技术、经济、环境、社会指标进行对比,找出差别和变化,分析原因,总结经验,汲取教训,得到启示,提出对策和建议,通过信息反馈,改善投资环境和决策,达到提高投资效益的目的。

投资项目后评价是投资项目全过程管理体系中的重要环节,后评价方法是投资项目评价方法体系的重要组成部分。

8.4.5 投资项目后评价的评价方法

从评价方法上讲,投资项目后评价方法引入我国,是与投资项目财务和经济评价方法基本同步的,只不过后评价方法的成型、应用较晚一些。投资项目后评价的实践,在我国始于20世纪90年代以后,在部分投资项目、银行贷款项目中得到应用,如中国国际工程咨询公司、国家开发银行等机构在国内较早开展后评价工作。但是,尽管有着多年的实践,国家层面的关于投资项目后评价的制度、政策和方法的建设却是严重滞后的。1990年,原国家计委制定过一个关于国家重大项目后评价的管理办法,但并未在实践中得到应用。直到2004年,《国务院关于投资体制改革的决定》第一次明确提出了投资项目后评价,特别是政府投资项目后评价的要求。随后,国家发展改革委开始了政府投资项目后评价方法的制定,并于2008年11月颁布了《中央政府投资项目后评价管理办法(试行)》,标志着我国政府投资项目的全过程管理体系在制度安排和政策规定方面完成了基本的框架建设。

投资项目后评价主要有以下几种评价方法:

(1) 统计预测法。项目后评价主要是对已经发生的事实的总结和对项目未来发展的预测。后评价时点前的统计数据是评价对比的基础,后评价时点的数据是评价对比的对象,后评价时点后的数据是预测分析的依据。

(2) 对比法。对比法又分为前后对比法和有无对比法。

① 前后对比法。是指将项目实施前与项目实施后的情况加以对比,确定项目效益的一种方法。是一种纵向对比。将项目前期的可行性研究和项目评估的预测结论与项目的实际运行结果相比较,发现差异,分析原因。这种对比用于揭示计划、决策和实施的质量,是项目过程评价应遵循的原则。

② 有无对比法。是指将项目实际发生的情况与若无项目可能发生的情况对比,以评价项目的真实效益、影响和作用。这是一种横向的对比,主要用于项目的效益评价和影响评价。有无对比的目的是要分清项目作用的影响与项目以外作用的影响。

(3) 因素分析法。项目投资效果的各种指标,往往都是由多种因素决定的。这种把综合指标分解成各个因素的方法,称为因素分析法。运用因素分析法,首先要确定分析指标的因素组成,其次是确定各个因素与指标的关系,最后确定各个因素对指标影响的权重。

(4) 定量分析与定性分析相结合。定量分析是通过一系列的定量计算对考察的对象进行分析和评价;定性分析是指对无法定量的考察对象用定性描述的方法进行的分析评价。在项目后评价中,应尽量用定量数据来说明问题,采用定量的分析方法,以便进行前后或有无对比。但对于无法取得定量数据的评价对象或对项目的总体评价,则应结合定性方法进行分析。

8.4.6 项目后评价的主要内容

列入项目后评价年度计划的项目单位,应当在项目后评价年度计划下达后 3 个月内向国家发展改革委报送项目自我总结评价报告。项目自我总结评价报告的主要内容包括:

(1) 项目概况:项目目标、建设内容、投资估算、前期审批情况、资金来源及到位情况、实施进度、批准概算及执行情况等。

(2) 项目实施过程总结:前期准备、建设实施、项目运行等。

(3) 项目效果评价:技术水平、财务及经济效益、社会效益、环境效益等。

(4) 项目目标评价:目标实现程度、差距及原因、持续能力等。

(5) 项目建设的主要经验教训和相关建议。

8.4.7 我国现阶段投资项目社会评价存在的主要问题

尽管我国在投资项目社会评价的能力建设方面,尤其是在社会评价的方法研究方面取得了重要进展,但仍存在许多不容忽视的问题。主要体现在以下方面:

1) 对社会评价重要性的认识不足

我国开展投资项目社会评价方法的系统研究已经经历了十多年的历史,但对社会评价的重视还仅仅局限于可行性研究等项目前期准备阶段,目前还远没有形成包括项目监测评估及涵盖项目管理全过程的投资项目社会评价体系,其根本原因在于人们对社会评价重要性的认识还很不足。我国目前正在研究如何建立适应市场经济要求的投融资体制,比较重视如何提高项目投资的财务效益、降低财务风险,建立适应市场经济要求的财务管理模式,但对与项目投资有关的社会问题却很少予以考虑。对于项目投资的环境问题,由环境保护法及相应的环境管理部门进行监督管理。但对于与项目投资有关的社会问题,既没有单独的法律法规进行约束,也没有单独的机构进行管理。在这种情况下,不可能使人们对社会评价的重要性予以足够重视。因此,在我国今后的投资项目中,推广和普及社会评价的任务还十分艰巨。

另外,目前我国社会对社会评价的理解还仅限于项目的社会效益评价,这种片面的理解,其根源在于传统的投融资体制。在过去的投融资体制及国家资源的配置方式下,人们进行可行性研究,主要目的就是要获得项目的审查批准,为求"可批性"、戏说"可行性",利用虚假的数据,测算出一些理想的所谓财务盈利能力评价指标,以表明项目的可行性。在项目的市场前景实在太差、实在难以计算出理想的财务效益评价指标的情况下,唯一剩下的办法就是强调项目虽然财务效益不好,但可以产生巨大的社会效益、环境效益等等,并以此来增加项目的可批性。在这种背景下所产生的所谓"社会评价",只能是扭曲的社会评价,与真正意义上的社会评价相去甚远。因此,要想从根本上提高人们对社会评价重要性的认识,纠正人们对社会评价的片面理解,还需要开展大量的实际工作。

2) 从事社会评价工作的机构薄弱、人才短缺

目前,我国投资项目社会评价的组织机构体系还没有形成,中央政府投资管理部门及行业管理部门没有相应的机构负责进行投资项目社会评价的政策、标准、规范的制定,以及资质审查和行业管理,地方各级政府也没有类似的管理机构。参与投资项目前期准备、规划设计、实施管理的机构,也没有专业人员负责投资项目社会评价工作,缺乏社会评价的专门人

才。我国目前虽然已经聚集了少量素质较高、具有丰富理论和实践经验的社会评价专门人才,但与投资活动对社会评价人才的需求相比,仍然存在很大差距,人才培训的需求十分强烈。

我国的一些社会科学研究机构及高等院校虽然也开展社会学等与社会评价有关的专题研究,但普遍不具备项目投资规划、分析的专业知识及工作背景,缺乏投资项目社会评价的经验和能力,也缺乏有关投资项目社会影响调查、分析评价、监测评估的实际工作技能。在我国投资项目的前期论证及项目管理中,社会学家的参与力度很弱。

我国从事投资项目前期准备、咨询评价的专业机构中,少数机构已经开始进行各种努力,推动我国的投资项目社会评价能力建设,如我国国际工程咨询公司,但类似这样的机构在我国还为数不多。

在项目的执行层面上,机构及人员能力不足更加突出。项目执行机构一般都没有专门的人员处理社会评价事务。如在许多大型基础设施建设项目(公路、铁路、能源等)中,国内的项目规划设计及运营管理机构一般不具备对项目进行全面社会评价的能力,甚至不具备能力进行某一方面的社会评价工作(如减贫、社会性别、少数民族发展等)。项目的设计、实施及管理机构没有社会评价的专业人才。

机构的能力不足,很大程度上表现为人才的缺乏及培训能力的不足。我国目前还没有专门的社会评价培训机构和理想的培训教材,具有培训能力的师资力量非常缺乏。高等学校没有相应的社会评价专业,投资项目社会评价的人力资源缺乏长期的和稳定的人才来源渠道,加强人力资源能力建设及人才培训工作迫在眉睫。

3) 缺乏社会评价的管理规定和操作规范

目前,还没有全国统一的投资项目社会评价管理办法,缺乏投资项目的社会经济调查、社会评价报告编制、社会监测评估及社会实施管理等方面的操作规范。

4) 缺乏对项目周期全过程的监测评价

目前我国所开展的社会评价,主要局限于项目的前期准备阶段。事实上,社会评价应贯穿于项目周期全过程的各个环节。在项目的可行性研究阶段,可能出于审批项目的目的而在可行性研究中开展了社会评价工作。但是,在项目的实施、监控、运营等阶段如何进行社会评价,也是我们面临的一个重要课题。解决问题的根本途径在于如何将社会评价变成人们的一种自觉行动,而不是为了应付审批而被迫为之,这就涉及项目投融资体制的深层次变革等问题。

复习思考题

1. 什么是可行性研究?有什么作用?
2. 可行性研究包括哪几个阶段?各阶段的主要研究内容是什么?
3. 可行性研究的主要内容有哪些?
4. 什么是项目社会评价?项目社会评价的步骤、方法主要有哪些?
5. 项目后评价主要包括哪些内容?进行后评价主要用什么方法?

附件

中央政府投资项目后评价管理办法（试行）

第一章 总则

第一条 为加强和改进中央政府投资项目的管理，建立和完善政府投资项目后评价制度，规范项目后评价工作，提高政府投资决策水平和投资效益，根据《国务院关于投资体制改革的决定》要求，制定本办法。

第二条 由国家发展改革委审批可行性研究报告的中央政府投资项目，适用本办法。国际金融组织和外国政府贷款项目后评价管理办法另行制定。

第三条 中央政府投资项目后评价（以下简称项目后评价）应当在项目建设完成并投入使用或运营一定时间后，对照项目可行性研究报告及审批文件的主要内容，与项目建成后所达到的实际效果进行对比分析，找出差距及原因，总结经验教训，提出相应对策建议，以不断提高投资决策水平和投资效益。根据需要，也可以针对项目建设的某一问题进行专题评价。

第四条 项目后评价应当遵循独立、公正、客观、科学的原则，建立畅通快捷的信息反馈机制，为建立和完善政府投资监管体系和责任追究制度服务。

第五条 国家发展改革委建立项目后评价信息管理系统，负责项目后评价的组织管理工作。

第二章 后评价工作程序

第六条 国家发展改革委每年年初研究确定需要开展后评价工作的项目名单，制定项目后评价年度计划，印送有关项目主管部门和项目单位。

第七条 开展项目后评价工作应主要从以下项目中选择：

（一）对行业和地区发展、产业结构调整有重大指导意义的项目；

（二）对节约资源、保护生态环境、促进社会发展、维护国家安全有重大影响的项目；

（三）对优化资源配置、调整投资方向、优化重大布局有重要借鉴作用的项目；

（四）采用新技术、新工艺、新设备、新材料、新型投融资和运营模式，以及其他具有特殊示范意义的项目；

（五）跨地区、跨流域、工期长、投资大、建设条件复杂，以及项目建设过程中发生重大方案调整的项目；

（六）征地拆迁、移民安置规模较大，对贫困地区、贫困人口及其他弱势群体影响较大的项目；

（七）使用中央预算内投资数额较大且比例较高的项目；

（八）社会舆论普遍关注的项目。

第八条 列入项目后评价年度计划的项目单位，应当在项目后评价年度计划下达后3个月内，向国家发展改革委报送项目自我总结评价报告。项目自我总结评价报告的主要内容包括：

（一）项目概况：项目目标、建设内容、投资估算、前期审批情况、资金来源及到位情况、实施进度、批准概算及执行情况等；

（二）项目实施过程总结：前期准备、建设实施、项目运行等；

（三）项目效果评价：技术水平、财务及经济效益、社会效益、环境效益等；

（四）项目目标评价：目标实现程度、差距及原因、持续能力等；

（五）项目建设的主要经验教训和相关建议。

第九条 在项目单位完成自我总结评价报告后，国家发展改革委根据项目后评价年度计划，委托具备相应资质的甲级工程咨询机构承担项目后评价任务。

国家发展改革委不得委托参加过同一项目前期工作和建设实施工作的工程咨询机构承担该项目的后评价任务。

第十条 承担项目后评价任务的工程咨询机构，在接受委托后，应组建满足专业评价要求的工作组，在现场调查和资料收集的基础上，结合项目自我总结评价报告，对照项目可行性研究报告及审批文件的相关内容，对项目进行全面系统的分析评价。必要时应参照初步设计文件的相关内容进行对比分析。

第十一条 承担项目后评价任务的工程咨询机构，应当按照国家发展改革委的委托要求，根据业内应遵循的评价方法、工作流程、质量保证要求和执业行为规范，独立开展项目后评价工作，按时、保质地完成项目后评价任务，提出合格的项目后评价报告。

第十二条 工程咨询机构在开展项目后评价的过程中，应重视公众参与，广泛听取各方面意见，并在后评价报告中予以客观反映。

第三章 后评价管理和监督

第十三条 工程咨询机构应对项目后评价报告质量及相关结论负责，并承担对国家秘密、商业秘密等的保密责任。工程咨询机构在开展项目后评价工作中，如有弄虚作假行为或评价结论严重失实等情形的，根据情节和后果，依法追究相关单位和人员的行政和法律责任。

第十四条 列入项目后评价年度计划的项目单位，应当根据项目后评价需要，认真编写项目自我总结评价报告，积极配合承担项目后评价任务的工程咨询机构开展调查工作，准确完整地提供项目前期及实施阶段的各项正式文件、技术经济资料和数据。如有虚报瞒报有关情况和数据资料等弄虚作假行为，根据情节和后果，依法追究相关单位和人员的行政和法律责任。

第十五条 国家发展改革委将委托中国工程咨询协会，定期对承担项目后评价任务的工程咨询机构和人员进行执业检查，并将检查结果作为工程咨询单位资质和个人资质管理及工程咨询成果质量评定的重要依据。

第十六条 国家发展改革委委托的项目后评价所需经费由国家发展改革委支付，取费标准按照国家有关规定执行。承担项目后评价任务的工程咨询机构及其人员，不得收受国家发展改革委支付经费之外的其他任何费用。

第四章 后评价成果应用

第十七条 国家发展改革委通过项目后评价工作，认真总结同类项目的经验教训，将后评价成果作为规划制定、项目审批、投资决策、项目管理的重要参考依据。

第十八条 国家发展改革委将后评价成果及时提供给相关部门和机构参考，加强信息引导,确保信息反馈的畅通和快捷。

第十九条 对于通过项目后评价发现的问题,国家发展改革委会同有关部门和地方认真分析原因,提出改进意见。

第二十条 国家发展改革委会同有关部门,大力推广通过项目后评价总结出来的成功经验和做法,不断提高投资决策水平和政府投资效益。

第五章 附则

第二十一条 各行业主管部门和各级地方政府投资主管部门可参照本办法,制定本部门、本地区的政府投资项目后评价实施办法和细则。

第二十二条 本办法由国家发展改革委负责解释。

第二十三条 本办法自2009年1月1日起施行。

9 工程经济评价案例

9.1 项目概述

某大学为了缓解现有教学用房和学生宿舍严重不足问题,在原校区附近拟建立一新校区。现在在对该新建校区项目进行可行性研究,完成了市场调研、总体规划、单体规划、配套工程、环境保护以及能源消耗和节能措施分析,确定了最佳方案后,进行该项目的经济评价。

该新校区建设项目拟建 12 个单体建筑,其中包括 3 栋 10 层学生宿舍,7 栋 6~7 层学生宿舍,2 栋教学楼和 1 栋综合楼。该项目土地总面积为 59 209 m^2,总建筑面积为 74 724 m^2,总使用面积为 50 820 m^2。容积率为 1.54,建筑密度为 20%,绿地率为 35%,停车位有 60 个。

由于本项目建设规模较大,建设期拟定为 3 年。根据国家计委发布的《建设项目经济评价方法与参数》中对生产期的处理意见,以工程项目主要固定资产的经济寿命作为确定项目生产期的主要依据,生产期不宜超过 20 年。因为按折现法计算,把 20 年后的收益金额计算为现值,为数甚微,对评价结论不会发生关键性的影响。最终确定本项目计算期(包括 3 年建设期)为 20 年。

9.2 基础数据

1) 项目总资金估算及资金筹措
(1) 建设投资估算

根据 2002 年国家计委颁发的《投资项目可行性研究指南》(试用版)的规定,建设投资由建设投资(不含建设期利息)和建设期利息两部分组成。

本项目建设投资(不含建设期利息)估算范围包括工程费用、其他费用、预备费,工程费用包括建筑工程费、设备购置与安装费等。

建筑费用按定额及当地材料预算价格估算。建筑安装工程按当地同类结构建筑物造价估算。设备价格采用现行市场价格或询价,并考虑安装费等。

建设单位管理费按工程费用的 2% 估算。

勘察设计咨询费按工程费用的 3% 计取。

招标费按工程费用的 0.1% 计取。

施工监理费按工程费用的 1.8% 计取。

预备费按工程费用和其他费用之和的 4% 估算。本项目不考虑涨价预备费。

经估算,本项目建设投资(不含建设期利息)总额为 13 075 万元。具体详见表 9-1。

表 9-1 建设期投资(不含建设期利息)估算表　　　　　　单位:万元

序号	项目或费用名称	建筑、设备购置及安装工程	其他费用	合计	比例
1	工程费用	9 978		9 978	76.3%
1.1	学生宿舍	7 518		7 518	
1.2	综合楼	600		600	
1.3	教学楼	1 460		1 460	
1.4	土石方工程	150		150	
1.5	室外工程	200		200	
1.6	绿化工程	50		50	
2	其他费用		2 594	2 594	19.8%
2.1	土地费用		1 906	1 906	
2.2	建设单位管理费		200	200	
2.3	勘察设计费		299	299	
2.4	工程监理费		180	180	
2.5	招标费		10	10	
3	预备费		503	503	3.8%
	建设投资合计	9 978	3 097	13 075	
	投资比例	76.3%	23.7%	100.0%	

(2) 资金筹措

本项目资金来源共有3个渠道:学校自有资金1 075万元;申请银行贷款6 000万元(分3年贷款),贷款期限10年;政府财政拨款共6 000万元。

各年度投资及资金筹措计划见表9-2。

表 9-2 项目总投资使用计划与资金筹措表　　　　　　单位:万元

序号	项目	建设期			资金总额
		第一年	第二年	第三年	
1	总投资	3 579	5 244	4 998	13 821
1.1	建设投资	3 500	5 000	4 575	13 075
1.2	建设期利息	79	244	422	745
2	资金筹措	3 579	5 244	4 998	13 821
2.1	学校自有资金	79	1 244	498	1 821
2.2	银行贷款	2 000	2 000	2 000	6 000
2.3	政府拨款	1 500	2 000	2 500	6 000

银行贷款利息按照7%计算,按季计息,有效利率经计算为7.93%。

建设期贷款利息按年利率7.93%计算,各年应计利息用下列公式计算:

各年应计利息＝(年初借款本息累计＋当年借款额/2)×7.93%

经估算,建设投资为13 821万元。

(3) 税率

按国家税收有关政策,本项目免缴营业税及所得税。

9.3 财务评价

1) 财务评价范围

根据项目建设规模,以项目建成后提供研究生4 000人和留学生1 000人为评价主体进行财务评价。

2) 成本分析

本项目成本包括职工工资、水电燃料费、折旧费、修理费、管理费和财务费用,以下为年成本费用估算依据。

工资及福利基金:该项目建成后共有10栋研究生、留学生宿舍及3栋教学综合楼。项目预计新增教职工人数为60人,按年人均1.8万元测算为108万元。

水电燃料费:按照节约用水原则,按一年10个月计算,参考学校现行标准,硕士生、博士生、留学生生活用水为2.5 m³/(人·月),居住学生按5 000人计算,经测算项目用水12.5万m³,每栋教学楼日用水仅3.6 m³/d,经测算教学楼和综合楼共用水0.324万m³,加上消防等用水,估算项目总用水量为15万m³,用水成本为37.5万元(每立方米水2.5元)。用电为14(kW·h)/月,以5 000个学生计,用电量为70万kW·h,每栋教学楼用电240(kW·h)/d,3栋教学楼综合年用电量为21.6万kW·h,经测算本项目总用电量为100万kW·h,用电成本为每年52万元(每度电0.52元)。即该项目水电燃料费为89.5万元。

固定资产采用年限平均法折旧。房屋折旧年限50年,保留5%的残值。固定资产原值为工程费用、预备费和建设期利息之和。经计算,固定资产原值为9 978＋503＋746＝11 227万元。固定资产折旧费计算详见表9-3。

无形资产和其他资产均按15年摊销。无形资产和其他资产原值为其他费用总额,即2 594万元。无形资产和其他资产摊销计算详见表9-4。

维护费用按折旧费的5%计算。

供热费按每平方米26.4元计算,即项目年集中供热费用为使用面积50 820×26.4＝134.16万元。

管理费用包括办学过程中管理部门的日常经费、业务部门发生的各种业务费等,估算为20万元。

财务费用包括利息净支出、金融机构手续费和其他财务费用等,按每年的还本付息计划计算。长期贷款利率按现行5年以上贷款利率7%计算,贷款期限按10年考虑。借款还本付息计划表编制结果详见表9-5。

总成本费用估算表详见表9-6。

3) 收入和税金及利润

本项目营业收入包括学费收入、住宿杂费收入以及拨款收入三部分。

① 研究生住宿杂费：1 000元/(人·年)×4 000人＝400(万元/年)
② 留学生学费收入：20 000元/(人·年)×1 000人＝2 000(万元/年)
③ 省市拨款：500元/年×4 000人＝200(万元/年)

经计算本项目年营业收入为2 600万元。

项目建成后，不需缴纳营业税、城乡维护建设税和教育费附加，正常年税金及附加为零。利润与利润分配表估算详见表9-7。

需注意，借款还本付息计划表9-5、总成本费用估算表9-6和利润与利润分配表9-7需三表联算，因为表9-5中的还本资金来源和表9-7中的未分配利润相关，而表9-6中的利息支出和表9-5中的还本付息也是密切相关的，故需三表联算方能得到最终三个报表。

通过表9-7可以看出，利润总额正常年为2 104万元。

4) 财务盈利能力分析

(1) 项目投资现金流量表见表9-8。表中现金流入包括收入、回收固定资产余值(净残值)、回收流动资金和其他现金流入。根据该表计算以下财务评价指标：

财务内部收益率为14.26%，财务净现值($i_c=10\%$时)为3 864万元，财务内部收益率大于行业基准收益率，说明盈利能力满足了行业最低要求。财务净现值大于零，说明该项目在财务上是可以考虑接受的。含建设期在内的静态投资回收期和动态投资回收期分别为8.8年和13.7年，能够在计算期20年之内回收。

(2) 项目资本金现金流量表见表9-9。这里的资本金是指总投资中包括学校自有资金和政府拨款在内的资金。根据该表计算出以下财务评价指标：

资本金财务内部收益率为14.56%，资本金财务净现值($i_c=10\%$时)为3 478万元。同样可以看出该项目在财务上是可以考虑接受的。

(3) 财务计划现金流量表见表9-10。从结算结果看出该项目累计盈余30 183万元。

(4) 根据表9-2项目总投资使用计划与资金筹措表和表9-7利润与利润分配表可以计算出：

$$投资利润率 = \frac{年利润总额}{项目总资金} \times 100\% = \frac{32\,437/17}{13\,821} \times 100\% = 13.81\%$$

该项目投资利润率大于行业平均利润率10%，说明单位投资对国家积累的贡献水平达到了本行业的平均水平。

5) 清偿能力分析

根据表9-5借款还本付息计划表可以计算出借款偿还期：

$$借款偿还期 = 借款偿还后开始出现盈余的年份数 - 1 + \frac{当年应还借款额}{当年可用于还款的收益额}$$

$$= 7 - 1 + \frac{1\,070}{2\,163} = 6.49(年)$$

少于银行规定的10年还款期限。

表9-3 固定资产折旧费估算表

单位：万元

序号	项目	折旧年限	计算期																
			3	4	5	6	7	8	9	10	11	12	13	14	15	16	17	18	19	20
1	房屋、建筑物	50																		
	原值		11 227																	
	本年折旧费			213	213	213	213	213	213	213	213	213	213	213	213	213	213	213	213	213
	净值			11 013	10 800	10 587	10 373	10 160	9 947	9 733	9 520	9 307	9 093	8 880	8 667	8 454	8 240	8 027	7 814	7 600

表9-4 无形资产及其他资产摊销费估算表

单位：万元

序号	项目	摊销年限	计算期																
			3	4	5	6	7	8	9	10	11	12	13	14	15	16	17	18	19	20
1	无形及其他资产合计	15																		
	原值		2 594																	
	本年摊销费			173	173	173	173	173	173	173	173	173	173	173	173	173	173	173		
	净值			2 422	2 249	2 076	1 903	1 730	1 557	1 384	1 211	1 038	865	692	519	346	173	0		

表9-5 借款还本付息计划表

单位：万元

序号	项目	利率	1	2	3	4	5	6	7	8	9	10	11	12	13	14	15	16	17	18	19	20
1	人民币借款	7%																				
1.1	期初借款余额		2 000	4 079	6 323	6 746	4 980	3 091	1 070	0												
1.2	当期还本付息					2 238	2 238	2 238	1 145	0	0	0	0	0	0	0	0	0	0	0	0	0
	其中:还本					1 765	1 889	2 021	1 070	0	0	0	0	0	0	0	0	0	0	0	0	0
	付息					472	349	216	75	0	0	0	0	0	0	0	0	0	0	0	0	0
2	偿还借款本金的资金来源																					
2.1	利润					1 379	1 503	1 635	1 777	1 851	2 024	2 024	2 024	2 024	2 024	2 024	2 024	2 024	2 024	2 024	2 024	2 024
2.2	折旧费					213	213	213	213	213	213	213	213	213	213	213	213	213	213	213	213	213
2.3	摊销费					173	173	173	173	173												
3	偿还本金来源合计					1 765	1 889	2 021	2 163	2 238	2 238	2 238	2 238	2 238	2 238	2 238	2 238	2 238	2 238	2 238	2 238	2 238
3.1	偿还人民币本金					1 765	1 889	2 021	1 070	0	0	0	0	0	0	0	0	0	0	0	0	0
3.2	偿还本金后余额					0	0	0	1 093	2 238	2 238	2 238	2 238	2 238	2 238	2 238	2 238	2 238	2 238	2 238	2 238	2 238

表 9-6 总成本费用估算表

单位:万元

序号	项目	计算期																			
		1	2	3	4	5	6	7	8	9	10	11	12	13	14	15	16	17	18	19	20
1	人员工资及福利费				108	108	108	108	108	108	108	108	108	108	108	108	108	108	108	108	108
2	水电燃料费				90	90	90	90	90	90	90	90	90	90	90	90	90	90	90	90	90
3	维修费				11	11	11	11	11	11	11	11	11	11	11	11	11	11	11	11	11
4	供热费				134	134	134	134	134	134	134	134	134	134	134	134	134	134	134	134	134
5	管理费				20	20	20	20	20	20	20	20	20	20	20	20	20	20	20	20	20
6	经营成本(1+2+3+4+5)				362	362	362	362	362	362	362	362	362	362	362	362	362	362	362	362	362
7	折旧费				213	213	213	213	213	213	213	213	213	213	213	213	213	213	213	213	213
8	摊销费				173	173	173	173	173												
9	财务费用(利息支出)				472	349	216	75														
10	总成本费用合计(6+7+8+9)				1 221	1 097	965	823	749	576	576	576	576	576	576	576	576	576	576	576	576
10.1	其中:可变成本				198	198	198	198	198	198	198	198	198	198	198	198	198	198	198	198	198
10.2	固定成本				1 023	900	767	626	551	378	378	378	378	378	378	378	378	378	378	378	378

表 9-7 利润与利润分配表

单位:万元

序号	项目	合计	1	2	3	4	5	6	7	8	9	10	11	12	13	14	15	16	17	18	19	20
												计 算 期										
1	营业收入					2 600	2 600	2 600	2 600	2 600	2 600	2 600	2 600	2 600	2 600	2 600	2 600	2 600	2 600	2 600	2 600	2 600
2	总成本费用					1 221	1 097	965	823	749	576	576	576	576	576	576	576	576	576	576	576	576
3	营业税金及附加																					
4	利润总额 (1－2－3)	32 437				1 379	1 503	1 635	1 777	1 851	2 024	2 024	2 024	2 024	2 024	2 024	2 024	2 024	2 024	2 024	2 024	2 024
5	弥补以前年度亏损																					
6	所得税																					
7	税后利润 (4－6)	32 437				1 379	1 503	1 635	1 777	1 851	2 024	2 024	2 024	2 024	2 024	2 024	2 024	2 024	2 024	2 024	2 024	2 024

表 9-8 项目投资现金流量表

单位:万元

序号	项目	计算期																			
		1	2	3	4	5	6	7	8	9	10	11	12	13	14	15	16	17	18	19	20
1	现金流入				2 600	2 600	2 600	2 600	2 600	2 600	2 600	2 600	2 600	2 600	2 600	2 600	2 600	2 600	2 600	2 600	10 200
1.1	营业收入				2 600	2 600	2 600	2 600	2 600	2 600	2 600	2 600	2 600	2 600	2 600	2 600	2 600	2 600	2 600	2 600	2 600
1.2	回收固定资产余值																				7 600
1.3	回收流动资金																				
1.4	其他现金流入																				
2	现金流出	3 500	5 000	4 575	362	362	362	362	362	362	362	362	362	362	362	362	362	362	362	362	362
2.1	建设投资（不含建设期利息）	3 500	5 000	4 575																	
2.2	流动资金																				
2.3	经营成本				362	362	362	362	362	362	362	362	362	362	362	362	362	362	362	362	362
2.4	营业税金及附加																				
2.5	所得税																				
2.6	其他现金流出																				
3	净现金流量 (1-2)	-3 500	-5 000	-4 575	2 238	2 238	2 238	2 238	2 238	2 238	2 238	2 238	2 238	2 238	2 238	2 238	2 238	2 238	2 238	2 238	9 838
4	累计净现金流量	-3 500	-8 500	-13 075	-10 838	-8 600	-6 362	-4 125	-1 887	351	2 588	4 826	7 064	9 301	11 539	13 777	16 014	18 252	20 490	22 727	32 565
5	净现金流量现值 ($i_c=10\%$)	-3 182	-4 132	-3 438	1 528	1 389	1 263	1 148	1 044	949	863	784	713	648	589	536	487	443	402	366	1 462
6	累计净现金流量现值 ($i_c=10\%$)	-3 182	-7 314	-10 752	-9 223	-7 834	-6 571	-5 422	-4 379	-3 430	-2 567	-1 783	-1 070	-421	168	704	1 191	1 633	2 036	2 402	3 864

计算指标:
项目财务内部收益率 = 14.26%
项目财务净现值 ($i_c=10\%$) NPV = 3 864万元
项目静态投资回收期 (从建设期起) 8.8 年
项目动态投资回收期 ($i_c=10\%$, 从建设期起) 13.7 年

9 工程经济评价案例

表 9-9 项目资本金现金流量表

单位:万元

序号	项目	计算期																			
		1	2	3	4	5	6	7	8	9	10	11	12	13	14	15	16	17	18	19	20
1	现金流入				2 600	2 600	2 600	2 600	2 600	2 600	2 600	2 600	2 600	2 600	2 600	2 600	2 600	2 600	2 600	2 600	10 200
1.1	营业收入				2 600	2 600	2 600	2 600	2 600	2 600	2 600	2 600	2 600	2 600	2 600	2 600	2 600	2 600	2 600	2 600	2 600
1.2	回收固定资产余值																				7 600
1.3	回收流动资金																				
1.4	其他现金流入																				
2	现金流出	1 579	3 244	2 998	2 600	2 600	2 021	1 507	362	362	362	362	362	362	362	362	362	362	362	362	362
2.1	项目资本金	1 579	3 244	2 998																	
2.2	借款本金偿还				1 765	1 889	2 021	1 070													
2.3	借款利息支付				472	349	216	75	0	0	0	0	0	0	0	0	0	0	0	0	0
2.4	流动资金																				
2.5	经营成本				362	362	362	362	362	362	362	362	362	362	362	362	362	362	362	362	362
2.6	营业税金及附加																				
2.7	所得税																				
2.8	其他现金流出																				
3	净现金流量 (1−2)	−1 579	−3 244	−2 998	0	0	0	1 093	2 238	2 238	2 238	2 238	2 238	2 238	2 238	2 238	2 238	2 238	2 238	2 238	9 838
4	累计净现金流量	−1 579	−4 823	−7 821	−7 821	−7 821	−7 821	−6 728	−4 490	−2 253	−15	2 223	4 460	6 698	8 936	11 173	13 411	15 649	17 886	20 124	29 962
5	净现金流量现值 ($i_c = 10\%$)	−1 436	−2 681	−2 252	0	0	0	561	1 044	949	863	784	713	648	589	536	487	443	402	366	1 462
6	累计净现金流量现值 ($i_c = 10\%$)	−1 436	−4 117	−6 369	−6 369	−6 369	−6 369	−5 808	−4 764	−3 815	−2 952	−2 168	−1 455	−807	−218	318	805	1 248	1 650	2 016	3 478

计算指标:

项目资本金财务内部收益率 = 14.56%

项目财务净现值 ($i_c = 10\%$) NPV = 3 478 万元

项目静态投资回收期 (从建设期算起) 10.0 年

项目动态投资回收期 ($i_c = 10\%$, 从建设期算起) 14.4 年

表 9-10 财务计划现金流量表

单位:万元

序号	项目	合计	计算期																		
			1	2	3	4	5	6	7	8	9	10	11	12	13	14	15	16	17	18	19	20
1	资金流入	58 021	3 579	5 244	4 998	2 600	2 600	2 600	2 600	2 600	2 600	2 600	2 600	2 600	2 600	2 600	2 600	2 600	2 600	2 600	2 600	2 600
1.1	营业收入	44 200				2 600	2 600	2 600	2 600	2 600	2 600	2 600	2 600	2 600	2 600	2 600	2 600	2 600	2 600	2 600	2 600	2 600
1.2	长期借款	6 000	2 000	2 000	2 000																	
1.3	流动资金借款	0																				
1.4	申请省市拨款	6 000	1 500	2 000	2 500																	
1.5	学校自有资金	1 821	79	1 244	498																	
1.6	其他	0																				7 600
2	资金流出	27 838	3 579	5 244	4 998	2 600	2 600	2 600	1 507	362	362	362	362	362	362	362	362	362	362	362	362	362
2.1	经营成本	6 160				362	362	362	362	362	362	362	362	362	362	362	362	362	362	362	362	362
2.2	营业税金及附加	0																				
2.3	增值税	0																				
2.4	所得税	0																				
2.5	建设投资(不含建设期利息)	13 075	3 500	5 000	4 575																	
2.6	流动资金	0																				
2.7	各种利息支出	1 858	79	244	422	472	349	216	75													
2.8	偿还债务本金	6 746				1 765	1 889	2 021	1 070													
2.9	应付利润(股利分配)	0																				
2.10	其他	0																				
3	盈余资金(1-2)	30 183	0	0	0	0	0	0	1 093	2 238	2 238	2 238	2 238	2 238	2 238	2 238	2 238	2 238	2 238	2 238	2 238	2 238
4	累计盈余资金		0	0	0	0	0	0	1 093	3 331	5 568	7 806	10 044	12 281	14 519	16 757	18 994	21 232	23 470	25 707	27 945	30 183

6）不确定性分析

（1）敏感性分析

对该项目进行全部投资的敏感性分析。基本方案财务内部收益率为14.76%，满足财务判别基本值的要求。考虑实施过程中一些不定因素的变化，分别对建设投资、经营成本、销售收入作提高10%和降低10%的单因素变化对内部收益率、投资回收期影响的敏感性分析。敏感性分析见表9-11。

表9-11 财务敏感性分析表

序号	项目	基本方案	投资		经营成本		营业收入	
			+10%	−10%	+10%	−10%	+10%	−10%
1	内部收益率(%)	14.26	12.86	15.88	14.02	14.48	15.88	12.58
	敏感度系数		0.98	2.12	1.30	0.32	0.98	2.31
2	净现值(万元)	3 864	2 789	4 939	3 646	4 082	5 431	2 297
	敏感度系数		2.78	5.57	3.35	1.13	3.49	8.11
3	投资静态回收期(年)	8.8	9.4	8.3	8.9	8.8	8.2	9.6
	敏感度系数		0.66	1.32	0.77	0.21	0.58	1.56
4	投资动态回收期(年)	13.7	15.5	11.9	14.0	13.4	11.8	16.1
	敏感度系数		1.33	2.66	1.55	0.43	1.17	3.13

注：敏感度系数＝评价指标相对于基本方案的变化率／该不确定因素变化率

从表9-11中可以看出，经营成本的变化对项目评估指标的影响相对最小，其次是建设投资，对各项指标影响较大的是营业收入，考虑到今后学费会呈上涨趋势，因此本项目具备较强的抗风险能力。

（2）盈亏平衡分析

$$项目盈亏平衡点 = \frac{年总固定成本}{年总营业收入 - 年总可变成本 - 年税金及附加} \times 100\%$$
$$= 378/(2\,600 - 198) \times 100\% = 15.74\%$$

由于项目用于招收留学生，学费收入相对较高，因此本项目的盈亏平衡点较低，项目风险较低。

9.4 国民经济评价

国民经济评价是在财务评价的基础上进行的，采用国家发布的参数。主要投入物和产出物的影子价格是按定价原则自行测算的。

该建设项目属省市政府参与直接投资的项目，应进行该项目的国民经济评价。国民经济评价是项目决策的重要依据，国民经济评价结论不可行的项目一般应予否定，国民经济评价可对项目进行优化。

1) 国民经济评价参数

按有关规定,现行社会折现率 $i_s = 10\%$。

房屋建筑工程影子价格换算系数为1.1。

影子工资换算系数:一般项目的影子工资换算系数为1。

土地影子价格＝出让金＋基础设施配套费＋土地开发及其他费用,该项目土地为国家划拨用地,其出让金为零。基础设施配套费按该项目所在地区现行规定为255元/m² 建筑面积计算,则该项目基础设施配套费为 $74\,724 \times 255 \approx 1\,905$ 万元,另加小区建设配套费200万元。土地开发及其他费用指拆迁费和平整场地费用,按实际情况测算为50万元。

经估算,土地影子价格 $= 1\,905 + 200 + 50 = 2\,155$(万元)

2) 编制表格调整内容

在财务评价基础上编制国民经济评价表要注意下列需要调整的内容:

(1) 调整转移支付:财务评价中的各项税金、借款利息作为转移支付,不作为项目支出。

(2) 计算外部收益和外部费用:一般只计算直接相关的效益和费用。

(3) 调整建设投资:对财务评价中的税金、建设期利息、涨价预备金作为转移支付剔除,其余的费用要用影子价格调整。

(4) 调整经营费用:对工资等年经营费用采用影子价格调整。

(5) 调整收入:用产出物影子价格调整。

3) 国民经济评价的费用

教育项目的费用指国家和社会为教育项目建设和运营所付出的真实经济代价,包括直接费用和间接费用。具体内容见表9-12。

表9-12 教育项目的费用表

直接费用	社会直接费用	教育基建费
		事业费
	个人直接费用	
间接费用		学生求学三年机会成本
		由于受教育所牺牲的闲暇

(1) 教育基建费估算具体过程见表9-13,结果为14 073万元。

表9-13 教育基建费估算表　　　　　　　　　　　　　　单位:万元

序号	项目	财务评价	换算系数	国民经济评价
1	建设投资			
1.1	建安工程费	9 978	1.1	10 976
1.2	其他费用	2 594		2 594
	其中:土地费用	1 906		2 156
1.3	预备费用	503		503
1.4	建设期利息	746		0
2	流动资金			
	项目投入总资金合计	13 821		14 073

(2) 事业费包括用于教师工资奖金、学生的奖学金助学金和用于教育设备购置费和杂费等,取 200 万元/年。

(3) 个人直接费用 = 1 000 元/(年·人) × 4 000 人 = 400(万元/年)。

(4) 每个学生求学三年的机会成本计算公式为:

$$C = \sum_{t=1}^{n} P_t \cdot \alpha \cdot L$$

式中:n——求学年限;

P_t——第 t 学年学生在不上学条件下找到工作的概率;

α——学生学习学时数占全年总学时数的比率;

L——下一级毕业生的影子工资。

设该项目研究生学习年限 $n = 3, P_t = 0.7, \alpha = 60\%, L$ = 大学本科毕业生影子工资 = 1 500 元/(月·人) × 12 月 = 1.8 万元/(年·人)

则每个学生求学三年的机会成本为:

$$C = (0.7 × 60\% × 1.8) × 3 = 2.27(万元/人)$$

4 000 名研究生每年的间接费用为(2.27/3)万元/(年·人) × 4 000 人 = 3 027(万元/年)。

(5) 由于受教育所牺牲的闲暇,每人每月按照 50 元估算,则估算结果为:50 元/(月·人) × 12 月 × 4 000 人 = 240(万元)。

由此可见,本项目间接费用合计为 3 027 + 240 = 3 267 万元。

由于留学生毕业后可能回国工作,因此不计其间接费用。

4) 国民经济评价的效益

包括直接效益和间接效益。

(1) 直接效益

项目本身的收益,包括学生的学杂费收入等。本项目学生直接效益为学费及住宿费收入,为 400 + 2 000 = 2 400 万元/年。

(2) 间接效益

该项目的间接效益主要是指毕业生进入工作岗位后高效率工作为社会多创造的价值,可以根据毕业生的影子工资计算。按照项目所在地研究生平均工资 2 500 元/月计算,国家现行的技术性工作劳动力影子工资换算系数为 1.0,即 2 500 元/(月·人) × 12 个月 × 4 000 人 = 12 000 万元/年。

项目国民经济效益费用流量表见表 9-14。其中固定资产余值计算过程为:固定资产采用年限平均法折旧。房屋折旧年限 50 年,保留 5% 的残值。固定资产原值为工程费用、预备费之和。根据表 9-12,计算出固定资产原值为 10 976 + 503 = 11 479 万元,年折旧额为 11 479 × (1 − 5%)/50 = 218 万元,计算期末固定资产余值则为 11 479 − 17 × 218 = 7 771 万元。

5) 项目经济效益指标的计算与评估

按照国民经济效益费用流量表进行项目经济盈利能力分析结果如下:

(1) 项目经济内部收益率等于 49.30%,大于社会折现率 10%,项目效益明显。

(2) 在社会折现率为 10% 时,项目经济净现值为 53 080 万元,远大于零,项目可行。

表 9-14 项目国民经济效益费用流量表

单位:万元

序号	项目	计算期																			
		1	2	3	4	5	6	7	8	9	10	11	12	13	14	15	16	17	18	19	20
1	效益流量	0	0	0	14 400	14 400	14 400	14 400	14 400	14 400	14 400	14 400	14 400	14 400	14 400	14 400	14 400	14 400	14 400	14 400	22 171
1.1	营业收入				2 400	2 400	2 400	2 400	2 400	2 400	2 400	2 400	2 400	2 400	2 400	2 400	2 400	2 400	2 400	2 400	2 400
1.2	回收固定资产余值																				7 771
1.3	回收流动资金																				
1.4	项目间接效益				12 000	12 000	12 000	12 000	12 000	12 000	12 000	12 000	12 000	12 000	12 000	12 000	12 000	12 000	12 000	12 000	12 000
2	费用流量	3 767	5 382	4 925	3 864	3 864	3 864	3 864	3 864	3 864	3 864	3 864	3 864	3 864	3 864	3 864	3 864	3 864	3 864	3 864	3 864
2.1	建设投资(不含建设期利息)	3 767	5 382	4 925																	
2.2	事业费				200	200	200	200	200	200	200	200	200	200	200	200	200	200	200	200	200
2.3	个人直接费用				400	400	400	400	400	400	400	400	400	400	400	400	400	400	400	400	400
2.4	项目间接费用				3 264	3 264	3 264	3 264	3 264	3 264	3 264	3 264	3 264	3 264	3 264	3 264	3 264	3 264	3 264	3 264	3 264
3	净效益流量	−3 767	−5 382	−4 925	10 536	10 536	10 536	10 536	10 536	10 536	10 536	10 536	10 536	10 536	10 536	10 536	10 536	10 536	10 536	10 536	18 307
4	经济净现值($i_s=10\%$)	−3 425	−4 448	−3 700	7 196	6 542	5 947	5 407	4 915	4 468	4 062	3 693	3 357	3 052	2 774	2 522	2 293	2 084	1 895	1 723	2 721

计算指标:

经济内部收益率 49.30%

经济净现值($i_s=10\%$)=53 080 万元

6) 不确定性分析

对建设投资、经营成本和营业收入分别做了提高10%和降低10%的单因素变化的敏感性分析。结果见表9-15。

表9-15 经济敏感性分析表

序号	项目	基本方案	投资		经营成本		营业收入	
			+10%	-10%	+10%	-10%	+10%	-10%
1	内部收益率(%)	49.30	45.98	53.17	47.98	50.60	54.04	44.23
	敏感度系数		0.67	1.46	1.05	0.53	0.70	1.99
2	净现值(万元)	53 080	51 923	54 238	50 752	55 409	61 759	43 247
	敏感度系数		0.22	0.44	0.66	0.88	1.20	3.49

从表9-15中可以看出,建设投资的变化对项目评估指标的影响相对最小,其次是经营成本,对各项指标影响较大的是营业收入。同样考虑到今后学费会呈上涨趋势,因此本项目具备较强的抗风险能力。

9.5 评价结论

1) 项目财务评价分析结论

通过对该项目财务效益与费用的预测和估计,编制了该项目的现金流量表、利润与利润分配表、财务计划现金流量表和借款还本付息计划表,计算了多项评价指标,进行了项目财务盈利能力分析和偿债能力分析,得出如下结论:财务评价内部收益率为14.26%,大于行业基准收益率;财务净现值($i_c = 10\%$时)为3 864万元,财务净现值大于零,说明该项目在财务上是可以考虑接受的;含建设期在内的静态投资回收期和动态投资回收期分别为8.8年和13.7年,能够在计算期20年之内回收;借款偿还期从建设期初算起为6.49年,小于银行规定的10年还款期限。因此,该项目在财务上是可行的。另外,通过不确定性分析,包括敏感性分析和盈亏平衡分析,可以看出该项目从财务上看抗风险能力较强。

2) 项目国民经济评价分析结论

通过对项目效益和费用识别,采用影子价格和社会折现率等国民经济评价参数,调整了项目总投资额,在财务评价的基础上估算了项目的直接效益和直接成本,识别了项目的间接效益和间接成本,编制了项目国民经济效益费用流量表,按照该表进行项目经济盈利能力分析结果如下:国民经济评价项目全部投资经济内部收益率等于49.30%,大于社会折现率10%,项目效益明显;在社会折现率为10%时,项目经济净现值为53 080万元,远大于零,项目可行。

从以上指标看,财务评价和国民经济评价效益均较好。另外必须指出,项目费用的估算存在一定的出入,因为该项目提供的学生生活和学习设施的成本有限。由于项目紧邻原校区,可以利用一部分教师资源和设施,这样无形中可以降低本项目的运营成本。

附录 复利系数表

n	$(1+i)^n$	$1/(1+i)^n$	$i/(1+i)^n-1$	$i(1+i)^n/(1+i)^n-1$	$(1+i)^n-1/i$	$(1+i)^n-1/i(1+i)^n$
			$i=2\%$			
1	1.020 0	0.980 4	1.000 0	1.020 0	1.000 0	0.980 4
2	1.040 4	0.961 2	0.495 0	0.515 0	2.020 0	1.941 6
3	1.061 2	0.942 3	0.326 8	0.346 8	3.060 4	2.883 9
4	1.082 4	0.923 8	0.242 6	0.262 6	4.121 6	3.807 7
5	1.104 1	0.905 7	0.192 2	0.212 2	5.204 0	4.713 5
6	1.126 2	0.888 0	0.158 5	0.178 5	6.308 1	5.601 4
7	1.148 7	0.870 6	0.134 5	0.154 5	7.434 3	6.472 0
8	1.171 7	0.853 5	0.116 5	0.136 5	8.583 0	7.325 5
9	1.195 1	0.836 8	0.102 5	0.122 5	9.754 6	8.162 2
10	1.219 0	0.820 3	0.091 3	0.111 3	10.949 7	8.982 6
11	1.243 4	0.804 3	0.082 2	0.102 2	12.168 7	9.786 8
12	1.268 2	0.788 5	0.074 6	0.094 6	13.412 1	10.575 3
13	1.293 6	0.773 0	0.068 1	0.088 1	14.680 3	11.348 4
14	1.319 5	0.757 9	0.062 6	0.082 6	15.973 9	12.106 2
15	1.345 9	0.743 0	0.057 8	0.077 8	17.293 4	12.849 3
16	1.372 8	0.728 4	0.053 7	0.073 7	18.639 3	13.577 7
17	1.400 2	0.714 2	0.050 0	0.070 0	20.012 1	14.291 9
18	1.428 2	0.700 2	0.046 7	0.066 7	21.412 3	14.992 0
19	1.456 8	0.686 4	0.043 8	0.063 8	22.840 6	15.678 5
20	1.485 9	0.673 0	0.041 2	0.061 2	24.297 4	16.351 4
21	1.515 7	0.659 8	0.038 8	0.058 8	25.783 3	17.011 2
22	1.546 0	0.646 8	0.036 6	0.056 6	27.299 0	17.658 0
23	1.576 9	0.634 2	0.034 7	0.054 7	28.845 0	18.292 2
24	1.608 4	0.621 7	0.032 9	0.052 9	30.421 9	18.913 9
25	1.640 6	0.609 5	0.031 2	0.051 2	32.030 3	19.523 5
26	1.673 4	0.597 6	0.029 7	0.049 7	33.670 9	20.121 0
27	1.706 9	0.585 9	0.028 3	0.048 3	35.344 3	20.706 9

续表

n	$(1+i)^n$	$1/(1+i)^n$	$i/(1+i)^n-1$	$i(1+i)^n/(1+i)^n-1$	$(1+i)^n-1/i$	$(1+i)^n-1/i(1+i)^n$
28	1.741 0	0.574 4	0.027 0	0.047 0	37.051 2	21.281 3
29	1.775 8	0.563 1	0.025 8	0.045 8	38.792 2	21.844 4
30	1.811 4	0.552 1	0.024 6	0.044 6	40.568 1	22.396 5
31	1.847 6	0.541 2	0.023 6	0.043 6	42.379 4	22.937 7
32	1.884 5	0.530 6	0.022 6	0.042 6	44.227 0	23.468 3
33	1.922 2	0.520 2	0.021 7	0.041 7	46.111 6	23.988 6
34	1.960 7	0.510 0	0.020 8	0.040 8	48.033 8	24.498 6
35	1.999 9	0.500 0	0.020 0	0.040 0	49.994 5	24.998 6
40	2.208 0	0.452 9	0.016 6	0.036 6	60.402 0	27.355 5
45	2.437 9	0.410 2	0.013 9	0.033 9	71.892 7	29.490 2
50	2.691 6	0.371 5	0.011 8	0.031 8	84.579 4	31.423 6
55	2.971 7	0.336 5	0.010 1	0.030 1	98.586 5	33.174 8
60	3.281 0	0.304 8	0.008 8	0.028 8	114.051 5	34.760 9
65	3.622 5	0.276 1	0.007 6	0.027 6	131.126 2	36.197 5
70	3.999 6	0.250 0	0.006 7	0.026 7	149.977 9	37.498 6
75	4.415 8	0.226 5	0.005 9	0.025 9	170.791 8	38.677 1
80	4.875 4	0.205 1	0.005 2	0.025 2	193.772 0	39.744 5
85	5.382 9	0.185 8	0.004 6	0.024 6	219.143 9	40.711 3
90	5.943 1	0.168 3	0.004 0	0.024 0	247.156 7	41.586 9
95	6.561 7	0.152 4	0.003 6	0.023 6	278.085 0	42.380 0
100	7.244 6	0.138 0	0.003 2	0.023 2	312.232 3	43.098 4
n				$i=2.5\%$		
1	1.025 0	0.975 6	1.000 0	1.025 0	1.000 0	0.975 6
2	1.050 6	0.951 8	0.493 8	0.518 8	2.025 0	1.927 4
3	1.076 9	0.928 6	0.325 1	0.350 1	3.075 6	2.856 0
4	1.103 8	0.906 0	0.240 8	0.265 8	4.152 5	3.762 0
5	1.131 4	0.883 9	0.190 2	0.215 2	5.256 3	4.645 8
6	1.159 7	0.862 3	0.156 5	0.181 5	6.387 7	5.508 1
7	1.188 7	0.841 3	0.132 5	0.157 5	7.547 4	6.349 4
8	1.218 4	0.820 7	0.114 5	0.139 5	8.736 1	7.170 1
9	1.248 9	0.800 7	0.100 3	0.125 5	9.954 5	7.970 9
10	1.280 1	0.781 2	0.089 3	0.114 3	11.203 4	8.752 1

续表

	$(1+i)^n$	$1/(1+i)^n$	$i/(1+i)^n-1$	$i(1+i)^n/(1+i)^n-1$	$(1+i)^n-1/i$	$(1+i)^n-1/i(1+i)^n$
11	1.312 1	0.762 1	0.080 1	0.105 1	12.483 5	9.514 2
12	1.344 9	0.743 6	0.072 5	0.097 5	13.795 6	10.257 8
13	1.378 5	0.725 4	0.066 0	0.091 0	15.140 4	10.983 2
14	1.413 0	0.707 7	0.060 5	0.085 5	16.519 0	11.690 9
15	1.448 3	0.690 5	0.055 8	0.080 8	17.931 9	12.381 4
16	1.484 5	0.673 6	0.051 6	0.076 6	19.380 2	13.055 0
17	1.521 6	0.657 2	0.047 9	0.072 9	20.864 7	13.712 2
18	1.559 7	0.641 2	0.044 7	0.069 7	22.386 3	14.353 4
19	1.598 7	0.625 5	0.041 8	0.066 8	23.946 0	14.978 9
20	1.638 6	0.610 3	0.039 1	0.064 1	25.544 7	15.589 2
21	1.679 6	0.595 4	0.036 8	0.061 8	27.183 3	16.184 5
22	1.721 6	0.580 9	0.034 6	0.059 6	28.862 9	16.765 4
23	1.764 6	0.566 7	0.032 7	0.057 7	30.584 4	17.332 1
24	1.808 7	0.552 9	0.030 9	0.055 9	32.349 0	17.885 0
25	1.853 9	0.539 4	0.029 3	0.054 3	34.157 8	18.424 4
26	1.900 3	0.526 2	0.027 8	0.052 8	36.011 7	18.950 6
27	1.947 8	0.513 4	0.026 4	0.051 4	37.912 0	19.464 0
28	1.996 5	0.500 9	0.025 1	0.050 1	39.859 8	19.964 9
29	2.046 4	0.488 7	0.023 9	0.048 9	41.856 3	20.453 5
30	2.097 6	0.476 7	0.022 8	0.047 8	43.902 7	20.930 3
31	2.150 0	0.465 1	0.021 7	0.046 7	46.000 3	21.395 4
32	2.203 8	0.453 8	0.020 8	0.045 8	48.150 3	21.849 2
33	2.258 9	0.442 7	0.019 9	0.044 9	50.354 0	22.291 9
34	2.315 3	0.431 9	0.019 0	0.044 0	52.612 9	22.723 8
35	2.373 2	0.421 4	0.018 2	0.043 2	54.928 2	23.145 2
40	2.685 1	0.372 4	0.014 8	0.039 8	67.402 6	25.102 8
45	3.037 9	0.329 2	0.012 3	0.037 3	81.516 1	26.833 0
50	3.437 1	0.290 9	0.010 3	0.035 3	97.484 3	28.362 3
55	3.888 8	0.257 2	0.008 7	0.033 7	115.550 9	29.714 0
60	4.399 8	0.227 3	0.007 4	0.032 4	135.991 6	30.908 7
65	4.978 0	0.200 9	0.006 3	0.031 3	159.118 3	31.964 6
70	5.632 1	0.177 6	0.005 4	0.030 4	185.284 1	32.897 9

续表

n	$(1+i)^n$	$1/(1+i)^n$	$i/(1+i)^n-1$	$i(1+i)^n/(1+i)^n-1$	$(1+i)^n-1/i$	$(1+i)^n-1/i(1+i)^n$
75	6.3722	0.1569	0.0047	0.0297	214.8883	33.7227
80	7.2096	0.1387	0.0040	0.0290	248.3827	34.4518
85	8.1570	0.1226	0.0035	0.0285	286.2786	35.0962
90	9.2289	0.1084	0.0030	0.0280	329.1543	35.6658
95	10.4416	0.0958	0.0026	0.0276	377.6642	36.1692
100	11.8137	0.0846	0.0023	0.0273	432.5487	36.6141
n				$i=3\%$		
1	1.0300	0.9709	1.0000	1.0300	1.0000	0.9709
2	1.0609	0.9426	0.4926	0.5226	2.0300	1.9135
3	1.0927	0.9151	0.3235	0.3535	3.0909	2.8286
4	1.1255	0.8885	0.2390	0.2690	4.1836	3.7171
5	1.1593	0.8626	0.1884	0.2184	5.3091	4.5797
6	1.1941	0.8375	0.1546	0.1846	6.4684	5.4172
7	1.2299	0.8131	0.1305	0.1605	7.6625	6.2303
8	1.2668	0.7894	0.1125		8.8923	7.0197
9	1.3048	0.7664	0.0984		10.1591	7.7861
10	1.3439	0.7441	0.0872		11.4639	8.5302
11	1.3842	0.7224	0.0781	0.1081	12.8078	9.2526
12	1.4258	0.7014	0.0705	0.1005	14.1920	9.9540
13	1.4685	0.6810	0.0640	0.0940	15.6178	10.6350
14	1.5126	0.6611	0.0585	0.0885	17.0863	11.2961
15	1.5580	0.6419	0.0538	0.0838	18.5989	11.9379
16	1.6047	0.6232	0.0496	0.0796	20.1569	12.5611
17	1.6528	0.6050	0.0460	0.0760	21.7616	13.1661
18	1.7024	0.5874	0.0427	0.0727	23.4144	13.7535
19	1.7535	0.5703	0.0398	0.0698	25.1169	14.3238
20	1.8061	0.5537	0.0372	0.0672	26.8704	14.8775
21	1.8603	0.5375	0.0349	0.0649	28.6765	15.4150
22	1.9161	0.5219	0.0327	0.0627	30.5368	15.9369
23	1.9736	0.5067	0.0308	0.0608	32.4529	16.4436
24	2.0328	0.4919	0.0290	0.0590	34.4265	16.9355
25	2.0938	0.4776	0.0274	0.0574	36.4593	17.4131

附录 复利系数表

续表

n	$(1+i)^n$	$1/(1+i)^n$	$i/(1+i)^n-1$	$i(1+i)^n/(1+i)^n-1$	$(1+i)^n-1/i$	$(1+i)^n-1/i(1+i)^n$
26	2.156 6	0.463 7	0.025 9	0.055 9	38.553 0	17.876 8
27	2.221 3	0.450 2	0.024 6	0.054 6	40.709 6	18.327 0
28	2.287 9	0.437 1	0.023 3	0.053 3	42.930 9	18.764 1
29	2.356 6	0.424 3	0.022 1	0.052 1	45.218 9	19.188 5
30	2.427 3	0.412 0	0.021 0	0.051 0	47.575 4	19.600 4
31	2.500 1	0.400 0	0.020 0	0.050 0	50.002 7	20.000 4
32	2.575 1	0.388 3	0.019 0	0.049 0	52.502 8	20.388 8
33	2.652 3	0.377 0	0.018 2	0.048 2	55.077 8	20.765 8
34	2.731 9	0.366 0	0.017 3	0.047 3	57.730 2	21.131 8
35	2.813 9	0.355 4	0.016 5	0.046 5	60.462 1	21.487 2
40	3.262 0	0.306 6	0.013 3	0.043 3	75.401 3	23.114 8
45	3.781 6	0.264 4	0.010 8	0.040 8	92.719 9	24.518 7
50	4.383 9	0.228 1	0.008 9	0.038 9	112.796 9	25.729 8
55	5.082 1	0.196 8	0.007 3	0.037 3	136.071 6	26.774 4
60	5.891 6	0.169 7	0.006 1	0.036 1	163.053 4	27.675 6
65	6.830 0	0.146 4	0.005 1	0.035 1	194.332 8	28.452 9
70	7.917 8	0.126 3	0.004 3	0.034 3	230.594 1	29.123 4
75	9.178 9	0.108 9	0.003 7	0.033 7	272.630 9	29.701 8
80	10.640 9	0.094 0	0.003 1	0.033 1	321.363 0	30.200 8
85	12.335 7	0.081 1	0.002 6	0.032 6	377.857 0	30.631 2
90	14.300 5	0.069 9	0.002 3	0.032 3	443.348 9	31.002 4
95	16.578 2	0.060 3	0.001 9	0.031 9	519.272 0	31.322 7
100	19.218 6	0.052 0	0.001 6	0.031 6	607.287 7	31.598 9
n				$i=3.5\%$		
1	1.035 0	0.966 2	1.000 0	1.035 0	1.000 0	0.966 2
2	1.071 2	0.933 5	0.491 4	0.526 4	2.035 0	1.899 7
3	1.108 7	0.901 9	0.321 9	0.356 9	3.106 2	2.801 6
4	1.147 5	0.871 4	0.237 3	0.272 3	4.214 9	3.673 1
5	1.187 7	0.842 0	0.186 5	0.221 5	5.362 5	4.515 1
6	1.229 3	0.813 5	0.152 7	0.187 7	6.550 2	5.328 6
7	1.272 3	0.786 0	0.128 5	0.163 5	7.779 4	6.114 5
8	1.316 8	0.759 4	0.110 5	0.145 5	9.051 7	6.874 0

	$(1+i)^n$	$1/(1+i)^n$	$i/(1+i)^n-1$	$i(1+i)^n/(1+i)^n-1$	$(1+i)^n-1/i$	$(1+i)^n-1/i(1+i)^n$
9	1.3629	0.7337	0.0964	0.1314	10.3685	7.6077
10	1.4106	0.7089	0.0852	0.1202	11.7314	8.3166
11	1.4600	0.6849	0.0761	0.1111	13.1420	9.0016
12	1.5111	0.6618	0.0685	0.1035	14.6020	9.6633
13	1.5640	0.6394	0.0621	0.0971	16.1130	10.3027
14	1.6187	0.6178	0.0566	0.0916	17.6770	10.9205
15	1.6753	0.5969	0.0518	0.0868	19.2957	11.5174
16	1.7340	0.5767	0.0477	0.0827	20.9710	12.0941
17	1.7947	0.5572	0.0440	0.0790	22.7050	12.6513
18	1.8575	0.5384	0.0408	0.0758	24.4997	13.1897
19	1.9225	0.5202	0.0379	0.0729	26.3572	13.7098
20	1.9898	0.5026	0.0354	0.0704	28.2797	14.2124
21	2.0594	0.4856	0.0330	0.0680	30.2695	14.6980
22	2.1315	0.4692	0.0309	0.0659	32.3289	15.1671
23	2.2061	0.4533	0.0290	0.0640	34.4604	15.6204
24	2.2833	0.4380	0.0273	0.0623	36.6665	16.0584
25	2.3632	0.4231	0.0257	0.0607	38.9499	16.4815
26	2.4460	0.4088	0.0242	0.0592	41.3131	16.8904
27	2.5316	0.3950	0.0229	0.0579	43.7591	17.2854
28	2.6202	0.3817	0.0216	0.0566	46.2906	17.6670
29	2.7119	0.3687	0.0204	0.0554	48.9108	18.0358
30	2.8068	0.3563	0.0194	0.0544	51.6227	18.3920
31	2.9050	0.3442	0.0184	0.0534	54.4295	18.7363
32	3.0067	0.3326	0.0174	0.0524	57.3345	19.0689
33	3.1119	0.3213	0.0166	0.0516	60.3412	19.3902
34	3.2209	0.3105	0.0158	0.0508	63.4532	19.7007
35	3.3336	0.3000	0.0150	0.0500	66.6740	20.0007
40	3.9593	0.2526	0.0118	0.0468	84.5503	21.3551
45	4.7024	0.2127	0.0095	0.0445	105.7817	22.4955
50	5.5849	0.1791	0.0076	0.0426	130.9979	23.4556
55	6.6331	0.1508	0.0062	0.0412	160.9469	24.2641
60	7.8781	0.1269	0.0051	0.0401	196.5169	24.9447

续表

n	$(1+i)^n$	$1/(1+i)^n$	$i/(1+i)^n-1$	$i(1+i)^n/(1+i)^n-1$	$(1+i)^n-1/i$	$(1+i)^n-1/i(1+i)^n$
65	9.3567	0.1069	0.0042	0.0392	238.7629	25.5178
70	11.1128	0.0900	0.0035	0.0385	288.9379	26.0004
75	13.1986	0.0758	0.0029	0.0379	348.5300	26.4067
80	15.6757	0.0638	0.0024	0.0374	419.3068	26.7488
85	18.6179	0.0537	0.0020	0.0370	503.3674	27.0368
90	22.1122	0.0452	0.0017	0.0367	603.2050	27.2793
95	26.2623	0.0381	0.0014	0.0364	721.7808	27.4835
100	31.1914	0.0321	0.0012	0.0362	862.6117	27.6554
n				$i=4\%$		
1	1.0400	0.9615	1.0000	1.0400	1.0000	0.9615
2	1.0816	0.9246	0.4902	0.5302	2.0400	1.8861
3	1.1249	0.8890	0.3203	0.3603	3.1216	2.7751
4	1.1699	0.8548	0.2355	0.2755	4.2465	3.6299
5	1.2167	0.8219	0.1846	0.2246	5.4163	4.4518
6	1.2653	0.7903	0.1508	0.1908	6.6330	5.2421
7	1.3159	0.7599	0.1266	0.1666	7.8983	6.0021
8	1.3686	0.7307	0.1085	0.1485	9.2142	6.7327
9	1.4233	0.7026	0.0945	0.1345	10.5828	7.4353
10	1.4802	0.6756	0.0833	0.1233	12.0061	8.1109
11	1.5395	0.6496	0.0741	0.1141	13.4864	8.7605
12	1.6010	0.6246	0.0666	0.1066	15.0258	9.3851
13	1.6651	0.6006	0.0601	0.1001	16.6268	9.9856
14	1.7317	0.5775	0.0547	0.0947	18.2919	10.5631
15	1.8009	0.5553	0.0499	0.0899	20.0236	11.1184
16	1.8730	0.5339	0.0458	0.0858	21.8245	11.6523
17	1.9479	0.5134	0.0422	0.0822	23.6975	12.1657
18	2.0258	0.4936	0.0390	0.0790	25.6454	12.6593
19	2.1068	0.4746	0.0361	0.0761	27.6712	13.1339
20	2.1911	0.4564	0.0336	0.0736	29.7781	13.5903
21	2.2788	0.4388	0.0313	0.0713	31.9692	14.0292
22	2.3699	0.4220	0.0292	0.0692	34.2480	14.4511
23	2.4647	0.4057	0.0273	0.0673	36.6179	14.8568

续表

n	$(1+i)^n$	$1/(1+i)^n$	$i/(1+i)^n-1$	$i(1+i)^n/(1+i)^n-1$	$(1+i)^n-1/i$	$(1+i)^n-1/i(1+i)^n$
24	2.563 3	0.390 1	0.025 6	0.065 6	39.082 6	15.247 0
25	2.665 8	0.375 1	0.024 0	0.064 0	41.645 9	15.622 1
26	2.772 5	0.360 7	0.022 6	0.062 6	44.311 7	15.982 8
27	2.883 4	0.346 8	0.021 2	0.061 2	47.084 2	16.329 6
28	2.998 7	0.333 5	0.020 0	0.060 0	49.967 6	16.663 1
29	3.118 7	0.320 7	0.018 9	0.058 9	52.966 3	16.983 7
30	3.243 4	0.308 3	0.017 8	0.057 8	56.084 9	17.292 0
31	3.373 1	0.296 5	0.016 9	0.056 9	59.328 3	17.588 5
32	3.508 1	0.285 1	0.015 9	0.055 9	62.701 5	17.873 6
33	3.648 4	0.274 1	0.015 1	0.055 1	66.209 5	18.147 6
34	3.794 3	0.263 6	0.014 3	0.054 3	69.857 9	18.411 2
35	3.946 1	0.253 4	0.013 6	0.053 6	73.652 2	18.664 6
40	4.801 0	0.208 3	0.010 5	0.050 5	95.025 5	19.792 8
45	5.841 2	0.171 2	0.008 3	0.048 3	121.029 4	20.720 0
50	7.106 7	0.140 7	0.006 6	0.046 6	152.667 1	21.482 2
55	8.646 4	0.115 7	0.005 2	0.045 2	191.159 2	22.108 6
60	10.519 6	0.095 1	0.004 2	0.044 2	237.990 7	22.623 5
65	12.798 7	0.078 1	0.003 4	0.043 4	294.968 4	23.046 7
70	15.571 6	0.064 2	0.002 7	0.042 7	364.290 5	23.394 5
75	18.945 3	0.052 8	0.002 2	0.042 2	448.631 4	23.680 4
80	23.049 8	0.043 4	0.001 8	0.041 8	551.245 0	23.915 4
85	28.043 6	0.035 7	0.001 5	0.041 5	676.090 1	24.108 5
90	34.119 3	0.029 3	0.001 2	0.041 2	827.983 3	24.267 3
95	41.511 4	0.024 1	0.001 0	0.041 0	1012.784 6	24.397 8
100	50.504 9	0.019 8	0.000 8	0.040 8	1237.623 7	24.505 0
n			$i=4.5\%$			
1	1.045 0	0.956 9	1.000 0	1.045 0	1.000 0	0.956 9
2	1.092 0	0.915 7	0.489 0	0.534 0	2.045 0	1.872 7
3	1.141 2	0.876 3	0.318 8	0.363 8	3.137 0	2.749 0
4	1.192 5	0.838 6	0.233 7	0.278 7	4.278 2	3.587 5
5	1.246 2	0.802 5	0.182 8	0.227 8	5.470 7	4.390 0
6	1.302 3	0.767 9	0.148 9	0.193 9	6.716 9	5.157 9

续表

	$(1+i)^n$	$1/(1+i)^n$	$i/(1+i)^n-1$	$i(1+i)^n/(1+i)^n-1$	$(1+i)^n-1/i$	$(1+i)^n-1/i(1+i)^n$
7	1.360 9	0.734 8	0.124 7	0.169 7	8.019 2	5.892 7
8	1.422 1	0.703 2	0.106 6	0.151 6	9.380 0	6.595 9
9	1.486 1	0.672 9	0.092 6	0.137 6	10.802 1	7.268 8
10	1.553 0	0.643 9	0.081 4	0.126 4	12.288 2	7.912 7
11	1.622 9	0.616 2	0.072 2	0.117 2	13.841 2	8.528 9
12	1.695 9	0.589 7	0.064 7	0.109 7	15.464 0	9.118 6
13	1.772 2	0.564 3	0.058 3	0.103 3	17.159 9	9.682 9
14	1.851 9	0.540 0	0.052 8	0.097 8	18.932 1	10.222 8
15	1.935 3	0.516 7	0.048 1	0.093 1	20.784 1	10.739 5
16	2.022 4	0.494 5	0.044 0	0.089 0	22.719 3	11.234 0
17	2.113 4	0.473 2	0.040 4	0.085 4	24.741 7	11.707 2
18	2.208 5	0.452 8	0.037 2	0.082 2	26.855 1	12.160 0
19	2.307 9	0.433 3	0.034 4	0.079 4	29.063 6	12.593 3
20	2.411 7	0.414 6	0.031 9	0.076 9	31.371 4	13.007 9
21	2.520 2	0.396 8	0.029 6	0.074 6	33.783 1	13.404 7
22	2.633 7	0.379 7	0.027 5	0.072 5	36.303 4	13.784 4
23	2.752 2	0.363 4	0.025 7	0.070 7	38.937 0	14.147 8
24	2.876 0	0.347 7	0.024 0	0.069 0	41.689 2	14.495 5
25	3.005 4	0.332 7	0.022 4	0.067 4	44.565 2	14.828 2
26	3.140 7	0.318 4	0.021 0	0.066 0	47.570 6	15.146 6
27	3.282 0	0.304 7	0.019 7	0.064 7	50.711 3	15.451 3
28	3.429 7	0.291 6	0.018 5	0.063 5	53.993 3	15.742 9
29	3.584 0	0.279 0	0.017 4	0.062 4	57.423 0	16.021 9
30	3.745 3	0.267 0	0.016 4	0.061 4	61.007 1	16.288 9
31	3.913 9	0.255 5	0.015 4	0.060 4	64.752 4	16.544 4
32	4.090 0	0.244 5	0.014 6	0.059 6	68.666 2	16.788 9
33	4.274 0	0.234 0	0.013 7	0.058 7	72.756 2	17.022 9
34	4.466 4	0.223 9	0.013 0	0.058 0	77.030 3	17.246 8
35	4.667 3	0.214 3	0.012 3	0.057 3	81.496 6	17.461 0
40	5.816 4	0.171 9	0.009 3	0.054 3	107.030 3	18.401 6
45	7.248 2	0.138 0	0.007 2	0.052 2	138.850 0	19.156 3
50	9.032 6	0.110 7	0.005 6	0.050 6	178.503 0	19.762 0

	$(1+i)^n$	$1/(1+i)^n$	$i/(1+i)^n-1$	$i(1+i)^n/(1+i)^n-1$	$(1+i)^n-1/i$	$(1+i)^n-1/i(1+i)^n$
55	11.256 3	0.088 8	0.004 4	0.049 4	227.918 0	20.248 0
60	14.027 4	0.071 3	0.003 5	0.048 5	289.498 0	20.638 0
65	17.480 7	0.057 2	0.002 7	0.047 7	366.237 8	20.951 0
70	21.784 1	0.045 9	0.002 2	0.047 2	461.869 7	21.202 1
75	27.147 0	0.036 8	0.001 7	0.046 7	581.044 4	21.403 6
80	33.830 1	0.029 6	0.001 4	0.046 4	729.557 7	21.565 3
85	42.158 5	0.023 7	0.001 1	0.046 1	914.632 3	21.695 1
90	52.537 1	0.019 0	0.000 9	0.045 9	1145.269 0	21.799 2
95	65.470 8	0.015 3	0.000 7	0.045 7	1432.684 3	21.882 8
100	81.588 5	0.012 3	0.000 6	0.045 6	1790.856 0	21.949 9
n				$i=5\%$		
1	1.050 0	0.952 4	1.000 0	1.050 0	1.000 0	0.952 4
2	1.102 5	0.907 0	0.487 8	0.537 8	2.050 0	1.859 4
3	1.157 6	0.863 8	0.317 2	0.367 2	3.152 5	2.723 2
4	1.215 5	0.822 7	0.232 0	0.282 0	4.310 1	3.546 0
5	1.276 3	0.783 5	0.181 0	0.231 0	5.525 6	4.329 5
6	1.340 1	0.746 2	0.147 0	0.197 0	6.801 9	5.075 7
7	1.407 1	0.710 7	0.122 8	0.172 8	8.142 0	5.786 4
8	1.477 5	0.676 8	0.104 7	0.154 7	9.549 1	6.463 2
9	1.551 3	0.644 6	0.090 7	0.140 7	11.026 6	7.107 8
10	1.628 9	0.613 9	0.079 5	0.129 5	12.577 9	7.721 7
11	1.710 3	0.584 7	0.070 4	0.120 4	14.206 8	8.306 4
12	1.795 9	0.556 8	0.062 8	0.112 8	15.917 1	8.863 3
13	1.885 6	0.530 3	0.056 5	0.106 5	17.713 0	9.393 6
14	1.979 9	0.505 1	0.051 0	0.101 0	19.598 6	9.898 6
15	2.078 9	0.481 0	0.046 3	0.096 3	21.578 6	10.379 7
16	2.182 9	0.458 1	0.042 3	0.092 3	23.657 5	10.837 8
17	2.292 0	0.436 3	0.038 7	0.088 7	25.840 4	11.274 1
18	2.406 6	0.415 5	0.035 5	0.085 5	28.132 4	11.689 6
19	2.527 0	0.395 7	0.032 7	0.082 7	30.539 0	12.085 3
20	2.653 3	0.376 9	0.030 2	0.080 2	33.066 0	12.462 2
21	2.786 0	0.358 9	0.028 0	0.078 0	35.719 3	12.821 2

续表

n	$(1+i)^n$	$1/(1+i)^n$	$i/(1+i)^n-1$	$i(1+i)^n/(1+i)^n-1$	$(1+i)^n-1/i$	$(1+i)^n-1/i(1+i)^n$
22	2.925 3	0.341 8	0.026 0	0.076 0	38.505 2	13.163 0
23	3.071 5	0.325 6	0.024 1	0.074 1	41.430 5	13.488 6
24	3.225 1	0.310 1	0.022 5	0.072 5	44.502 0	13.798 6
25	3.386 4	0.295 3	0.021 0	0.071 0	47.727 1	14.093 9
26	3.555 7	0.281 2	0.019 6	0.069 6	51.113 5	14.375 2
27	3.733 5	0.267 8	0.018 3	0.068 3	54.669 1	14.643 0
28	3.920 1	0.255 1	0.017 1	0.067 1	58.402 6	14.898 1
29	4.116 1	0.242 9	0.016 0	0.066 0	62.322 7	15.141 1
30	4.321 9	0.231 4	0.015 1	0.065 1	66.438 8	15.372 5
31	4.538 0	0.220 4	0.014 1	0.064 1	70.760 8	15.592 8
32	4.764 9	0.209 9	0.013 3	0.063 3	75.298 8	15.802 7
33	5.003 2	0.199 9	0.012 5	0.062 5	80.063 8	16.002 5
34	5.253 3	0.190 4	0.011 8	0.061 8	85.067 0	16.192 9
35	5.516 0	0.181 3	0.011 1	0.061 1	90.320 3	16.374 2
40	7.040 0	0.142 0	0.008 3	0.058 3	120.799 8	17.159 1
45	8.985 0	0.111 3	0.006 3	0.056 3	159.700 2	17.774 1
50	11.467 4	0.087 2	0.004 8	0.054 8	209.348 0	18.255 9
55	14.635 6	0.068 3	0.003 7	0.053 7	272.712 6	18.633 5
60	18.679 2	0.053 5	0.002 8	0.052 8	353.583 7	18.929 3
65	23.839 9	0.041 9	0.002 2	0.052 2	456.798 0	19.161 1
70	30.426 4	0.032 9	0.001 7	0.051 7	588.528 5	19.342 7
75	38.832 7	0.025 8	0.001 3	0.051 3	756.653 7	19.485 0
80	49.561 4	0.020 2	0.001 0	0.051 0	971.228 8	19.596 5
85	63.254 4	0.015 8	0.000 8	0.050 8	1 245.087 1	19.683 8
90	80.730 4	0.012 4	0.000 6	0.050 6	1 594.607 3	19.752 3
95	103.034 7	0.009 7	0.000 5	0.050 5	2 040.693 5	19.805 9
100	131.501 3	0.007 6	0.000 4	0.050 4	2 610.025 2	19.847 9
n				$i=5.5\%$		
1	1.055 0	0.947 9	1.000 0	1.055 0	1.000 0	0.947 9
2	1.113 0	0.898 5	0.486 6	0.541 6	2.055 0	1.846 3
3	1.174 2	0.851 6	0.315 7	0.370 7	3.168 0	2.697 9
4	1.238 8	0.807 2	0.230 3	0.285 3	4.342 3	3.505 2

续表 附录 复利系数表

	$(1+i)^n$	$1/(1+i)^n$	$i/(1+i)^n-1$	$i(1+i)^n/(1+i)^n-1$	$(1+i)^n-1/i$	$(1+i)^n-1/i(1+i)^n$
5	1.307 0	0.765 1	0.179 2	0.234 2	5.581 1	4.270 3
6	1.378 8	0.725 2	0.145 2	0.200 2	6.888 1	4.995 5
7	1.454 7	0.687 4	0.121 0	0.176 0	8.266 9	5.683 0
8	1.534 7	0.651 6	0.102 9	0.157 9	9.721 6	6.334 6
9	1.619 1	0.617 6	0.088 8	0.143 8	11.256 3	6.952 2
10	1.708 1	0.585 4	0.077 7	0.132 7	12.875 4	7.537 6
11	1.802 1	0.554 9	0.068 6	0.123 6	14.583 5	8.092 5
12	1.901 2	0.526 0	0.061 0	0.116 0	16.385 6	8.618 5
13	2.005 8	0.498 6	0.054 7	0.109 7	18.286 8	9.117 1
14	2.116 1	0.472 6	0.049 3	0.104 3	20.292 6	9.589 6
15	2.232 5	0.447 9	0.044 6	0.099 6	22.408 7	10.037 6
16	2.355 3	0.424 6	0.040 6	0.095 6	24.641 1	10.462 2
17	2.484 8	0.402 4	0.037 0	0.092 0	26.996 4	10.864 6
18	2.621 5	0.381 5	0.033 9	0.088 9	29.481 2	11.246 1
19	2.765 6	0.361 6	0.031 2	0.086 2	32.102 7	11.607 7
20	2.917 8	0.342 7	0.028 7	0.083 7	34.868 3	11.950 4
21	3.078 2	0.324 9	0.026 5	0.081 5	37.786 1	12.275 2
22	3.247 5	0.307 9	0.024 5	0.079 5	40.864 3	12.583 2
23	3.426 2	0.291 9	0.022 7	0.077 7	44.111 8	12.875 0
24	3.614 6	0.276 7	0.021 0	0.076 0	47.538 0	13.151 7
25	3.813 4	0.262 2	0.019 5	0.074 5	51.152 6	13.413 9
26	4.023 1	0.248 6	0.018 2	0.073 2	54.966 0	13.662 5
27	4.244 4	0.235 6	0.017 0	0.072 0	58.989 1	13.898 1
28	4.477 8	0.223 3	0.015 8	0.070 8	63.233 5	14.121 4
29	4.724 1	0.211 7	0.014 8	0.069 8	67.711 4	14.333 1
30	4.984 0	0.200 6	0.013 8	0.068 8	72.435 5	14.533 7
31	5.258 1	0.190 2	0.012 9	0.067 9	77.419 4	14.723 9
32	5.547 3	0.180 3	0.012 1	0.067 1	82.677 5	14.904 2
33	5.852 4	0.170 9	0.011 3	0.066 3	88.224 8	15.075 1
34	6.174 2	0.162 0	0.010 6	0.065 6	94.077 1	15.237 0
35	6.513 8	0.153 5	0.010 0	0.065 0	100.251 4	15.390 6
40	8.513 3	0.117 5	0.007 3	0.062 3	136.605 6	16.046 1

续表

n	$(1+i)^n$	$1/(1+i)^n$	$i/(1+i)^n-1$	$i(1+i)^n/(1+i)^n-1$	$(1+i)^n-1/i$	$(1+i)^n-1/i(1+i)^n$
45	11.126 6	0.089 9	0.005 4	0.060 4	184.119 2	16.547 7
50	14.542 0	0.068 8	0.004 1	0.059 1	246.217 5	16.931 5
55	19.005 8	0.052 6	0.003 1	0.058 1	327.377 5	17.225 2
60	24.839 8	0.040 3	0.002 3	0.057 3	433.450 4	17.449 9
65	32.464 6	0.030 8	0.001 7	0.056 7	572.083 4	17.621 8
70	42.429 9	0.023 6	0.001 3	0.056 3	753.271 2	17.753 3
75	55.454 2	0.018 0	0.001 0	0.056 0	990.076 4	17.853 9
80	72.476 4	0.013 8	0.000 8	0.055 8	1 299.571 4	17.931 0
85	94.723 8	0.010 6	0.000 6	0.055 6	1 704.068 9	17.989 9
90	123.800 2	0.008 1	0.000 4	0.055 4	2 232.731 0	18.035 0
95	161.801 9	0.006 2	0.000 3	0.055 3	2 923.671 2	18.069 4
100	211.468 6	0.004 7	0.000 3	0.055 3	3 826.702 5	18.095 8
n				$i=6\%$		
1	1.060 0	0.943 4	1.000 0	1.060 0	1.000 0	0.943 4
2	1.123 6	0.890 0	0.485 4	0.545 4	2.060 0	1.833 4
3	1.191 0	0.839 6	0.314 1	0.374 1	3.183 6	2.673 0
4	1.262 5	0.792 1	0.228 6	0.288 6	4.374 6	3.465 1
5	1.338 2	0.747 3	0.177 4	0.237 4	5.637 1	4.212 4
6	1.418 5	0.705 0	0.143 4	0.203 4	6.975 3	4.917 3
7	1.503 6	0.665 1	0.119 1	0.179 1	8.393 8	5.582 4
8	1.593 8	0.627 4	0.101 0	0.161 0	9.897 5	6.209 8
9	1.689 5	0.591 9	0.087 0	0.147 0	11.491 3	6.801 7
10	1.790 8	0.558 4	0.075 9	0.135 9	13.180 8	7.360 1
11	1.898 3	0.526 8	0.066 8	0.126 8	14.971 6	7.886 9
12	2.012 2	0.497 0	0.059 3	0.119 3	16.869 9	8.383 8
13	2.132 9	0.468 8	0.053 0	0.113 0	18.882 1	8.852 7
14	2.260 9	0.442 3	0.047 6	0.107 6	21.015 1	9.295 0
15	2.396 6	0.417 3	0.043 0	0.103 0	23.276 0	9.712 2
16	2.540 4	0.393 6	0.039 0	0.099 0	25.672 5	10.105 9
17	2.692 8	0.371 4	0.035 4	0.095 4	28.212 9	10.477 3
18	2.854 3	0.350 3	0.032 4	0.092 4	30.905 7	10.827 6
19	3.025 6	0.330 5	0.029 6	0.089 6	33.760 0	11.158 1

n	$(1+i)^n$	$1/(1+i)^n$	$i/(1+i)^n-1$	$i(1+i)^n/(1+i)^n-1$	$(1+i)^n-1/i$	$(1+i)^n-1/i(1+i)^n$
20	3.207 1	0.311 8	0.027 2	0.087 2	36.785 6	11.469 9
21	3.399 6	0.294 2	0.025 0	0.085 0	39.992 7	11.764 1
22	3.603 5	0.277 5	0.023 0	0.083 0	43.392 3	12.041 6
23	3.819 7	0.261 8	0.021 3	0.081 3	46.995 8	12.303 4
24	4.048 9	0.247 0	0.019 7	0.079 7	50.815 6	12.550 4
25	4.291 9	0.233 0	0.018 2	0.078 2	54.864 5	12.783 4
26	4.549 4	0.219 8	0.016 9	0.076 9	59.156 4	13.003 2
27	4.822 3	0.207 4	0.015 7	0.075 7	63.705 8	13.210 5
28	5.111 7	0.195 6	0.014 6	0.074 6	68.528 1	13.406 2
29	5.418 4	0.184 6	0.013 6	0.073 6	73.639 8	13.590 7
30	5.743 5	0.174 1	0.012 6	0.072 6	79.058 2	13.764 8
31	6.088 1	0.164 3	0.011 8	0.071 8	84.801 7	13.929 1
32	6.453 4	0.155 0	0.011 0	0.071 0	90.889 8	14.084 0
33	6.840 6	0.146 2	0.010 3	0.070 3	97.343 2	14.230 2
34	7.251 0	0.137 9	0.009 6	0.069 6	104.183 8	14.368 1
35	7.686 1	0.130 1	0.009 0	0.069 0	111.434 8	14.498 2
40	10.285 7	0.097 2	0.006 5	0.066 5	154.762 0	15.046 3
45	13.764 6	0.072 7	0.004 7	0.064 7	212.743 5	15.455 8
50	18.420 2	0.054 3	0.003 4	0.063 4	290.335 9	15.761 9
55	24.650 3	0.040 6	0.002 5	0.062 5	394.172 0	15.990 5
60	32.987 7	0.030 3	0.001 9	0.061 9	533.128 2	16.161 4
65	44.145 0	0.022 7	0.001 4	0.061 4	719.082 9	16.289 1
70	59.075 9	0.016 9	0.001 0	0.061 0	967.932 2	16.384 5
75	79.056 9	0.012 6	0.000 8	0.060 8	1 300.948 7	16.455 8
80	105.796 0	0.009 5	0.000 6	0.060 6	1 746.599 9	16.509 1
85	141.578 9	0.007 1	0.000 4	0.060 4	2 342.981 7	16.548 9
90	189.464 5	0.005 3	0.000 3	0.060 3	3 141.075 2	16.578 7
95	253.546 3	0.003 9	0.000 2	0.060 2	4 209.104 2	16.600 9
100	339.302 1	0.002 9	0.000 2	0.060 2	5 638.368 1	16.617 5
n				$i=7\%$		
1	1.070 0	0.934 6	1.000 0	1.070 0	1.000 0	0.934 6
2	1.144 9	0.873 4	0.483 1	0.553 1	2.070 0	1.808 0

续表

	$(1+i)^n$	$1/(1+i)^n$	$i/(1+i)^n-1$	$i(1+i)^n/(1+i)^n-1$	$(1+i)^n-1/i$	$(1+i)^n-1/i(1+i)^n$
3	1.225 0	0.816 3	0.311 1	0.381 1	3.214 9	2.624 3
4	1.310 8	0.762 9	0.225 2	0.295 2	4.439 9	3.387 2
5	1.402 6	0.713 0	0.173 9	0.243 9	5.750 7	4.100 2
6	1.500 7	0.666 3	0.139 8	0.209 8	7.153 3	4.766 5
7	1.605 8	0.622 7	0.115 6	0.185 6	8.654 0	5.389 3
8	1.718 2	0.582 0	0.097 5	0.167 5	10.259 8	5.971 3
9	1.838 5	0.543 9	0.083 5	0.153 5	11.978 0	6.515 2
10	1.967 2	0.508 3	0.072 4	0.142 4	13.816 4	7.023 6
11	2.104 9	0.475 1	0.063 4	0.133 4	15.783 6	7.498 7
12	2.252 2	0.444 0	0.055 9	0.125 9	17.888 5	7.942 7
13	2.409 8	0.415 0	0.049 7	0.119 7	20.140 6	8.357 7
14	2.578 5	0.387 8	0.044 3	0.114 3	22.550 5	8.745 5
15	2.759 0	0.362 4	0.039 8	0.109 8	25.129 0	9.107 9
16	2.952 2	0.338 7	0.035 9	0.105 9	27.888 1	9.446 6
17	3.158 8	0.316 6	0.032 4	0.102 4	30.840 2	9.763 2
18	3.379 9	0.295 9	0.029 4	0.099 4	33.999 0	10.059 1
19	3.616 5	0.276 5	0.026 8	0.096 8	37.379 0	10.335 6
20	3.869 7	0.258 4	0.024 4	0.094 4	40.995 5	10.594 0
21	4.140 6	0.241 5	0.022 3	0.092 3	44.865 2	10.835 5
22	4.430 4	0.225 7	0.020 4	0.090 4	49.005 7	11.061 2
23	4.740 5	0.210 9	0.018 7	0.088 7	53.436 1	11.272 2
24	5.072 4	0.197 1	0.017 2	0.087 2	58.176 7	11.469 3
25	5.427 4	0.184 2	0.015 8	0.085 8	63.249 0	11.653 6
26	5.807 4	0.172 2	0.014 6	0.084 6	68.676 5	11.825 8
27	6.213 9	0.160 9	0.013 4	0.083 4	74.483 8	11.986 7
28	6.648 8	0.150 4	0.012 4	0.082 4	80.697 7	12.137 1
29	7.114 3	0.140 6	0.011 4	0.081 4	87.346 5	12.277 7
30	7.612 3	0.131 4	0.010 6	0.080 6	94.460 8	12.409 0
31	8.145 1	0.122 8	0.009 8	0.079 8	102.073 0	12.531 8
32	8.715 3	0.114 7	0.009 1	0.079 1	110.218 2	12.646 6
33	9.325 3	0.107 2	0.008 4	0.078 4	118.933 4	12.753 8
34	9.978 1	0.100 2	0.007 8	0.077 8	128.258 8	12.854 0

续表 附录 复利系数表

n	$(1+i)^n$	$1/(1+i)^n$	$i/(1+i)^n-1$	$i(1+i)^n/(1+i)^n-1$	$(1+i)^n-1/i$	$(1+i)^n-1/i(1+i)^n$
35	10.676 6	0.093 7	0.007 2	0.077 2	138.236 9	12.947 7
40	14.974 5	0.066 8	0.005 0	0.075 0	199.635 1	13.331 7
45	21.002 5	0.047 6	0.003 5	0.073 5	285.749 3	13.605 5
50	29.457 0	0.033 9	0.002 5	0.072 5	406.528 9	13.800 7
55	41.315 0	0.024 2	0.001 7	0.071 7	575.928 6	13.939 9
60	57.946 4	0.017 3	0.001 2	0.071 2	813.520 4	14.039 2
65	81.272 9	0.012 3	0.000 9	0.070 9	1 146.755 2	14.109 9
70	113.989 4	0.008 8	0.000 6	0.070 6	1 614.134 2	14.160 4
75	159.876 0	0.006 3	0.000 4	0.070 4	2 269.657 4	14.196 4
80	224.234 4	0.004 5	0.000 3	0.070 3	3 189.062 7	14.222 0
85	314.500 3	0.003 2	0.000 2	0.070 2	4 478.576 1	14.240 3
90	441.103 0	0.002 3	0.000 2	0.070 2	6 287.185 4	14.253 3
95	618.669 7	0.001 6	0.000 1	0.070 1	8 823.853 5	14.262 6
100	867.716 3	0.001 2	0.000 1	0.070 1	12 381.661 8	14.269 3
n				$i=8\%$		
1	1.080 0	0.925 9	1.000 00	1.080 0	1.000 0	0.925 9
2	1.166 4	0.857 3	0.480 77	0.560 8	2.080 0	1.783 3
3	1.259 7	0.793 8	0.308 03	0.388 0	3.246 4	2.577 1
4	1.360 5	0.735 0	0.221 92	0.301 9	4.506 1	3.312 1
5	1.469 3	0.680 6	0.170 46	0.250 5	5.866 6	3.992 7
6	1.586 9	0.630 2	0.136 32	0.216 3	7.335 9	4.622 9
7	1.713 8	0.583 5	0.112 07	0.192 1	8.922 8	5.206 4
8	1.850 9	0.540 3	0.094 01	0.174 0	10.636 6	5.746 6
9	1.999 0	0.500 2	0.080 08	0.160 1	12.487 6	6.246 9
10	2.158 9	0.463 2	0.069 03	0.149 0	14.486 6	6.710 1
11	2.331 6	0.428 9	0.060 08	0.140 1	16.645 5	7.139 0
12	2.518 2	0.397 1	0.052 70	0.132 7	18.977 1	7.536 1
13	2.719 6	0.367 7	0.046 52	0.126 5	21.495 3	7.903 8
14	2.937 2	0.340 5	0.041 30	0.121 3	24.214 9	8.244 2
15	3.172 2	0.315 2	0.036 83	0.116 8	27.152 1	8.559 5
16	3.425 9	0.291 9	0.032 98	0.113 0	30.324 3	8.851 4
17	3.700 0	0.270 3	0.029 63	0.109 6	33.750 2	9.121 6

续表

	$(1+i)^n$	$1/(1+i)^n$	$i/(1+i)^n-1$	$i(1+i)^n/(1+i)^n-1$	$(1+i)^n-1/i$	$(1+i)^n-1/i(1+i)^n$
18	3.996 0	0.250 2	0.026 70	0.106 7	37.450 2	9.371 9
19	4.315 7	0.231 7	0.024 13	0.104 1	41.446 3	9.603 6
20	4.661 0	0.214 5	0.021 85	0.101 9	45.762 0	9.818 1
21	5.033 8	0.198 7	0.019 83	0.099 8	50.422 9	10.016 8
22	5.436 5	0.183 9	0.018 03	0.098 0	55.456 8	10.200 7
23	5.871 5	0.170 3	0.016 42	0.096 4	60.893 3	10.371 1
24	6.341 2	0.157 7	0.014 98	0.095 0	66.764 8	10.528 8
25	6.848 5	0.146 0	0.013 68	0.093 7	73.105 9	10.674 8
26	7.396 4	0.135 2	0.012 51	0.092 5	79.954 4	10.810 0
27	7.988 1	0.125 2	0.011 45	0.091 4	87.350 8	10.935 2
28	8.627 1	0.115 9	0.010 49	0.090 5	95.338 8	11.051 1
29	9.317 3	0.107 3	0.009 62	0.089 6	103.965 9	11.158 4
30	10.062 7	0.099 4	0.008 83	0.088 8	113.283 2	11.257 8
31	10.867 7	0.092 0	0.008 11	0.088 1	123.345 9	11.349 8
32	11.737 1	0.085 2	0.007 45	0.087 5	134.213 5	11.435 0
33	12.676 0	0.078 9	0.006 85	0.086 9	145.950 6	11.513 9
34	13.690 1	0.073 0	0.006 30	0.086 3	158.626 7	11.586 9
35	14.785 3	0.067 6	0.005 80	0.085 8	172.316 8	11.654 6
40	21.724 5	0.046 0	0.003 86	0.083 9	259.056 5	11.924 6
45	31.920 4	0.031 3	0.002 59	0.082 6	386.505 6	12.108 4
50	46.901 6	0.021 3	0.001 74	0.081 7	573.770 2	12.233 5
55	68.913 9	0.014 5	0.001 18	0.081 2	848.923 2	12.318 6
60	101.257 1	0.009 9	0.000 80	0.080 8	1 253.213 3	12.376 6
65	148.779 8	0.006 7	0.000 54	0.080 5	1 847.248 1	12.416 0
70	218.606 4	0.004 6	0.000 37	0.080 4	2 720.080 1	12.442 8
75	321.204 5	0.003 1	0.000 25	0.080 2	4 002.556 6	12.461 1
80	471.954 8	0.002 1	0.000 17	0.080 2	5 886.935 4	12.473 5
85	693.456 5	0.001 4	0.000 12	0.080 1	8 655.706 1	12.482 0
90	1 018.915 1	0.001 0	0.000 08	0.080 1	12 723.938 6	12.487 7
95	1 497.120 5	0.000 7	0.000 05	0.080 1	18 701.506 9	12.491 7

n	$(1+i)^n$	$1/(1+i)^n$	$i/(1+i)^n-1$	$i(1+i)^n/(1+i)^n-1$	$(1+i)^n-1/i$	$(1+i)^n-1/i(1+i)^n$
100	2 199.761 3	0.000 5	0.000 04	0.080 0	27 484.515 7	12.494 3
n				$i=10\%$		
1	1.100 0	0.909 1	1.000 00	1.100 0	1.000 0	0.909 1
2	1.210 0	0.826 4	0.476 19	0.576 2	2.100 0	1.735 5
3	1.331 0	0.751 3	0.302 11	0.402 1	3.310 0	2.486 9
4	1.464 1	0.683 0	0.215 47	0.315 5	4.641 0	3.169 9
5	1.610 5	0.620 9	0.163 80	0.263 8	6.105 1	3.790 8
6	1.771 6	0.564 5	0.129 61	0.229 6	7.715 6	4.355 3
7	1.948 7	0.513 2	0.105 41	0.205 4	9.487 2	4.868 4
8	2.143 6	0.466 5	0.087 44	0.187 4	11.435 9	5.334 9
9	2.357 9	0.424 1	0.073 64	0.173 6	13.579 5	5.759 0
10	2.593 7	0.385 5	0.062 75	0.162 7	15.937 4	6.144 6
11	2.853 1	0.350 5	0.053 96	0.154 0	18.531 2	6.495 1
12	3.138 4	0.318 6	0.046 76	0.146 8	21.384 3	6.813 7
13	3.452 3	0.289 7	0.040 78	0.140 8	24.522 7	7.103 4
14	3.797 5	0.263 3	0.035 75	0.135 7	27.975 0	7.366 7
15	4.177 2	0.239 4	0.031 47	0.131 5	31.772 5	7.606 1
16	4.595 0	0.217 6	0.027 82	0.127 8	35.949 7	7.823 7
17	5.054 5	0.197 8	0.024 66	0.124 7	40.544 7	8.021 6
18	5.559 9	0.179 9	0.021 93	0.121 9	45.599 2	8.201 4
19	6.115 9	0.163 5	0.019 55	0.119 5	51.159 1	8.364 9
20	6.727 5	0.148 6	0.017 46	0.117 5	57.275 0	8.513 6
21	7.400 2	0.135 1	0.015 62	0.115 6	64.002 5	8.648 7
22	8.140 3	0.122 8	0.014 01	0.114 0	71.402 7	8.771 5
23	8.954 3	0.111 7	0.012 57	0.112 6	79.543 0	8.883 2
24	9.849 7	0.101 5	0.011 30	0.111 3	88.497 3	8.984 7
25	10.834 7	0.092 3	0.010 17	0.110 2	98.347 1	9.077 0
26	11.918 2	0.083 9	0.009 16	0.109 2	109.181 8	9.160 9
27	13.110 0	0.076 3	0.008 26	0.108 3	121.099 9	9.237 2
28	14.421 0	0.069 3	0.007 45	0.107 5	134.209 9	9.306 6
29	15.863 1	0.063 0	0.006 73	0.106 7	148.630 9	9.369 6
30	17.449 4	0.057 3	0.006 08	0.106 1	164.494 0	9.426 9

续表

n	$(1+i)^n$	$1/(1+i)^n$	$i/(1+i)^n-1$	$i(1+i)^n/(1+i)^n-1$	$(1+i)^n-1/i$	$(1+i)^n-1/i(1+i)^n$
31	19.194 3	0.052 1	0.005 50	0.105 5	181.943 4	9.479 0
32	21.113 8	0.047 4	0.004 97	0.105 0	201.137 8	9.526 4
33	23.225 2	0.043 1	0.004 50	0.104 5	222.251 5	9.569 4
34	25.547 7	0.039 1	0.004 07	0.104 1	245.476 7	9.608 6
35	28.102 4	0.035 6	0.003 69	0.103 7	271.024 4	9.644 2
40	45.259 3	0.022 1	0.002 26	0.102 3	442.592 6	9.779 1
45	72.890 5	0.013 7	0.001 39	0.101 4	718.904 8	9.862 8
50	117.390 9	0.008 5	0.000 86	0.100 9	1 163.908 5	9.914 8
55	189.059 1	0.005 3	0.000 53	0.100 5	1 880.591 4	9.947 1
60	304.481 6	0.003 3	0.000 33	0.100 3	3 034.816 4	9.967 2
65	490.370 7	0.002 0	0.000 20	0.100 2	4 893.707 3	9.979 6
70	789.747 0	0.001 3	0.000 13	0.100 1	7 887.469 6	9.987 3
75	1 271.895 4	0.000 8	0.000 08	0.100 1	12 708.953 7	9.992 1
80	2 048.400 2	0.000 5	0.000 05	0.100 0	20 474.002 1	9.995 1
85	3 298.969 0	0.000 3	0.000 03	0.100 0	32 979.690 3	9.997 0
90	5 313.022 6	0.000 2	0.000 02	0.100 0	53 120.226 1	9.998 1
95	8 556.676 0	0.000 1	0.000 01	0.100 0	85 556.760 5	9.998 8
100	13 780.612 3	0.000 1	0.000 01	0.100 0	137 796.123 4	9.999 3
n				$i=12\%$		
1	1.120 0	0.892 86	1.000 00	1.120 0	1.000 0	0.892 9
2	1.254 4	0.797 19	0.471 70	0.591 7	2.120 0	1.690 1
3	1.404 9	0.711 78	0.296 35	0.416 3	3.374 4	2.401 8
4	1.573 5	0.635 52	0.209 23	0.329 2	4.779 3	3.037 3
5	1.762 3	0.567 43	0.157 41	0.277 4	6.352 8	3.604 8
6	1.973 8	0.506 63	0.123 23	0.243 2	8.115 2	4.111 4
7	2.210 7	0.452 35	0.099 12	0.219 1	10.089 0	4.563 8
8	2.476 0	0.403 88	0.081 30	0.201 3	12.299 7	4.967 6
9	2.773 1	0.360 61	0.067 68	0.187 7	14.775 7	5.328 2
10	3.105 8	0.321 97	0.056 98	0.177 0	17.548 7	5.650 2
11	3.478 5	0.287 48	0.048 42	0.168 4	20.654 6	5.937 7
12	3.896 0	0.256 68	0.041 44	0.161 4	24.133 1	6.194 4
13	4.363 5	0.229 17	0.035 68	0.155 7	28.029 1	6.423 5

附录 复利系数表

续表

n	$(1+i)^n$	$1/(1+i)^n$	$i/(1+i)^n-1$	$i(1+i)^n/(1+i)^n-1$	$(1+i)^n-1/i$	$(1+i)^n-1/i(1+i)^n$
14	4.887 1	0.204 62	0.030 87	0.150 9	32.392 6	6.628 2
15	5.473 6	0.182 70	0.026 82	0.146 8	37.279 7	6.810 9
16	6.130 4	0.163 12	0.023 39	0.143 4	42.753 3	6.974 0
17	6.866 0	0.145 64	0.020 46	0.140 5	48.883 7	7.119 6
18	7.690 0	0.130 04	0.017 94	0.137 9	55.749 7	7.249 7
19	8.612 8	0.116 11	0.015 76	0.135 8	63.439 7	7.365 8
20	9.646 3	0.103 67	0.013 88	0.133 9	72.052 4	7.469 4
21	10.803 8	0.092 56	0.012 24	0.132 2	81.698 7	7.562 0
22	12.100 3	0.082 64	0.010 81	0.130 8	92.502 6	7.644 6
23	13.552 3	0.073 79	0.009 56	0.129 6	104.602 9	7.718 4
24	15.178 6	0.065 88	0.008 46	0.128 5	118.155 2	7.784 3
25	17.000 1	0.058 82	0.007 50	0.127 5	133.333 9	7.843 1
26	19.040 1	0.052 52	0.006 65	0.126 7	150.333 9	7.895 7
27	21.324 9	0.046 89	0.005 90	0.125 9	169.374 0	7.942 6
28	23.883 9	0.041 87	0.005 24	0.125 2	190.698 9	7.984 4
29	26.749 9	0.037 38	0.004 66	0.124 7	214.582 8	8.021 8
30	29.959 9	0.033 38	0.004 14	0.124 1	241.332 7	8.055 2
31	33.555 1	0.029 80	0.003 69	0.123 7	271.292 6	8.085 0
32	37.581 7	0.026 61	0.003 28	0.123 3	304.847 7	8.111 6
33	42.091 5	0.023 76	0.002 92	0.122 9	342.429 4	8.135 4
34	47.142 5	0.021 21	0.002 60	0.122 6	384.521 0	8.156 6
35	52.799 6	0.018 94	0.002 32	0.122 3	431.663 5	8.175 5
40	93.051 0	0.010 75	0.001 30	0.121 3	767.091 4	8.243 8
45	163.987 6	0.006 10	0.000 74	0.120 7	1 358.230 0	8.282 5
50	289.002 2	0.003 46	0.000 42	0.120 4	2 400.018 2	8.304 5
n				$i=15\%$		
1	1.150 0	0.869 57	1.000 00	1.150 0	1.000 0	0.869 6
2	1.322 5	0.756 14	0.465 12	0.615 1	2.150 0	1.625 7
3	1.520 9	0.657 52	0.287 98	0.438 0	3.472 5	2.283 2
4	1.749 0	0.571 75	0.200 27	0.350 3	4.993 4	2.855 0
5	2.011 4	0.497 18	0.148 32	0.298 3	6.742 4	3.352 2
6	2.313 1	0.432 33	0.114 24	0.264 2	8.753 7	3.784 5

续表

	$(1+i)^n$	$1/(1+i)^n$	$i/(1+i)^n-1$	$i(1+i)^n/(1+i)^n-1$	$(1+i)^n-1/i$	$(1+i)^n-1/i(1+i)^n$
7	2.660 0	0.375 94	0.090 36	0.240 4	11.066 8	4.160 4
8	3.059 0	0.326 90	0.072 85	0.222 9	13.726 8	4.487 3
9	3.517 9	0.284 26	0.059 57	0.209 6	16.785 8	4.771 6
10	4.045 6	0.247 18	0.049 25	0.199 3	20.303 7	5.018 8
11	4.652 4	0.214 94	0.041 07	0.191 1	24.349 3	5.233 7
12	5.350 3	0.186 91	0.034 48	0.184 5	29.001 7	5.420 6
13	6.152 8	0.162 53	0.029 11	0.179 1	34.351 9	5.583 1
14	7.075 7	0.141 33	0.024 69	0.174 7	40.504 7	5.724 5
15	8.137 1	0.122 89	0.021 02	0.171 0	47.580 4	5.847 4
16	9.357 6	0.106 86	0.017 95	0.167 9	55.717 5	5.954 2
17	10.761 3	0.092 93	0.015 37	0.165 4	65.075 1	6.047 2
18	12.375 5	0.080 81	0.013 19	0.163 2	75.836 4	6.128 0
19	14.231 8	0.070 27	0.011 34	0.161 3	88.211 8	6.198 2
20	16.366 5	0.061 10	0.009 76	0.159 8	102.443 6	6.259 3
21	18.821 5	0.053 13	0.008 42	0.158 4	118.810 1	6.312 5
22	21.644 7	0.046 20	0.007 27	0.157 3	137.631 6	6.358 7
23	24.891 5	0.040 17	0.006 28	0.156 3	159.276 4	6.398 8
24	28.625 2	0.034 93	0.005 43	0.155 4	184.167 8	6.433 8
25	32.919 0	0.030 38	0.004 70	0.154 7	212.793 0	6.464 1
26	37.856 8	0.026 42	0.004 07	0.154 1	245.712 0	6.490 6
27	43.535 3	0.022 97	0.003 53	0.153 5	283.568 8	6.513 5
28	50.065 6	0.019 97	0.003 06	0.153 1	327.104 1	6.533 5
29	57.575 5	0.017 37	0.002 65	0.152 7	377.169 7	6.550 9
30	66.211 8	0.015 10	0.002 30	0.152 3	434.745 1	6.566 0
31	76.143 5	0.013 13	0.002 00	0.152 0	500.956 9	6.579 1
32	87.565 1	0.011 42	0.001 73	0.151 7	577.100 5	6.590 5
33	100.699 8	0.009 93	0.001 50	0.151 5	664.665 5	6.600 5
34	115.804 8	0.008 64	0.001 31	0.151 3	765.365 4	6.609 1
35	133.175 5	0.007 51	0.001 13	0.151 1	881.170 2	6.616 6
40	267.863 5	0.003 73	0.000 56	0.150 6	1 779.090 3	6.641 8
45	538.769 3	0.001 86	0.000 28	0.150 3	3 585.128 5	6.654 3
50	1 083.657 4	0.000 92	0.000 14	0.150 1	7 217.716 3	6.660 5

续表

附录 复利系数表

n	$(1+i)^n$	$1/(1+i)^n$	$i/(1+i)^n-1$	$i(1+i)^n/(1+i)^n-1$	$(1+i)^n-1/i$	$(1+i)^n-1/i(1+i)^n$
			$i=20\%$			
1	1.200 0	0.833 33	1.000 00	1.200 0	1.000 0	0.833 3
2	1.440 0	0.694 44	0.454 55	0.654 5	2.200 0	1.527 8
3	1.728 0	0.578 70	0.274 73	0.474 7	3.640 0	2.106 5
4	2.073 6	0.482 25	0.186 29	0.386 3	5.368 0	2.588 7
5	2.488 3	0.401 88	0.134 38	0.334 4	7.441 6	2.990 6
6	2.986 0	0.334 90	0.100 71	0.300 7	9.929 9	3.325 5
7	3.583 2	0.279 08	0.077 42	0.277 4	12.915 9	3.604 6
8	4.299 8	0.232 57	0.060 61	0.260 6	16.499 1	3.837 2
9	5.159 8	0.193 81	0.048 08	0.248 1	20.798 9	4.031 0
10	6.191 7	0.161 51	0.038 52	0.238 5	25.958 7	4.192 5
11	7.430 1	0.134 59	0.031 10	0.231 1	32.150 4	4.327 1
12	8.916 1	0.112 16	0.025 26	0.225 3	39.580 5	4.439 2
13	10.699 3	0.093 46	0.020 62	0.220 6	48.496 6	4.532 7
14	12.839 2	0.077 89	0.016 89	0.216 9	59.195 9	4.610 6
15	15.407 0	0.064 91	0.013 88	0.213 9	72.035 1	4.675 5
16	18.488 4	0.054 09	0.011 44	0.211 4	87.442 1	4.729 6
17	22.186 1	0.045 07	0.009 44	0.209 4	105.930 6	4.774 6
18	26.623 3	0.037 56	0.007 81	0.207 8	128.116 7	4.812 2
19	31.948 0	0.031 30	0.006 46	0.206 5	154.740 0	4.843 5
20	38.337 6	0.026 08	0.005 36	0.205 4	186.688 0	4.869 6
21	46.005 1	0.021 74	0.004 44	0.204 4	225.025 6	4.891 3
22	55.206 1	0.018 11	0.003 69	0.203 7	271.030 7	4.909 4
23	66.247 4	0.015 09	0.003 07	0.203 1	326.236 9	4.924 5
24	79.496 8	0.012 58	0.002 55	0.202 5	392.484 2	4.937 1
25	95.396 2	0.010 48	0.002 12	0.202 1	471.981 1	4.947 6
26	114.475 5	0.008 74	0.001 76	0.201 8	567.377 3	4.956 3
27	137.370 6	0.007 28	0.001 47	0.201 5	681.852 8	4.963 6
28	164.844 7	0.006 07	0.001 22	0.201 2	819.223 3	4.969 7
29	197.813 6	0.005 06	0.001 02	0.201 0	984.068 0	4.974 7
30	237.376 3	0.004 21	0.000 85	0.200 8	1 181.881 6	4.978 9
31	284.851 6	0.003 51	0.000 70	0.200 7	1 419.257 9	4.982 4

续表

n	$(1+i)^n$	$1/(1+i)^n$	$i/(1+i)^n-1$	$i(1+i)^n/(1+i)^n-1$	$(1+i)^n-1/i$	$(1+i)^n-1/i(1+i)^n$
32	341.821 9	0.002 93	0.000 59	0.200 6	1 704.109 5	4.985 4
33	410.186 3	0.002 44	0.000 49	0.200 5	2 045.931 4	4.987 8
34	492.223 5	0.002 03	0.000 41	0.200 4	2 456.117 6	4.989 8
35	590.668 2	0.001 69	0.000 34	0.200 3	2 948.341 1	4.991 5
40	1 469.771 6	0.000 68	0.000 14	0.200 1	7 343.857 8	4.996 6
45	3 657.262 0	0.000 27	0.000 05	0.200 1	18 281.309 9	4.998 6
50	9 100.438 2	0.000 11	0.000 02	0.200 0	45 497.190 8	4.999 5
n				$i=25\%$		
1	1.250 0	0.800 00	1.000 00	1.250 0	1.000 0	0.800 0
2	1.562 5	0.640 00	0.444 44	0.694 4	2.250 0	1.440 0
3	1.953 1	0.512 00	0.262 30	0.512 3	3.812 5	1.952 0
4	2.441 4	0.409 60	0.173 44	0.423 4	5.765 6	2.361 6
5	3.051 8	0.327 68	0.121 85	0.371 8	8.207 0	2.689 3
6	3.814 7	0.262 14	0.088 82	0.338 8	11.258 8	2.951 4
7	4.768 4	0.209 72	0.066 34	0.316 3	15.073 5	3.161 1
8	5.960 5	0.167 77	0.050 40	0.300 4	19.841 9	3.328 9
9	7.450 6	0.134 22	0.038 76	0.288 8	25.802 3	3.463 1
10	9.313 2	0.107 37	0.030 07	0.280 1	33.252 9	3.570 5
11	11.641 5	0.085 90	0.023 49	0.273 5	42.566 1	3.656 4
12	14.551 9	0.068 72	0.018 45	0.268 4	54.207 7	3.725 1
13	18.189 9	0.054 98	0.014 54	0.264 5	68.759 6	3.780 1
14	22.737 4	0.043 98	0.011 50	0.261 5	86.949 5	3.824 1
15	28.421 7	0.035 18	0.009 12	0.259 1	109.686 8	3.859 3
16	35.527 1	0.028 15	0.007 24	0.257 2	138.108 5	3.887 4
17	44.408 9	0.022 52	0.005 76	0.255 8	173.635 7	3.909 9
18	55.511 2	0.018 01	0.004 59	0.254 6	218.044 6	3.927 9
19	69.388 9	0.014 41	0.003 66	0.253 7	273.555 8	3.942 4
20	86.736 2	0.011 53	0.002 92	0.252 9	342.944 7	3.953 9
21	108.420 2	0.009 22	0.002 33	0.252 3	429.680 9	3.963 1
22	135.525 3	0.007 38	0.001 86	0.251 9	538.101 1	3.970 5
23	169.406 6	0.005 90	0.001 48	0.251 5	673.626 4	3.976 4
24	211.758 2	0.004 72	0.001 19	0.251 2	843.032 9	3.981 1

n	$(1+i)^n$	$1/(1+i)^n$	$i/(1+i)^n-1$	$i(1+i)^n/(1+i)^n-1$	$(1+i)^n-1/i$	$(1+i)^n-1/i(1+i)^n$
25	264.697 8	0.003 78	0.000 95	0.250 9	1 054.791 2	3.984 9
26	330.872 2	0.003 02	0.000 76	0.250 8	1 319.489 0	3.987 9
27	413.590 3	0.002 42	0.000 61	0.250 6	1 650.361 2	3.990 3
28	516.987 9	0.001 93	0.000 48	0.250 5	2 063.951 5	3.992 3
29	646.234 9	0.001 55	0.000 39	0.250 4	2 580.939 4	3.993 8
30	807.793 6	0.001 24	0.000 31	0.250 3	3 227.174 3	3.995 0
31	1 009.742 0	0.000 99	0.000 25	0.250 2	4 034.967 8	3.996 0
32	1 262.177 4	0.000 79	0.000 20	0.250 2	5 044.709 8	3.996 8
33	1 577.721 8	0.000 63	0.000 16	0.250 2	6 306.887 2	3.997 5
34	1 972.152 3	0.000 51	0.000 13	0.250 1	7 884.609 1	3.998 0
35	2 465.190 3	0.000 41	0.000 10	0.250 1	9 856.761 3	3.998 4
40	7 523.163 8	0.000 13	0.000 03	0.250 0	30 088.655 4	3.999 5
45	22 958.874 0	0.000 04	0.000 01	0.250 0	91 831.496 2	3.999 8
50	70 064.923 2	0.000 01	0.000 00	0.250 0	280 255.692 9	3.999 9
n				$i=30\%$		
1	1.300 0	0.769 23	1.000 00	1.300 0	1.000 0	0.769 2
2	1.690 0	0.591 72	0.434 78	0.734 8	2.300 0	1.360 9
3	2.197 0	0.455 17	0.250 63	0.550 6	3.990 0	1.816 1
4	2.856 1	0.350 13	0.161 63	0.461 6	6.187 0	2.166 2
5	3.712 9	0.269 33	0.110 58	0.410 6	9.043 1	2.435 6
6	4.826 8	0.207 18	0.078 39	0.378 4	12.756 0	2.642 7
7	6.274 9	0.159 37	0.056 87	0.356 9	17.582 8	2.802 1
8	8.157 3	0.122 59	0.041 92	0.341 9	23.857 7	2.924 7
9	10.604 5	0.094 30	0.031 24	0.331 2	32.015 0	3.019 0
10	13.785 8	0.072 54	0.023 46	0.323 5	42.619 5	3.091 5
11	17.921 6	0.055 80	0.017 73	0.317 7	56.405 3	3.147 3
12	23.298 1	0.042 92	0.013 45	0.313 5	74.327 0	3.190 3
13	30.287 5	0.033 02	0.010 24	0.310 2	97.625 0	3.223 3
14	39.373 8	0.025 40	0.007 82	0.307 8	127.912 5	3.248 7
15	51.185 9	0.019 54	0.005 98	0.306 0	167.286 3	3.268 2
16	66.541 7	0.015 03	0.004 58	0.304 6	218.472 2	3.283 2
17	86.504 2	0.011 56	0.003 51	0.303 5	285.013 9	3.294 8

续表

n	$(1+i)^n$	$1/(1+i)^n$	$i/(1+i)^n-1$	$i(1+i)^n/(1+i)^n-1$	$(1+i)^n-1/i$	$(1+i)^n-1/i(1+i)^n$
18	112.455 4	0.008 89	0.002 69	0.302 7	371.518 0	3.303 7
19	146.192 0	0.006 84	0.002 07	0.302 1	483.973 4	3.310 5
20	190.049 6	0.005 26	0.001 59	0.301 6	630.165 5	3.315 8
21	247.064 5	0.004 05	0.001 22	0.301 2	820.215 1	3.319 8
22	321.183 9	0.003 11	0.000 94	0.300 9	1 067.279 6	3.323 0
23	417.539 1	0.002 39	0.000 72	0.300 7	1 388.463 5	3.325 4
24	542.800 8	0.001 84	0.000 55	0.300 6	1 806.002 6	3.327 2
25	705.641 0	0.001 42	0.000 43	0.300 4	2 348.803 3	3.328 6
26	917.333 3	0.001 09	0.000 33	0.300 3	3 054.444 3	3.329 7
27	1 192.533 3	0.000 84	0.000 25	0.300 3	3 971.777 6	3.330 5
28	1 550.293 3	0.000 65	0.000 19	0.300 2	5 164.310 9	3.331 2
29	2 015.381 3	0.000 50	0.000 15	0.300 1	6 714.604 2	3.331 7
30	2 619.995 6	0.000 38	0.000 11	0.300 1	8 729.985 5	3.332 1
31	3 405.994 3	0.000 29	0.000 09	0.300 1	11 349.981 1	3.332 4
32	4 427.792 6	0.000 23	0.000 07	0.300 1	14 755.975 5	3.332 6
33	5 756.130 4	0.000 17	0.000 05	0.300 1	19 183.768 1	3.332 8
34	7 482.969 6	0.000 13	0.000 04	0.300 0	24 939.898 5	3.332 9
35	9 727.860 2	0.000 10	0.000 03	0.300 0	32 422.868 1	3.333 0
n			$i=35\%$			
1	1.350 0	0.740 74	1.000 00	1.350 0	1.000 0	0.740 7
2	1.822 5	0.548 70	0.425 53	0.775 5	2.350 0	1.289 4
3	2.460 4	0.406 44	0.239 66	0.589 7	4.172 5	1.695 9
4	3.321 5	0.301 07	0.150 76	0.500 8	6.632 9	1.996 9
5	4.484 0	0.223 01	0.100 46	0.450 5	9.954 4	2.220 0
6	6.053 4	0.165 20	0.069 26	0.419 3	14.438 4	2.385 2
7	8.172 2	0.122 37	0.048 80	0.398 8	20.491 9	2.507 5
8	11.032 4	0.090 64	0.034 89	0.384 9	28.664 0	2.598 2
9	14.893 7	0.067 14	0.025 19	0.375 2	39.696 4	2.665 3
10	20.106 6	0.049 74	0.018 32	0.368 3	54.590 2	2.715 0
11	27.143 9	0.036 84	0.013 39	0.363 4	74.696 7	2.751 9
12	36.644 2	0.027 29	0.009 82	0.359 8	101.840 6	2.779 2
13	49.469 7	0.020 21	0.007 22	0.357 2	138.484 8	2.799 4

n	$(1+i)^n$	$1/(1+i)^n$	$i/(1+i)^n-1$	$i(1+i)^n/(1+i)^n-1$	$(1+i)^n-1/i$	$(1+i)^n-1/i(1+i)^n$
14	66.784 1	0.014 97	0.005 32	0.355 3	187.954 4	2.814 4
15	90.158 5	0.011 09	0.003 93	0.353 9	254.738 5	2.825 5
16	121.713 9	0.008 22	0.002 90	0.352 9	344.897 0	2.833 7
17	164.313 8	0.006 09	0.002 14	0.352 1	466.610 9	2.839 8
18	221.823 6	0.004 51	0.001 58	0.351 6	630.924 7	2.844 3
19	299.461 9	0.003 34	0.001 17	0.351 2	852.748 3	2.847 6
20	404.273 6	0.002 47	0.000 87	0.350 9	1 152.210 3	2.850 1
21	545.769 3	0.001 83	0.000 64	0.350 6	1 556.483 8	2.851 9
22	736.788 6	0.001 36	0.000 48	0.350 5	2 102.253 2	2.853 3
23	994.664 6	0.001 01	0.000 35	0.350 4	2 839.041 8	2.854 3
24	1 342.797 3	0.000 74	0.000 26	0.350 3	3 833.706 4	2.855 0
25	1 812.776 3	0.000 55	0.000 19	0.350 2	5 176.503 7	2.855 6
26	2 447.248 0	0.000 41	0.000 14	0.350 1	6 989.280 0	2.856 0
27	3 303.784 8	0.000 30	0.000 11	0.350 1	9 436.528 0	2.856 3
28	4 460.109 5	0.000 22	0.000 08	0.350 1	12 740.312 8	2.856 5
29	6 021.147 8	0.000 17	0.000 06	0.350 1	17 200.422 2	2.856 7
30	8 128.549 5	0.000 12	0.000 04	0.350 0	23 221.570 0	2.856 8
31	10 973.541 8	0.000 09	0.000 03	0.350 0	31 350.119 5	2.856 9
32	14 814.281 5	0.000 07	0.000 02	0.350 0	42 323.661 3	2.856 9
33	19 999.280 0	0.000 05	0.000 02	0.350 0	57 137.942 8	2.857 0
34	26 999.028 0	0.000 04	0.000 01	0.350 0	77 137.222 8	2.857 0
35	36 448.687 8	0.000 03	0.000 01	0.350 0	104 136.250 8	2.857 1
n			$i=40\%$			
1	1.400 0	0.714 29	1.000 00	1.400 0	1.000 0	0.714 3
2	1.960 0	0.510 20	0.416 67	0.816 7	2.400 0	1.224 5
3	2.744 0	0.364 43	0.229 36	0.629 4	4.360 0	1.588 9
4	3.841 6	0.260 31	0.140 77	0.540 8	7.104 0	1.849 2
5	5.378 2	0.185 93	0.091 36	0.491 4	10.945 6	2.035 2
6	7.529 5	0.132 81	0.061 26	0.461 3	16.323 8	2.168 0
7	10.541 4	0.094 86	0.041 92	0.441 9	23.853 4	2.262 8
8	14.757 9	0.067 76	0.029 07	0.429 1	34.394 7	2.330 6
9	20.661 0	0.048 40	0.020 34	0.420 3	49.152 6	2.379 0

n	$(1+i)^n$	$1/(1+i)^n$	$i/(1+i)^n-1$	$i(1+i)^n/(1+i)^n-1$	$(1+i)^n-1/i$	$(1+i)^n-1/i(1+i)^n$
10	28.925 5	0.034 57	0.014 32	0.414 3	69.813 7	2.413 6
11	40.495 7	0.024 69	0.010 13	0.410 1	98.739 1	2.438 3
12	56.693 9	0.017 64	0.007 18	0.407 2	139.234 8	2.455 9
13	79.371 5	0.012 60	0.005 10	0.405 1	195.928 7	2.468 5
14	111.120 1	0.009 00	0.003 63	0.403 6	275.300 2	2.477 5
15	155.568 1	0.006 43	0.002 59	0.402 6	386.420 2	2.483 9
16	217.795 3	0.004 59	0.001 85	0.401 8	541.988 3	2.488 5
17	304.913 5	0.003 28	0.001 32	0.401 3	759.783 7	2.491 8
18	426.878 9	0.002 34	0.000 94	0.400 9	1 064.697 1	2.494 1
19	597.630 4	0.001 67	0.000 67	0.400 7	1 491.576 0	2.495 8
20	836.682 6	0.001 20	0.000 48	0.400 5	2 089.206 4	2.497 0
21	1 171.355 6	0.000 85	0.000 34	0.400 3	2 925.888 9	2.497 9
22	1 639.897 8	0.000 61	0.000 24	0.400 2	4 097.244 5	2.498 5
23	2 295.856 9	0.000 44	0.000 17	0.400 2	5 737.142 3	2.498 9
24	3 214.199 7	0.000 31	0.000 12	0.400 1	8 032.999 3	2.499 2
25	4 499.879 6	0.000 22	0.000 09	0.400 1	11 247.199 0	2.499 4
26	6 299.831 4	0.000 16	0.000 06	0.400 1	15 747.078 5	2.499 6
27	8 819.764 0	0.000 11	0.000 05	0.400 0	22 046.909 9	2.499 7
28	12 347.669 6	0.000 08	0.000 03	0.400 0	30 866.673 9	2.499 8
29	17 286.737 4	0.000 06	0.000 02	0.400 0	43 214.343 5	2.499 9
30	24 201.432 4	0.000 04	0.000 02	0.400 0	60 501.080 9	2.499 9
31	33 882.005 3	0.000 03	0.000 01	0.400 0	84 702.513 2	2.499 9
32	47 434.807 4	0.000 02	0.000 01	0.400 0	118 584.518 5	2.499 9
33	66 408.730 4	0.000 02	0.000 01	0.400 0	166 019.326 0	2.500 0
34	92 972.222 5	0.000 01	0.000 00	0.400 0	232 428.056 3	2.500 0
35	130 161.111 6	0.000 01	0.000 00	0.400 0	325 400.278 9	2.500 0
n				$i=45\%$		
1	1.450 0	0.689 66	1.000 00	1.450 0	1.000 0	0.689 7
2	2.102 5	0.475 62	0.408 16	0.858 2	2.450 0	1.165 3
3	3.048 6	0.328 02	0.219 66	0.669 7	4.552 5	1.493 3
4	4.420 5	0.226 22	0.131 56	0.581 6	7.601 1	1.719 5
5	6.409 7	0.156 01	0.083 18	0.533 2	12.021 6	1.875 5

续表

附录 复利系数表

	$(1+i)^n$	$1/(1+i)^n$	$i/(1+i)^n-1$	$i(1+i)^n/(1+i)^n-1$	$(1+i)^n-1/i$	$(1+i)^n-1/i(1+i)^n$
6	9.294 1	0.107 59	0.054 26	0.504 3	18.431 4	1.983 1
7	13.476 5	0.074 20	0.036 07	0.486 1	27.725 5	2.057 3
8	19.540 9	0.051 17	0.024 27	0.474 3	41.201 9	2.108 5
9	28.334 3	0.035 29	0.016 46	0.466 5	60.742 8	2.143 8
10	41.084 7	0.024 34	0.011 23	0.461 2	89.077 1	2.168 1
11	59.572 8	0.016 79	0.007 68	0.457 7	130.161 8	2.184 9
12	86.380 6	0.011 58	0.005 27	0.455 3	189.734 6	2.196 5
13	125.251 8	0.007 98	0.003 62	0.453 6	276.115 1	2.204 5
14	181.615 1	0.005 51	0.002 49	0.452 5	401.367 0	2.210 0
15	263.341 9	0.003 80	0.001 72	0.451 7	582.982 1	2.213 8
16	381.845 8	0.002 62	0.001 18	0.451 2	846.324 0	2.216 4
17	553.676 4	0.001 81	0.000 81	0.450 8	1 228.169 9	2.218 2
18	802.830 8	0.001 25	0.000 56	0.450 6	1 781.846 3	2.219 5
19	1 164.104 7	0.000 86	0.000 39	0.450 4	2 584.677 1	2.220 3
20	1 687.951 8	0.000 59	0.000 27	0.450 3	3 748.781 8	2.220 9
21	2 447.530 1	0.000 41	0.000 18	0.450 2	5 436.733 6	2.221 3
22	3 548.918 7	0.000 28	0.000 13	0.450 1	7 884.263 8	2.221 6
23	5 145.932 1	0.000 19	0.000 09	0.450 1	11 433.182 4	2.221 8
24	7 461.601 5	0.000 13	0.000 06	0.450 1	16 579.114 5	2.221 9
25	10 819.322 2	0.000 09	0.000 04	0.450 0	24 040.716 1	2.222 0
26	15 688.017 2	0.000 06	0.000 03	0.450 0	34 860.038 3	2.222 1
27	22 747.625 0	0.000 04	0.000 02	0.450 0	50 548.055 6	2.222 1
28	32 984.056 3	0.000 03	0.000 01	0.450 0	73 295.680 6	2.222 2
29	47 826.881 6	0.000 02	0.000 01	0.450 0	106 279.736 8	2.222 2
30	69 348.978 3	0.000 01	0.000 01	0.450 0	154 106.618 4	2.222 2

参考答案

第2章 资金的时间价值与等值计算

4. $F = P(1+i)^n = 10\,000 \times (1+10\%)^5 = 10\,000 \times 1.610\,51 = 16\,105.1(元)$

5. $P = F(1+i)^{-n} = 10\,000 \times (1+10\%)^{-5} = 10\,000 \times 0.620\,9 = 6\,209(元)$

6. $F = A\dfrac{(1+i)^n - 1}{i} = 1\,000 \times \dfrac{(1+8\%)^{10} - 1}{8\%} = 1\,000 \times 14.487 = 14\,487(元)$

7. $P = A\dfrac{(1+i)^n - 1}{i(1+i)^n} = 1\,000 \times \dfrac{(1+10\%)^5 - 1}{10\% \times (1+10\%)^5} = 1\,000 \times 3.790\,8 = 3\,790.8(元)$

8. $A = P\dfrac{i(1+i)^n}{(1+i)^n - 1} = 10\,000 \times \dfrac{8\%(1+8\%)^{10}}{(1+8\%)^{10} - 1} = 10\,000 \times 0.149\,03 = 1\,490.3(元)$

9. $A = F\dfrac{i}{(1+i)^n - 1} = 10\,000 \times \dfrac{10\%}{(1+10\%)^5 - 1} = 10\,000 \times 0.163\,8 = 1\,638(元)$

10.

年名义利率(r)	计息期	年计息次数(m)	计息期利率($i = r/m$)	年有效利率(i_{eff})
	年	1	10%	10%
	半年	2	5%	10.25%
	季	4	2.5%	10.38%
	月	12	0.833%	10.46%
	日	365	0.0274%	10.51%

第3章 投资方案评价与选择

1. 计算各方案的净现值:

$NPV_A = -3\,500 + 454 \times (P/A, 10\%, 10) = -3\,500 + 454 \times 6.144\,6 = -734.93(万元)$

$NPV_B = -2\,317 + 674 \times (P/A, 10\%, 10) = 1\,824.46(万元)$

$NPV_C = -2\,346 + 697 \times (P/A, 10\%, 10) = 1\,936.79(万元)$

A 方案的净现值小于零,故舍去;C 方案的净现值大于 B 方案的净现值,故 C 方案为最优。

2. ① 首先单方案比选:

$NPV_A = -50 + (16-4) \times (P/A, 15\%, 10) + 2 \times (P/F, 15\%, 10) = 10.72 > 0$

$NPV_B = -60 + (20-6) \times (P/A, 15\%, 10) = 10.26 > 0$

说明两个方案均是可行方案,再进一步比较选出最优方案。

② 增设一全不投资方案,计算全不投资方案与 A 方案的差额内部收益率,进行取舍:

$-50 + (16-4) \times (P/A, \Delta IRR, 10) + (P/F, \Delta IRR, 10) = 0$

得 $\Delta IRR = 20.42\% > 15\%$

说明 A 方案较全不投资方案的追加投资是合理的,故应保留 A 方案作为下一步比较的基础方案,舍去全不投资方案。

③ 计算 B 方案较 A 方案的差额投资内部收益率,决定取舍:
$$-(60-50)+[(20-16)-(6-4)]\times(P/A,\Delta IRR,10)-2\times(P/F,\Delta IRR,10)=0$$
得 $\Delta IRR=13.76\%<15\%$

说明 B 方案较 A 方案的追加投资不合算,应选取 A 方案。

3. A 方案寿命期为 4 年,B 方案寿命期为 6 年,则其最小公倍数为 12 年。在这期间,A 方案重复实施 2 次,B 方案重复实施 1 次,现金流量如下图所示:

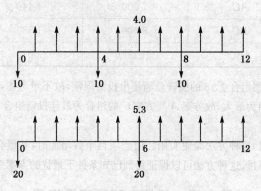

最小公倍数寿命期现金流量图

计算在共同的计算期 12 年的情况下,A、B 两方案的净现值:
$$NPV_A=-10+4\times(P/A,10\%,12)-10\times(P/F,10\%,4)-10\times(P/F,10\%,8)$$
$$=-10+4\times6.814-10\times0.683-10\times0.466\,5=5.761(万元)$$
$$NPV_B=-20+5\times(P/A,10\%,12)-20\times(P/F,10\%,6)$$
$$=-20+5\times6.814-20\times0.564\,5=2.78(万元)$$

因为 $NPV_A>NPV_B$,所以选择 A 方案更为有利。

4. 先求出两方案的净现值:
$$NPV_A=-400+120\times(P/A,10\%,5)=54.90(万元)$$
$$NPV_B=-200+100\times(P/A,10\%,3)=48.70(万元)$$

然后求出两方案的净年值:
$$NVA_A=54.90\times(A/P,10\%,5)=54.90\times0.263\,8=14.48(万元)$$
$$NVA_B=48.7\times(A/P,10\%,3)=48.7\times0.402\,1=19.58(万元)$$

由于 $NVA_B>NVA_A$,且 NVA_A 和 NVA_B 均大于零,故方案 B 为最佳方案。

5. 首先计算 A、B、C 三个方案的净现值,计算结果见下表,A、B、C 三个方案的净现值均大于零,从单方案检验的角度看,A、B、C 三个方案均可行。但已知投资限额为 7 000 万元,A、B、C 三个方案同时实施的总投资为 1 亿元,超过了投资限额,我们在这里采用独立方案的互斥组合法来进行决策。

因为每个方案都有两种可能——接受或拒绝,故 n 个独立项目可以构成 2^n 个互斥型方案,本例中 A、B、C 三个方案共有 $2^3=8$ 个互斥的方案组合。

各组合方案的投资、年净收益及净现值见下表。

组合方案投资、年净收益及净现值　　　　　　　　　　单位:万元

组合号	方案组合	投资总额	年净收益	净现值
1	0	0	0	0
2	A	2 000	460	454.05

续表

组合号	方案组合	投资总额	年净收益	净现值
3	B	3 000	600	200.94
4	C	5 000	980	228.20
5	AB	5 000	1 060	654.99
6	AC	7 000	1 440	682.25
7	BC	8 000	1 580	429.14
8	ABC	10 000	2 040	883.19

根据上表中的数据,方案组合7、8的投资总额超出投资限额,故不予考虑,对于满足投资限额条件的6个方案,组合 AC 的净现值为最大,故方案 A 与方案 C 的组合为最佳投资组合,也即投资决策为投资方案 A 与 C。

当参选项目个数较少时,这种方法简便实用。但当项目个数增加时,其组合方案数将成倍增加,用这种方案就显得相当麻烦。不过,这种方法可以保证得到已知条件下最优的方案组合。

第4章　价值工程原理及运用

4.

功能领域	现实成本	功能系数	分配功能成本	功能评价值	成本降低期望值	功能改进顺序
$F1$	210	0.35	178	178	32	1
$F2$	80	0.25	127	80		
$F3$	120	0.2	102	102	18	2
$F4$	60	0.15	76	60		
$F5$	30	0.05	25	25	5	3
合计	508	1	508	445	55	

第6章　工程建设项目国民经济评价

1. 该经理的影子工资 $=(5\,000+2\,000)\times 1.5=10\,500$(元)

2. 直接进口投入物的影子价格(到厂价) = 到岸价(CIF) × 影子汇率 + 贸易费用 + 国内运杂费 = $200\times 10+100+50=2\,150$(元)

3. 2012年初所伐树木的净收入为:$12\times 500=6\,000$(万元)

按6%折现率计算的净现值为:

$FNPV(6\%)=-5\,000+6\,000\times (1+6\%)^{-6}=-770.24$(万元)

净现值为负,说明 2012 年初所伐树木的销售净收入不能回收初始投资。

从经济分析角度,应将农作物增产的年净收益作为效益流量,该项目的经济效益应包括择伐树木的收入和农作物增产效益两部分。

农作物增产年净收益为:$1.5\times 360=540$(万元)

$ENPV=-5\,000+6\,000\times (1+10\%)^{-6}+540\times (1+10\%)^{-2}+540\times (1+10\%)^{-3}+540\times (1+10\%)^{-4}+540\times (1+10\%)^{-5}+540\times (1+10\%)^{-6}=247.76$(万元)

经济现值为正,说明该项目具有经济合理性。

第7章 设备更新方案的工程经济分析

5. 解 (1)直线折旧法

年折旧率 $= \dfrac{1-5\%}{5} \times 100\% = 19\%$

年折旧额 $= 30\,000\, 元 \times 19\% = 5\,700(元)$

(2)双倍余额递减法

年折旧率 $= \dfrac{2}{5} \times 100\% = 40\%$

第一年折旧额 $= 30\,000\, 元 \times 40\% = 12\,000(元)$
第二年折旧额 $= (30\,000 - 12\,000) \times 40\% = 7\,200(元)$
第三年折旧额 $= (30\,000 - 12\,000 - 7\,200) \times 40\% = 4\,320(元)$
第四年折旧额 $= \dfrac{(30\,000 - 12\,000 - 7\,200 - 4\,320) - 1\,500}{2}\, 元 = 2\,490(元)$
第五年折旧额 $= \dfrac{(30\,000 - 12\,000 - 7\,200 - 4\,320) - 1\,500}{2}\, 元 = 2\,490(元)$

(3)年数总和法

第一年:

年折旧率 $= \dfrac{5}{15}$

年折旧额 $= (30\,000 - 1\,500) \times \dfrac{5}{15} = 9\,500(元)$

第二年:

年折旧率 $= \dfrac{4}{15}$

年折旧额 $= (30\,000 - 1\,500) \times \dfrac{4}{15} = 7\,600(元)$

第三年:

年折旧率 $= \dfrac{3}{15}$

年折旧额 $= (30\,000 - 1\,500) \times \dfrac{3}{15} = 5\,700(元)$

第四年:

年折旧率 $= \dfrac{2}{15}$

年折旧额 $= (30\,000 - 1\,500) \times \dfrac{2}{15} = 3\,800(元)$

第五年:

年折旧率 $= \dfrac{1}{15}$

年折旧额 $= (30\,000 - 1\,500) \times \dfrac{1}{15} = 1\,900(元)$

参考文献

1. 宋伟,王恩茂. 工程经济学. 北京:人民交通出版社,2007
2. 黄友亮等. 工程经济学. 第2版. 南京:东南大学出版社,2006
3. 李南. 工程经济学. 第3版. 北京:科学出版社,2009
4. 周慧珍. 投资项目评估学. 大连:东北财经大学出版社,2002
5. 刘晓君. 工程经济学. 北京:中国建筑工业出版社,2003
6. 虞和锡. 工程经济学. 北京:中国计划出版社,2002
7. 宋国防,贾湖. 工程经济学. 天津:天津大学出版社,2002
8. 任玉珑等. 技术经济与投资管理. 重庆:重庆大学出版社,1991
9. 纽南·D.J. 工程经济分析. 北京:水利电力出版社,1987
10. 吴全利. 建筑工程经济学. 重庆:重庆大学出版社,2004
11. 张厚钧. 工程经济学. 北京:北京大学出版社,2009
12. 李国敏. 价值工程在房地产项目产品决策中的应用. 项目管理技术,2005(8)
13. 国家发展改革委,建设部. 建设项目经济评价方法与参数. 第3版. 北京:计划出版社,2006
14. 刘长滨. 建筑工程技术经济学. 第3版. 北京:中国建筑工业出版社,2007
15. 谭大璐,赵世强. 工程经济学. 武汉:武汉理工大学出版社,2008
16. 黄渝祥,邢爱芳. 工程经济学. 第3版. 上海:同济大学出版社,2005
17. 全国一级建造师执业资格考试用书编写委员会. 建设工程经济. 北京:北京工业出版社,2007
18. 梁晓伟. 建筑工程经济. 北京:机械工业出版社,2007
19. 杨庆丰,侯聪霞. 建筑工程经济. 北京:北京大学出版社,2009
20. 国家发展改革委、建设部发布. 建设项目经济评价方法与参数. 第3版. 北京:中国计划出版社,2006
21. 国家发展计划委员会. 投资项目可行性研究指南(试用版). 北京:中国电力出版社,2002
22. 黄有亮,徐向阳,谈飞. 工程经济学. 南京:东南大学出版社,2006
23. 杜惠. 青岛大学浩园建设项目可行性研究:[硕士学位论文]. 山东:中国海洋大学,2008
24. 牛晓叶,张英俊. 论高等教育投资项目财务评价与国民经济评价. 价值工程,2005(9):120-122
25. 周慧珍. 投资项目评估. 沈阳:东北大学出版社,2005